학교를 찾습니다

오쿠노 슈지 지음 · **이선미** 옮김

바다출판사

차례 _______

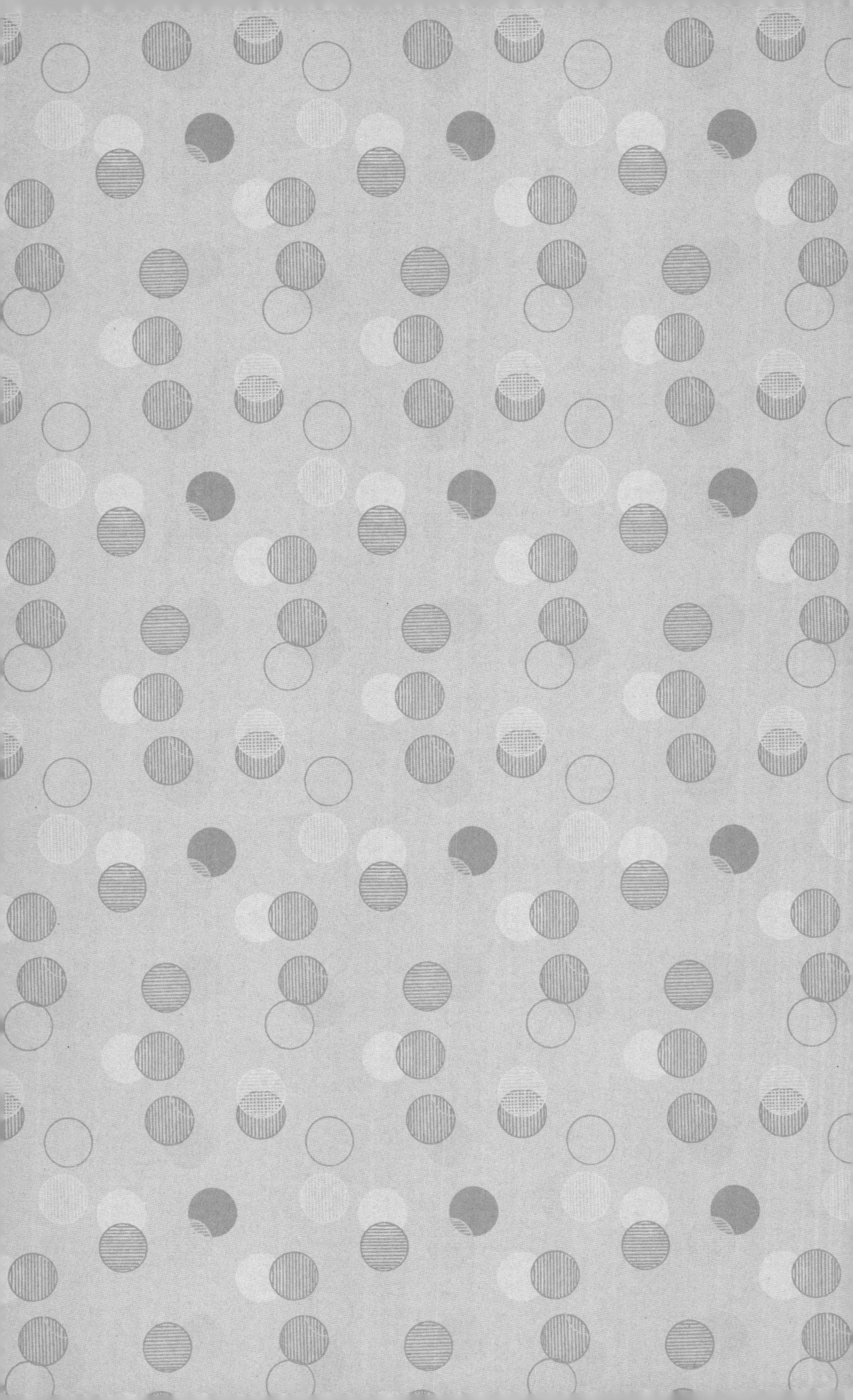

곤의 고백

내 이름은 곤이야. 진짜 이름이냐고? 아니, 원래 이름은 따로 있지. 하지만 아무도 내 이름을 부르지 않아. 나는 그냥 곤으로 통해.

곤이라는 이름은 어쩐지 강해 보여. 그래서 내 마음에 들어.

내가 태어난 곳은 도쿄 외곽에 있는 마을인데, 중학교 2학년부터 졸업할 때까지 2년 동안 오키나와 끝자락의 작은 섬 구다카에서 보냈어. 이 섬에 오기 전까지 나는 달리기를 전혀 못했고, 무엇이든 잘 잊어버렸어. 그리고 친구와 깊이 사귀지 못했음은 물론, 뭐가 그렇게 화가 나는지 걸핏하면 욱해서 아빠와 자주 싸웠지.

내가 처음 이 섬에 찾아왔을 때였어. 섬의 선배가 내 얼굴을 보고 "너는 곤조가 더 어울려. 그러니까 곤으로 해. 곤이 딱이야."라고 하는 거야. 그 한마디에 모두들 수긍했나 봐. 어느샌가 나는 곤이 되어 있더라.

내가 있던 구다카 섬이라는 데가 어디냐 하면, 오키나와 나하에서 남동쪽으로 쭉 가면 지넨반도의 고지대에 세계유산으로 유명한 세화우타키라는 성지가 있어. 그 근처의 아자마 항에서 페리를 타면, 20분 정도 걸리는 작은 섬이야.

섬의 끝에서 끝까지 3킬로미터 정도밖에 되지 않아서 인구는 대략 260여 명이고, '신의 섬'이라 부른다는데, 나는 자세한 건 몰라. 섬사람들 대부분은 어업이나 농업으로 생활하고, 작은 섬이라 섬 주민 모두가 잘 알고 지내지. 그래서 나쁜 짓이라도 하면 순식간에 섬 전체에 소문이 퍼져. 하지만 다들 친절하고 착해서 생판 남인 나한테도 웃는 얼굴로 인사하는 좋은 곳이야.

섬이 평지라서 만약 쓰나미 같은 게 오면 단숨에 물에 쓸려 내려갈걸. 내가 중3 때 엄청난 태풍이 섬을 덮쳤는데, 그때는 정말 섬이 가라앉는 줄 알고 정신이 없었어.

섬의 동쪽 해안으로 나가면 산호초로 이루어진 여울이 펼쳐져 있고, 열대어 같은 고기가 가득 헤엄쳐 다녀. 해마다 6월이 되면 오키나와 전통 고기잡이인 '그물 고기잡이' 체험 행사가 있는데, 그걸 이 산호초 여울에서 해. 모래톱을 벗어나면 파도가 거칠어서 헤엄은 못 치는데, 여기는 파도가 잠잠하고, 바닷속을 잠수하면 알록달록한 고기들이 헤엄치는 모습을 볼 수가 있어.

이런 작은 섬에 와서 고등학교에 진학할 수 있을까 약간의 불안감도 있었지만, 이 섬의 바다를 보고는 그런 염려는 단박에 날려 버렸어.

이 섬에 우리가 '센터'라고 부르는 '구다카 섬 유학센터'가 있어. 철근으로 지은 단층 건물인데 미니 체육관 비슷하지만 전국에서 찾아온 친구 15명이 숙소로 쓰면서 섬에 있는 구다카 중학교에 다녀.

센터는 말하자면 우리한테는 집인 셈이지. 여기서 우리를 돌봐 주시는 분이 사카모토 선생님과 스태프들이야. 사카모토 선생님은 우리의 부모나 다름없어. 구다카 섬에 있는 동안 사카모토 선생님께 많이도 혼났지만, 역시 그분의 존재는 엄청나.

생활은 아주 빡빡했어. 섬에는 편의점도 슈퍼마켓도 없어. 물론 우리가 좋아하는 오락실도 없었지. 기본적인 할 일은 각자 알아서 해야 해. 힘들어서 울고 싶을 때도 있는데, 특히 식사가 힘들어. 우리는 고기를 좋아하는데 거기서는 채소와 생선만 먹어야 해. 고기는 진짜 눈곱만큼밖에 안 나와.

식생활도 완전히 달라. 집에서는 밥을 거르더라도 간식을 많이 먹었는데, 센터는 세끼 식사 시간이 정해져 있고, 밥을 남기면 사카모토 선생님한테 혼쭐이 나. 하지만 덕분에 아주 건강해져서 아픈 적도 없었어.

그 이상으로 힘든 점이 있는데, 그래도 이 섬에서 보낸 2년의 시간은 나에게는 평생의 보물이라 생각해. 잘 표현이 안 되지만, 이 섬 덕분에 나는 새로 태어났다고 느끼거든.

모두들 내가 이 섬에 와서 변했다고 해. 엄마는 옛날의 내가 아니라고 하지. 항상 '달리기'에서 도망쳤던 내가 매일 달리게 된 것도 섬 덕분이야. 아마 구다카 섬에 안 왔더라면 절대로 달리기 같은 건 안 했겠지. 그리고 밥은 아마 집에 있을 때의 배 이상 먹었던 거 같아. 그런데도 점점 살이 빠지는 거야. 1년에 10킬로그램은 빠졌나 봐.

정신적으로도 성장했다고 생각해. 이 섬에 오기 전까지 나는 나 혼자 살아갈 수 있다고 자만했었는데, 인간은 여러 사람과 서로 도우며 살아야 한다는 점을 섬이 가르쳐 주었어. 섬이 나를 성장시켰나 봐.

내가 왜 구다카에 왔냐고? 오키나와를 좋아하는 점도 있었지만, 그건 이유도 아니야. 아마 여러 우연이 겹쳤던 게 아닐까 싶어.

중학교 1학년 여름에 유스호스텔 주최 캠프에 참여한 적이 있어. 자전거로 오키나와 본섬을 일주하면서 이곳저곳에서 캠프를 했는데, 아주 재미있었어. 오키나와에 더 머물고 싶다고 엄마한테 말했더니, 산촌 유학이라는 것이 있다고 알려 주셨지. 그게 구다카 섬 유학센터였어. 다음해 1월에 나는 혼자서 3일간 체험 유학에 참가했어.

첫 인상이 어땠냐 하면, 섬의 선배들이 좋은 사람들이었고, 활기차고, 바다는 예쁘고, 자연 환경으로 둘러싸여 있고, 엄청 재미있는 곳이라고 느꼈어.

그런데 진짜 속마음은 말이지, 당분간 아빠와는 떨어져 살고 싶은 마음이 컸어. 아빠와 사이가 나빠서 서로 치고받고 한 적도 몇 번 있었거든. 게다가 학교도 재미없었으니까.

나는 스스로를 바꾸자고 마음먹었어. 그렇게 살면 안 되겠더라고. 하지만 밥보다 게임을 좋아했던 내가 편의점도 오락실도 휴대폰도, 맥도널드도 없는 이 섬으로 망설임 없이 오겠다 결심한 건, 도시에서

느낄 수 없는 소중한 어떤 것에 온 몸이 반응했던 거라 생각해.

역시나 첫해에는 힘들어서 울 뻔했어. 아까도 말했듯이 달리기를 싫어했던 내가 강제로 뛰어야 했거든. 맘 내키는 대로 엉망진창 살다가 갑자기 규칙적인 생활로 바뀌어서 몸이 따라가지 못한 때도 있었어. 아침에 일어나서 일출을 보는 게 일과였으니, 상상이나 했겠어? 한때는 진지하게 이 섬에서 도망치려고 했어. 정말 탈출하고 싶을 때가 언제였는지 말해 줄까?

운동회 때 하는 에이사오키나와에서 오봉 명절 때 추는 전통 예능 연습이 계기였어. 저녁 6시까지 육상 연습을 한 다음에 센터로 돌아오면 춤 연습을 했거든. 다들 척척 춤을 따라하는데, 나만 안 되는 거야. 지적당할 때마다 열 받았는데, 나는 춤에 재능이 없다는 것을 절실히 느꼈어.

또 하나는 옐로카드를 줄줄이 받았을 때야. 물건을 잃어버리거나, 통금 시간을 어겼거나, 빨래를 안 말렸거나, 일상생활의 규칙을 깬 경고 표시가 옐로카드야. 센터 벽에 옐로카드 표를 붙여 놓았는데, 칸이 한 사람 당 25개인데 나는 너무 많아서 칸을 그 두 배로 이어 붙였는데도 그런데도 다 들어가지 않았어. 단연 최고였지.

왜 그렇게 나만 옐로카드를 많이 받았느냐고? 주변 정리가 전혀 되지 않아서야. 특히 많았던 것이 물건을 잃어버리는 거였어. 사카모토 선생님은 이런 나를 두고 '돌아서면 잊어버린다.'고 했지만, 나는 나

나름대로 열심히 했던 거였어. 그걸 알아주길 바랐는데, 인정해 주시지는 않았지.

하지만 내가 봐도 건망증이 심한 것 같아. 친구에게 어떤 것을 빌리면 바로 잊어버리니까 '곤에게는 안 빌려줌'이라는 쪽지를 붙인 애도 있었어. 그뿐이 아니야. 빨래는 엉망이지, 침대는 어지럽지, 통금은 안 지키지, 학교에서 싸움질하는 바람에 부모님 대신 사카모토 선생님이 불려가서 걱정 듣지, 금지하는 음식을 사 먹다가 걸려서 혼나지, 정말 문제아였어(였을지도 모르고).

사카모토 선생님에게 혼나는 일은 셀 수 없이 많아. 집에 살 때는 미처 몰랐지만 여기 와서 보니 정말 내가 나한테 질릴 지경이었어.

물론 나 말고도 이상한 애들은 많아. 나중에 사카모토 선생님한테 들었는데, 우리 부모님이 '문제 있는 애들 사이에 우리 애를 집어넣는 게 괜찮을까 여겼더니, 우리 아들이 가장 문제아였다.'라고 했다지. 아마도 나를 포함해서 여기 애들은 모두 '문제 있는' 애들이었을 거야. 사카모토 선생님 말로는 우리는 '지구 생활에 익숙하지 않은 우주인'이래.

하지만 구다카 섬에서 1년여를 보낸 뒤부터 나는 모두가 놀랄 정도로 변했다고 생각해. 그렇게 뛰기 싫어했는데, 자연스럽게 달리게 되었고, 역전 마라톤에도 나가게 되었지. 오늘도 6킬로미터 정도 달렸는데, 엄마가 "내 아들이 아닌 것 같아."라고 하시더라.

툭 하면 물건을 잃어버렸는데, 3년 정도 되니 그런 일도 별로 없어졌어(나는 그렇게 생각해). 2년 정도 때는 사소한 일로 욱하기도 했는데, 3년이 흐르니 끝까지 다른 사람의 말을 들을 수 있게 되었고 말이야(내가 볼 때는). 옐로카드도 3학년이 되고부터는 3분의 1 정도로 줄었어(이건 사실이야). 그렇게 좋아했던 게임도 재미없고, 개그 프로그램도 안 봐.

졸업식 날 밤이었어. 구다카 섬에 자주 오시던 아저씨가 "이 중에 가장 변한 사람이 누구니?" 하고 물으시니까, 다들 나를 가리키면서 "곤!" 하는 게 아니겠어?

어쨌든 전형적인 뚱뚱보 체형에서 불과 1년 만에 육상 선수처럼 변했으니까(내가 볼 때는) 당연할지도 모르지.

어떻게 변했냐고? 몰라 그건. 아침에는 5시나 6시에 일어나고, 학교에서 돌아오면 7시에 저녁을 먹고 공부하고 10시에 취침. 이런 규칙적인 생활을 했을 뿐이거든.

근데 표현은 잘 안 되지만, 이 섬에서는 인간관계가 아주 가까웠어. 학교 선생님은 마음 깊이 우리를 생각해 주셨고, 섬사람들과도 엄청 가까우니까, 마치 우리를 친손자처럼 걱정해 주셔. 도시에서는 이웃 간에 그렇게 가깝게 지내기가 쉽지 않잖아. 센터에서 함께 생활했던 친구들도 '친구 이상 형제 미만'의 관계였어.

인간관계가 가까우니까 내가 변하지 않으면 관계를 이어갈 수 없었을 거야. 처음에는 형제 같은 관계에 엄청난 피로감을 느꼈어. 하지만 익숙해지니 그렇게 기분이 좋을 수가 없어.

그리고 사카모토 선생님의 존재는 뭐니 뭐니 해도 커. 어떤 일이든 행동으로 옮기지 않으면 결코 변할 수 없음을 가르쳐 주었고, 무엇보다 달리기를 하게 해 준 것이 사카모토 선생님이거든. 선생님이 없었다면 나는 절대로 변하지 못했을 거야.

그리고 빼놓을 수 없는 건 착한 섬이었다는 점. 선배들도 섬의 어른들도 착해. 선배는 나에게 삶의 방식과 사람 사귀는 방법을 알려주었고, 섬의 어른들은 잠수하는 법과 고기 잡는 법을 가르쳐 주었어.

구다카 섬에 있었던 2년 동안 사카모토 선생님에게 인정을 받았는지는 모르겠어. 이런 얘기를 하면 선생님은 웃겠지만, 나는 나 나름대로 열심히 했거든. 선생님이 그것을 알아줄지는 잘 모르겠어. 하지만 이것만은 말할 수 있어.

그게 뭐냐 하면, 구다카 섬을 떠날 때 나는 오기 전의 나와는 전혀 다른 사람이었다고 말이야. 다른 아이들도 같은 생각을 할 거라 믿어.

나와 나의 친구들도 모두 이 섬에서 새로 태어났어. 왜일까? 나도 모르지만 분명 구다카 섬은 우리에게 '회생의 섬'이었다고 생각해.

1장
불구대천의 원수 - 곤 이야기

구다카 섬은 봄 바다에 떠 있었다.

옅은 안개가 낀 바다 너머로 일렁이는 녹색의 평평한 섬 그림자가 낮게 깔려 있다. 오키나와 본섬 남부의 지넨 반도에서 동쪽으로 약 5킬로미터 떨어진 태평양 위에 자리했고, 지름 약 8킬로미터의 기름한 오이 모양의 섬이다. 가장 높은 곳이 약 17미터 정도라고 하니 거의 평평하다고 볼 수 있다. 인구는 약 260여 명. 섬의 북쪽은 신의 영역이라 해서, 마을은 남쪽으로 형성되어 있다. 섬 전체를 감도는 신비한 분위기에 이끌려 해마다 많은 관광객이 찾아든다.

"할아버지, 빨리요, 빨리."

청바지에 커다란 배낭을 짊어진 통통한 남자아이가 노인을 재촉했다.

노인은 "알았어, 알았어." 하며 손을 내젓는데, 별로 급한 기색 없이 천천히 출구로 향했다.

나하의 터미널을 출발한 버스가 동쪽으로 50분 정도 달려 드디어 '아자마 선선비치 입구'라고 쓴 버스 정류장에 섰다. 몇 명밖에 없는 승객의 대부분이 여기서 내렸는데, 노인과 남자아이도 그 중 하나였다.

맑디맑은 하늘에서 여름이 다가왔음을 알리는 햇살이 따갑게 쏟아지고 있었다.

버스 정류장에서 완만한 언덕을 내려가자 바다의 향기가 밀려온다. 눈앞에 바다가 있다.

남자아이는 골격이 크고, 군살이 붙어서 투실투실하다. 짧은 스포츠머리인데, 빳빳한 머리카락이 마치 고슴도치처럼 곤두서 있다.

"다른 사람한테 누가 되지 않게 잘해야 한다."

교장 선생님 같은 말투로 노인이 말했다. 남자아이가 "네!" 하는데, 유들유들한 표정에 비해 대답은 시원했다.

걸어서 몇 분 거리에 아자마 항의 대기실이 보인다. 여기서 구다카 섬을 향해 연락선이 떠나는데, 안쪽 오른편 안벽에 페리 '구다카'가 하얀 선체를 바싹 붙이고 있다.

뱃머리 저편으로 널빤지 같은 구다카 섬이 부드러운 이랑을 타고 오르락내리락 한다. 섬까지 페리로 불과 20분. 본섬과 가깝다 보니 최근 몇 년 사이에 파워스폿으로 인기가 높고, 이날도 3분의 2는 관광객이었다.

배가 가르고 지나가자 바닷물이 물보라가 되어 선체에 부딪친다. 그 앞으로 펼쳐진 봄 바다가 아련히 뿌예지고, 뱃고물에 서니 바닷바람이 청량하다.

드디어 페리가 속도를 떨어뜨리며 구다카 섬의 도쿠진 항에 닿는 물길에 들어섰다.

페리에서 내려 노인과 아이는 완만한 언덕길을 올라갔다. 이번 4월부터 다니게 될 구다카 초중학교 오른쪽으로, 하얗게 빛나는 골목길을 천천히 빠져 나와 북동쪽으로 비껴 있는 '센터' 건물로 향했다. 해가 뜨거워서인지 마을 주민은 보이지 않고, 지저귀는 새 소리만이 고요 속에 들린다. 섬은 온화한 공기로 가득 차 있었다.

막다른 곳에 아열대 식물로 뒤덮인 작은 숲이 있었다. 밭으로 치면 600평 정도의 크기인데, 콘크리트를 바른 골목을 지나 깊숙이 들어가니 싸늘한 공기가 온몸을 휘감아 마치 우타키^{신성한 장소}에 들어선 듯했다.

그곳을 빠져나가니 단박에 시야가 넓어지고, 콘크리트 단층집 '구다카 섬 유학센터'가 보인다. 거리에 난 출입구는 열대 과일 잎으로 뒤덮여 있다. 노인과 남자아이는 그곳에 지고 온 짐을 풀었다.

남자아이의 아버지는 공무원이고 어머니는 대학 교수라는데, 이날은 일에 쫓겨 할아버지가 부모를 대신해 데려왔다. 이 섬에서 '곤'으로 통하는 남자아이는 인생의 새로운 문으로 나서기 앞서 긴장하고 있었다.

곤은 왜 구다카 섬에 왔을까? 사카모토는 이곳을 찾은 아이들은 모두 필연성을 가지고 있다고 생각하는 사람이다. 그럼 곤의 필연성은 무엇일까? 구다카 섬을 찾은 배경을 곤의 어머니에게 들어보기로 했다. 어머니는 호탕한 성격에, 당황하거나 흔들림이 없는 듬직한 분이었다.

곤 어머니의 고백

우리 아이는 유아원에 다닐 무렵부터 다른 아이와는 달랐어요.

유아원에서 맨 처음 집착을 보인 게 종이접기였어요. 유아원에 있는 종이접기 책을 갖고 싶어서 안달을 했지요. 결국 집에 가져와서는 밤낮으로 종이접기를 했어요. 끝내 그 책에 실린 작품을 모두 접고 말았지요.

종이접기에 질리니까 이번에는 리코더인 거예요. 아침부터 밤까지 리코더를 손에서 놓지 않았어요.

"시끄럽다, 그만해." 해도 어느 집 개가 짖나 식이어서, 학교에서 돌아오는 길에도 리코더를 불면서 오곤 했어요. 한참 만에 이것도 질리긴 했지만, 어느 한 가지에 집중하면 그 아이한테는 아무 것도 들리지 않아요. 다른 사람한테 누를 끼치면서도 알지 못하니, 균형이 없지요. 다른 사람이 자기를 어떻게 보든 제 하고 싶은 것만 하려 드는 거예요. 다만 그 아이가 못하는 것이 있는데, 달리기예요. 어려서부터 뛰지 않더라고요.

걸음마를 시작했을 무렵부터 비척비척하더니 늘 발을 끌듯이 걸었어요. 운동은 몸을 긴장시켜 순발력을 동원해야 하는데 그걸 못 해요. 힘이 덜 들어가는 몸놀림이랄까, 초반 에너지가 적은 자세랄까, 무심코 보면 앉아 있거나 누워 있고, 언제나 뒹굴뒹굴하곤 했어요.

그러다 보니 가족한테는 운동회만큼 우울한 것도 없었죠. 아이가 뛰는 것을 도저히 못 봐 주겠더라고요. 분명 뛰긴 뛰는데 다리는 안 올라가지, 죽어라고 하는 것 같은데 다리는 걷지, 식구들은 바늘방석에 앉은 거나 매한가지 기분이었어요.

그게 걱정이 되어서 초등학교 무렵에 동네 축구팀에 넣었는데, 곤은 축구 연습은 안 하고 내내 땅바닥에 그림만 그렸어요.

그러다가 유도를 시작하더니 그때부터 자신감이 붙었나 봐요. 덩치가 크기도 했지만, 뚱뚱해서 뜀박질을 못하는 아이라도 핸디캡 없이 가능한 스포츠가 유도였던 거죠. 게다가 곤의 형이 먼저 유도를 해서, 형처럼 강해지고 싶었던 모양이에요.

다른 하나는 수영이었어요. 수영도 유도처럼 별 탈 없이 했던 것 같아요. 단지, 집에서는 변함없이 '어느 집 개가 짖나'하는 태도였죠. 빌린 물건은 나 몰라라, 뭘 열면 안 닫아, 우리 집에서 자주 말했던 게 '꺼낸 물건은 제자리에 갖다 둬라' '빌린 물건은 돌려줘라' '열었으면 닫아라'였어요. 아무튼 그건 꼭 하라고, 입이 닳도록 말했는데, 너무 그러다 보니까 말하는 사람도 피곤하고, 아이도 넌더리를 내서, 입으로 말하던 것을 종이에 적어 여기저기 붙여 놨어요.

예를 들면, '1. 아침에 일어나면 세수할 것' '2. 옷을 갈아입을 것' 이렇게 써서 눈에 잘 띄는 곳에 붙여 두었죠.

"자, 1번 하자. 다음은 2번이야." 하는 식이었어요.

건망증도 어지간했어야죠. 학교에서 돌아오면 돌아오는 대로, 가방이며 양말, 교복을 현관에서부터 하나씩 벗어서 어지르는 거예요. 아이가 학교에서 오면 집은 전쟁터가 됐어요.

그래도 반사회적인 부분은 없었기 때문에 우리 아이가 겉보기만큼 나쁜 아이는 아니고, 저래 봬도 착한 구석이 있다고 생각했어요. 운동을 못하면 억지로 노력해서 되게 하기보다 다른 면에서 노력하면 되겠지라든가, 자기 고집이 있는 건 개성이니까 좋은 게 아닐까 하면서, 가능한 걱정하지 않으려 했어요.

하지만 남편은 보기 힘들어했어요. 남편은 '힘으로 깨우쳐 주면 저도 알겠지' 하는 생각이었기 때문에, 아이를 억지로 통제하려고 해서 둘 사이가 전쟁이었어요. 가령, 문자하기로 한 약속을 잊었을 때는 "죄송해요. 깜빡했어요." 하면 되는데, 곤은 "약속한 적 없어." 하고 우기니까 남편 입장에서는 화가 치미는 거예요. 분명 곤도 자꾸 잊어버리는 스스로가 싫으니까 약속한 적 없다고 우기는 걸 텐데, 그 정도 가지고도 전쟁이 되는 거죠.

하루는 제가 밖에서 밥을 먹고 있었는데, "엄마, 빨리 집에 와! 오빠가 아빠한테 죽을 거 같아." 하는 문자가 왔더라고요.

곤한테 형이랑 여동생이 있는데요, 여동생이 메시지를 보낸 거예요. 당장 가더라도 시간이 걸리니까 큰오빠한테 말해서 어떻게든 해 보라고 답을 보냈어요. 제가 집에 갔을 때 상황은 진정이 되어 있었어요. "어떻게 됐어?" 했더니, 큰아이가 남편을 내동댕이쳐서 끝났다네요. 반대 상황이면 가정 폭력인데, 본인이 나가떨어졌으니 가정 폭력은 아니었죠.

남편이 자동차를 좋아해서 금색 아스트로랑 벤츠를 타요. 확실히 요즘은 예전처럼 차량 개조까지 해서 타지는 않는데, 그런 취미만 없었더라면 집을 지어도 지었을 거예요. 사람이 그렇다 보니, 남을 인식하는 방법도 다른 사람과 달라서, '어디 사는 누구'가 아니라 '무슨 차를 타는 누구' 하는 식으로 사람을 구별해요. 자기도 그러면서 어째 그리도 자식의 마음을 몰라줄까 싶어요.

곤이 집에 있을 때는 자식을 기른다는 게 이렇게나 힘들구나 했는데, 구다카 섬에 가고부터는 자식을 기르는 일이 이렇게 재미있구나싶어요. 집에 있을 때는 그만큼 그 아이한테 많은 에너지를 쏟았던거죠.

동급생은 문제아투성이

구다카 중학교에 다니는 2학년 중에 곤과 함께 먹고 자고 했던 남자아이는 4명이다.

대인관계가 어려워 매일 혼자서 바닷가 쓰레기만 줍던 '소마'.

감정 조절이 안 되어, 이따금씩 가슴 깊은 곳에 잠재한 분노를 화산처럼 분출하는 '란'.

초등학교 2학년 때부터 거의 학교에 가지 않고 자란, 확고부동한신념의 등교거부아 '유스케'.

다른 사람에게 누를 끼치건 말건 타인을 돌아볼 줄 모르고 오직 나만의 길을 가는 '곤'.

여기에 2학기부터는 아직 어린 티가 나면서도 미친 듯한 분노를품고 있는 '신고'가 가세했다. 한성깔 아니라 두성깔도 하게 생긴 아이들이 파란만장한 1년을 보냈을 것이다.

여자아이는 3명이었다.

그저 있기만 해도 주변을 즐겁게 만드는 '노노카'.

트러블 메이커이지만 정에 약해서 어린 아이와 노인에게 잘하는 '다에카'.

상대에게 '노'라는 소리를 듣는 게 무서운 '아오바'.

여기에 2학기부터 전형적인 부잣집 딸내미 '기린'이 들어왔다.

남녀 합해 9명. 모두 오키나와 이외의 지역에서 들어온 아이들이다.

3학년 선배 중에 남자는, 우직한 성격의 '다쓰노리'와 천성이 밝고 언제나 산신오키나와 전통 악기을 연주하는 '히로토' 2명인데, 이 둘은 오키나와 사람이다.

특히 다쓰노리는 과묵한데도 존재감이 있었다. 히로토는 달릴 줄 모르던 곤을 격려하며 함께 뛰었다. 여자 선배가 3명이며, 남녀를 합해 모두 다섯이다.

후배는 초등학교 5학년이 1명, 중학교 1학년이 3명으로 모두 4명이다. 모두 합해 18명인데 한결같이 별난 애들이다. 아이들은 이날부터 '센터'를 '집' 삼아 학교에 다니게 된다.

센터에는 이들과 사카모토 이외에 스태프가 3명('다마 언니'라는 애칭으로 엄마 역할을 하는 우치무라 다마코, 만능 스포츠맨 사카타 류지, 나중에 사카타의 아내가 되는 오소네 아키코) 있었다.

모두 22명의 큰살림이다. 이 22명이 일 년 동안 소위 '한시적 가족'으로 구다카 섬에 살게 된다.

입학식과 시업식이 끝나면 아이들을 따라왔던 가족들은 섬을 떠나는데, 머리로는 이해하면서도 내 자식을 버리고 가는 듯한 기분에 감정이 복받쳐 남이 보든 말든 울음을 터뜨린다.

곤의 할아버지도 그랬다. 돌아가는 페리 안에서 내내 울었는데,

"저렇게 어린 아이를 섬에 두고 떠나다니……." 하면서 눈물을 훔쳤다.

이때 항구를 떠나는 배를 향해 아이들이 안벽에서 일제히 바다로 뛰어든다. 이것이 섬을 떠나는 사람을 배웅하는 인사인 줄 꿈에도 몰랐던 할아버지는 더더욱 충격을 받고는,

'우리 애가 나랑 같이 가고 싶어서 바다에 뛰어들었나?' 하며 내내 마음에 걸렸다고 했다.

그러나 정작 아이들에게는 잠시 잠깐의 지나가는 일일 뿐이다. 다음 날이면 까맣게 잊고 구다카 중학교 학생으로 새로운 생활을 시작한다. 2학년은 10명인데, 이 중 섬 태생이 아닌 아이들이 8명이다. 다시 말해, 이 섬이 고향인 아이는 둘뿐이다.

란과의 충돌

입학식 후 일주일이 지나자 '도래인' 아이들도 마침내 섬 생활에 적응했다. 그러던 어느 날이었다. 완전히 '곤'으로 통하게 된 아이는 점심시간에 동급생이며 섬 태생인 남자아이 도쿠야와 책상을 나란히 붙여 탁구를 쳤다.

이때 란이 들어왔다. 야구 연습이 잘 안 풀렸는지 오만상을 쓰고, 눈빛은 이글이글했다. 잠시 탁구를 보던 란은 하품을 하는 시늉을 하면서, "되게 못하네." 하고 곤을 약 올렸다. 곤이 미간을 찌푸리며 란

을 노려보았다. 두 아이는 입학식 때부터 눈만 마주쳤다 하면 시비가 붙곤 했다.

성질이 난 곤이, "그럼 네가 해 봐." 하면서 라켓을 내밀었다. 란은 잠자코 라켓을 쥐더니 친구들이 지켜보는 가운데 탁구를 시작했다. 당연히 잘하겠거니 했는데 의외로, 공을 쫓아다니기에 바빠 제대로 쳐 내지도 못했다. 지켜보던 곤이 이때다 싶어 큰소리로 웃었다.

탁구로는 이길 수 없다고 생각했는지 열이 오른 란은 말없이 곤의 책상으로 갔다. 그리고 태연한 얼굴로 필통을 바닥에 떨어뜨렸다. 곤이 질세라 란의 책상에 있던 연필을 내동댕이쳤다.

누르락붉으락해진 란은 어디서 찾아왔는지 목제 행거를 손에 들고 곤에게 달려들었다. 치켜 올라간 눈을 더욱 치켜뜨고는, "으아아!" 하고 소리를 지르며 행거를 휘둘렀다. 당황한 곤이 도망쳤지만 얼마 지나지 않아 교실 구석으로 몰리고 말았다.

구다카 섬에 오기 전까지 마을 도장에서 유도를 배운 곤은 순간적으로, 오른손으로는 란의 멱살을 틀어쥐고 왼손으로 행거를 든 란의 오른손을 잡더니 엎어치기로 힘껏 내던졌다. 그러자 마치 느린 화면처럼 란이 허공으로 붕 하고 떴다. 그러고는 이내 딱딱한 타일 바닥으로 곤두박질쳤다. 몹시 둔탁한 소리가 났다. 하지만 란은 아무렇지 않게 벌떡 일어서더니 또 다시 행거를 들고 달려들려 했다. 곤이 팔을 낚아채 이번에는 교단 위로 냅다 던졌다.

마른 침을 삼키며 지켜보던 아이들이 다 같이 "악!" 하고 비명을 질렀다. 충격이 제법 컸을 법한데도 란은 아프다는 말 한마디 없이 가만히 일어나더니 도망치듯 교실을 빠져나갔다.

<u>금세 욱하는 아이</u>

사건 이후 곤과 란은 줄곧 으르렁댔다. 처음 봤을 때부터 느낌이 남달랐다며, 두 아이는 철천지원수처럼 서로를 노렸다. 오죽하면 저녁 식사 시간에도 3미터 이상 떨어져 앉을 정도였다. 자잘한 일로도 티격태격하고 이유 같지 않은 이유로 엎치락뒤치락했다.

구실만 있으면 욱하는 성질은 란뿐만이 아니다. 곤도 그랬다. 구다카 섬에 왔던 당시에는 '도라에몽'에 나오는 퉁퉁이 같은 아이였는데, 약한 아이를 괴롭히는 데는 일가견이 있었다. 그런 아이가 성질이 나면 모두가 손을 들었다.

입학식 후 얼마 지나지 않았을 때였는데, 학교 체육관에서 놀다가 이유도 없이 펄펄 뛰는 곤에게 스태프인 사카타 류지는 숱하게 고개를 갸웃했다.

"농구를 했는데요, 공을 놓고 다른 아이와 이리저리 다투다가 마침 빼앗겼어요. 그러니까 그 애를 쫓아가서는 등 뒤에서 목을 졸라 결국 다시 빼앗더라고요. 이러니 다른 사람과 공을 가지고 다투는 플레이가 불가능해요. 규칙을 완전히 무시하는 거죠. '너 인마, 그건 농구가 아니지.' 라고 했더니 애가 더더욱 열이 뻗쳐서 '닥쳐' 하는 식이에요. 그럴 때 아이 얼굴은 완전히 다른 사람이에요.

곤이 패스하는 지점은 제 눈에 쉽게 파악되거든요. 그래서 패스를 저지할 때가 있어요. 그럴 때면 '장난해? 늙탱아' 하고 거친 소리를 해요. 왜 그런 일에 화를 내는지 저로서는 이해할 수 없었어요."

한편 곤은 어떤 일에 집중하기 시작하면 먹고 자는 것조차 잊을 만큼 파고들었다. 하지만 어느 정도 시간이 흐르면 싫증을 내고 완전히 잊어버린다. 기복이 심해서 사카모토가 자주 잔소리를 했다. 자전거 개조도 그랬다.

곤은 자신만의 개성 있는 자전거를 갖고 싶어 자전거를 개조하기 시작했다. 처음에는 분해부터 했다. 섬에 쓰레기장이 한군데 있는데, 거기서 쓸 만한 부품이 눈에 띄면 주워 조립했다. 센터의 다른 아이들도 곤의 개조에 힘을 보탰다. 로드 바이크를 본떠 핸들을 좁히고, 바구니를 마치 날개처럼 높이 올린 다음, 페인트를 새로 칠해 제법 그럴싸하게 만들었다.

여세를 몰아 두 대째에 돌입했는데 그뿐이었다.

"아니 왜 끝까지 안 만드니?"

"끝까지 하려고 했어요."

"할 마음이었으면 하면 되잖아."

"……."

곤은 사카모토의 눈을 피하더니 입을 다물었다. 며칠이 지나도 그대로였다.

"왜 망가진 자전거가 거기 있니?"

"…… 알았어요."

곤은 그저 대충 대답하고는, 놀러다니기만 했다.

사카타는 곤을 이해했지만, 사카모토는 절대 용납하지 않았다. 게다가 도중에 내팽개친 이유가 '사카모토 선생님 잔소리 때문'이라는 변명을 했다. 곤은 도중에 그만두고 그냥 팽개치는 것이 왜 나쁜 일인지 이해를 못하는 눈치였다. 그러니 왜 야단을 맞는지도 몰랐다.

된통 혼이 나고도 곤은 다음날이 되면 언제 그랬냐는 듯 말짱해졌다. 꽁하지 않고 산뜻하다고 볼 수도 있지만, 워낙 금방 잊어버리니, 아이를 야단치는 의미가 있는지 좀체 모를 일이었다.

퉁퉁한 몸집, 심한 건망증

곤은 달리기를 그 무엇보다 싫어한다. 아니 달리지 못한다. 예전에 구다카 섬으로 체험 학습 왔을 때 3천 미터 달리기와 역전 마라톤에 참여해야 한다는 얘기를 듣고, 섬으로 와야 할지 말아야 할지 엄청나게 망설였다. 하지만 사카모토가 그때가 되면 다시 상의하자고 해서 안심하고 있었다. 하지만 예상과는 달랐다. 입학했을 무렵부터 매일 뛰어야 했다. 곤의 입장에서는 매일 고문을 받는 것과도 같았다. "이건 사기잖아." 하고 발을 굴렀지만, 이제 와서 돌아갈 수도 없었다.

달리면 몸속에서 비명을 질렀다. 기괴하게 달리는 곤의 모습이 반 친구들의 웃음거리나 되지 않을까 걱정했지만, 그런 생각조차 할 겨를이 없었다. 고행을 하는 승려처럼 뛰는데, 그마저도 2주가 한계였다. 그때부터 꾀를 내어서는 가끔씩 뛰는 흉내만 내고, 안 보이는 데서는 걷거나 선생님이 없으면 지름길로 가고, 그도 아니면 슬쩍 도망치면서 자신이 할 수 있는 모든 방법을 동원해 눈속임을 했다. 어린 아이의 얕은꾀에 지나지 않아 결국 들통이 나서 야단을 들었다. 곤은 점점 의기소침해졌고, 구다카 섬에 온 것을 후회하기 시작했다.

"세 발짝만 가면 잊는다." "돌아서면 잊는다." 누가 이런 말을 처음 꺼냈는지 모르지만, 곤의 뒤에서 아이들이 수군댔다. 그만큼 잘 잊어버렸다. 다른 아이의 필기구를 빌리면 빌린 것을 잊는다. 빌렸으면서도 빌린 기억이 없다고 버티니, 그때마다 다툼이 생겼다.

제 물건도 깜박하기 일쑤여서, 벗어 놓은 속옷조차 자기 것이 아니라고 우겼다. 하는 수 없이 곤의 물건에는 모두 이름을 붙였다.

어느 화창한 날, 센터 입구에서 아이 중 하나가 곤에게 빨래를 챙기라고 주의를 주었다. 곤은 순순히 '알았어.' 하면서 제 빨래를 걷었는데 그때 다른 아이가, "야, 곤, 여기 좀 와 봐." 하니까 "왜? 뭔데?" 하고 그 아이에게 가더니 돌아올 생각을 안 했다. 빨래는 완전히 잊고 말았다.

올리버 색스는 ≪아내를 모자로 착각한 남자≫ 중에서 기억의 일부를 잊은 남자를 '기억 속에 새기는 일이 불가능한 사람은 아무도 없다고 한다. 기억 속에 새기는 방법이 약하기 때문에 바로 지워져 버리는 것에 불과하다. 단지 기억에 남는 시간이 1분 정도뿐이다. 한편으로 지성이나 지각 능력은 전혀 손상을 입지 않고 보존되며 오히려 아주 뛰어나다.' 라고 소개했는데, 1분을 3분으로 바꾸면 곤과 흡사하다.

곤은 한 가지 일에 몰두하는 집중력은 대단한데, 다른 일에 관심이 쏠리면 그때껏 했던 일을 까마득히 잊고 만다. 게다가 잊었다는 사실조차 잊기 때문에 무엇을 잊었는지 지적해도 쉽게 인정하지 못한다. 그러다 보니 다툼이 생긴다.

센터에는 '옐로카드 표'라는 종이가 붙는다. 일상생활에서 당연한 일을 못하거나, 반사회적인 행동을 하면 경고의 표시로 옐로카드를 받는다. 숙제를 잊거나, 화장실 청소를 게을리하고, 또는 약속 시간에 지각을 하는 행위 등이다. 이것이 3개 쌓이면 '레드카드'가 되고, 이를 그냥 두면 사카모토는 '센터 퇴거 명령'을 내려 집으로 돌려보낸다. 그렇게 되기 전에 '레드카드'를 소진해야 한다. 그것이 화장실 청소 또는 오일 트랩 청소, 해안 쓰레기 줍기 같은 자원봉사 활동이다.

'옐로카드 표'에는 25개의 칸이 있는데, 품행이 안 좋은 아이라도 한 해에 15개 붙으면 많은 편이다. 그런데 곤은 1학기에 거의 이 칸을 다 채웠고, 여기에 25개 표를 더했음에도 그마저 모자랐다. '다시 없을 전설적 인물'이었다.

학습장을 잊었네, 학교 도구실 열쇠를 가방에 넣고는 잊었네, 따위의 일쯤은 일상다반사고, 제 주변조차 깔끔하지 않아 칠칠치 못한 인상을 주었다. 모두에게 곤은 요주의 인물이 되었다. 여하튼 문제가 많아도 너무 많아서, 어떤 이유로 옐로카드를 받았는지 아무도 기억하지 못할 지경이었다. 겸연쩍어서인지 자조인지, 곤은 제 스스로, '나는 21세기 최고의 옐로카드 왕'이라고 떠벌렸다.

가족과의 미묘한 거리감

2학기가 시작될 즈음, 곤의 가족이 오키나와 여행을 겸해 구다카 섬까지 찾아왔다. 그때 사카모토가 가족들 앞에서 말했다.

"지금처럼 하면 경우에 따라서는 귀가시킬 수도 있습니다."

부모와 형, 여동생은 사색이 되었다.

"곤이 집에 온대."

옆에 있던 스태프 우치무라가 "아이고, 다들 너무하네." 하면서도 배를 잡고 웃었는데, 곤이 가족에게 돌아간다는 것이 그들에게는 그만큼이나 충격이었던 것이다.

곤은 머리가 좋다. 성적도 늘 상위권이다. 규모가 큰 학교의 문제지를 가져다 객관적으로 평가해도 곤은 10위 안에 들었다. 그럼에도 옐로카드 표의 오른쪽 끝까지 채우고, 거기에 더해 이어 붙인 표까지 전부 써야 하는 점은 보통 일은 아니다. 머리는 좋지만 일상생활이 불가능한 결함이 있음을 증명한다.

물론 어머니는 곤이 안고 있는 '문제'를 잘 알고 있다. 알면서도 '결점과 마주하기보다는 장점을 키워 주고 싶다'며 여유를 보였다. 그러나 아들의 옐로카드 표를 본 뒤에는 아무 말도 하지 못했다.

사카타가 곤과 자동차 이야기를 할 때였다.

"도요타의 엠블렘은 은색이잖아. 그걸 금색으로 바꾸고, 휠도 금색으로 한 사람이 있더라. 난 그거 참 별로야."

사카타가 말하자 곤이 가볍게 맞장구를 쳤다.

"네, 별로예요."

"그렇지?"

"우리 아빠가 그래요."

"별로지?"

"근데, 사카타 선생님, 횔은 역시 금색 아니에요?"

곤이 구다카 섬에 온 이유를 들어 보았다. '오키나와의 자연에 반했다' '아빠와 사이가 나쁘다. 싸움에 지쳐서 더는 피곤해서 못 살겠더라'고 했다. 그렇다고 아빠를 싫어했느냐 하면, 오히려 그 반대였다. 속마음은 '날라리 스타일'의 아빠를 닮고 싶었던 것이 아닐까 한다.

"당시 곤은 날라리 스타일을 좋아했어요. 그래서 한동안은 날라리 스타일 선생님이 우상이었죠. 커서 선생님이 되고 싶다면서요." 하고 사카타가 말했다. 나도 곤에게 몇 번인가 아빠에 대해 물은 적이 있는데, 아빠가 싫다는 말이 돌아오리라는 예상과 달리, "아빠는 대단해요."라고 했다. 나는 내 귀를 의심했다. "바깥일을 하면서도 강아지 산책시키고, 엄마가 안 계실 때는 밥도 짓고, 빨래도 개고, 집안일을 척척 하시는 게 대단해요."라고 말을 이었다. 나는 아이가 아버지의 그런 부분을 높이 산다는 점에 감탄했다.

아마도 곤은 자신이 아버지를 너무 닮아 거리를 두고 싶었을지 모른다. 사실 가족들의 생각도 나와 같았다.

바다가 단련시켰다

일상생활은 엉망이어도, 곤은 색소폰을 불 줄 아는 아이였다. 매주 토요일과 일요일이 되면 센터 마당에서 섬에 올 때 가져온 색소폰을 연습했다. 하지만 인근에 있는 숙박시설 '구다카 섬 숙박 교류관'에 머무는 손님들이 불만을 제기해 한때는 연습을 금지한 적도 있었다. 그걸 못하게 하면 곤이 할 일이 없어진다며 사카모토가 장소를 바꿔 연습을 시켰다.

어느 날, 섬에서 아마추어 밴드가 콘서트를 열게 되었다. 안내 전단지에 암으로 투병 중인 사람들이라고 쓰여 있었다. 공연 전 날 밴드 사람들이 섬을 산책하다 우연히 색소폰을 연습하던 곤을 보았다.

"너, 잘 부는구나."

멤버의 리더로 보이는 사람이 곤에게 말을 붙였다.

"교류관에서 콘서트를 하는데, 색소폰을 부는 사람이 한 사람밖에 없어. 네가 우리랑 함께해 줄래?"

"그래도 돼요?"

"응, 물론이지. 이따가 교류관으로 와라."

그럴 때의 곤은 적극적이다. 이미 콘서트 데뷔로 한껏 들뜬 아이는 누구에게든 자랑하고 싶었다. 우선 사카타를 부리나케 찾아갔다. 사카타는 재미있어했다. 그는 곤을 위해 하와이 스타일 꽃무늬 셔츠를 다림질해 주었다. 그리고 곤의 '충격 데뷔'에 만반의 준비를 해 주었다.

"곤, 옷깃 세워."

"오케이."

"색소폰 잊지 마라."

"물론이죠."

무대 의상은 항구를 거니는 한량 같은 분위기로 정했다. 기분에 취한 곤이 한껏 겉멋을 부리며 걸었다.

"섬 친구 곤을 소개합니다."

무대 멘트가 울리자 객석에서 큰 박수가 터져 나왔다. 대단한 콘서트는 아니었지만, 무대에 올라 사람들 앞에서 연주를 한다는 것 자체가 곤에게는 해방구가 되었던 모양이다. 한동안 곤은 콘서트 얘기를 동네방네 하고 다녔다.

5월의 어느 날, 사카타는 센터 아이들을 데리고 도간디로 갔다.

"다이빙을 하면, 끝까지 잠수해서 바위를 가져오기다."

수심 4, 5미터 정도의 바닷속을 잠수해 바닥의 바위를 가능한 빨리 수면으로 가져오는 경쟁이다. 혼자서는 감당하기 어려운 바위를 여러 명이 합동으로 수면까지 들어 올리며 놀기도 한다. 누가 시작했는지 당시에는 그런 단순한 놀이가 유행이었다.

사카타는 바위를 들고 수면으로 올라온 곤을 위에서 눌러 물에 집어넣었다. 그러면 곤도 질세라 사카타를 물에 빠트리려 한다. 티격태격하다 사카타가 또 다시 곤을 빠트린다. 힘으로는 못 당한다고 판단했는지 곤은 작전을 바꿔 물속에서 사카타의 다리를 잡아당긴다. 끝도 없이 이런 장난을 반복했다.

"기절하기 직전까지 갔어요."

곤은 떠올리기만 해도 한숨이 나올 만큼 힘든 놀이였다고 했고, 사카타는 곤이 이상하리만큼 그 놀이에 집착했다고 했다.

"가라앉히고 가라앉혀도 계속해서 덤벼요. 그 집요함은 장난이 아니었죠. 그 아이는 자기 뜻대로 안 되면 분노하는데, 제아무리 화가 난들 물속에서 어쩌겠어요."

자전거를 개조할 때의 이상한 집중력은 뒤집어 생각하면 편집증적인 집요함을 드러낸 것이라 볼 수 있다. 실제로 집요하기가 이를 데 없어서 다른 사람이 진저리를 칠 때까지 안하무인으로 멈추지 않았고, 그것이 그 아이가 인망을 잃는 원인이기도 했다. 그런데 물속에 빠트리는 놀이를 통해 그 집요함은 곧 자신을 단련시키는 일이 되었다.

기진맥진해 걷기도 어려운 지경이 되어서도, 금방 잊어버리는 곤은 다음 날이면 싹 다 잊고, "사카타 선생님, 도간디에 가요." 했다.

하루도 안 거르고 그랬으니 체력은 거뜬했다.

2장   우주인의 눈물 - 란 이야기

학교 행사의 하나인 그물 고기잡이는 한사리날에 열린다. 행사 참여자는 센터의 부모와 자녀만 해도 약 50명, 섬사람들을 포함하면 100명 이상 된다. 전날부터 외지의 많은 부모가 찾아와 섬 전체가 평소 보기 드문 선명한 색채를 띤다.

그물 고기잡이는 오전 8시경부터 시작되었다. 어부가 먼저 선두를 잡고, 신호가 떨어지면 센터와 섬 아이들이 각각 그룹을 나눠 바다로 들어간다. 마지막으로 물고기를 몰아넣을 큰 그물을 설치하면, 그 양쪽 끝에서 V자 모양이 되도록 직선으로 그물을 펼치고, 이 그물을 아이들이 붙잡는다. 잠시 후에 V자 모양의 양 끝을 다문 다음, 이것을 작은 소형 보트 두 척이 끌어당기면서 원을 좁혀 물고기를 몰아넣는다.

이 작업을 두세 번 되풀이하면 점심시간이 된다. 잡은 물고기는 어부들이 다듬어서 회를 치고, 남은 것은 해안에 마련된 큰 냄비에 졸이거나 구워서 다 함께 먹는다.

제 손으로 잡은 물고기를 먹으면서 섬의 노인들은 "남기지 말고 깨끗이 먹어라. 인간은 살아 있는 다른 생명의 목숨을 얻어 살아간단다."라고 가르친다. 아이들은 지금 이 순간 한 목숨이 다른 목숨으로 바뀌는 이치를 배운다.

그물 고기잡이는 학교 행사이자 섬 전체의 축제이기도 했다.

란은 우주인

해마다 센터에서는 종업식 날 밤에 큰 방에 모여 1학기 동안의 반성과 다가올 2학기의 목표를 한 명씩 돌아가며 발표한다.

곤은 "공부도 하겠지만, 지금보다 더 놀고 싶어요."라고 했다. 노노카는 "아직은 다이빙이 무서워서 1학기에는 바다에 별로 안 들어갔어요."라고만 했다. 아이들은 집이 그리운지 무난한 말로 짧게 끝냈다. 아이들은 이런 자리에 대해 크게 기대하지 않는 눈치였다.

분위기가 느슨해졌을 무렵, 란의 차례가 왔다. 란은 차려 자세로 똑바로 섰다. 대번에 분위기가 달아올랐다. 란의 입에서 어떤 말이 나올지 몹시 궁금한 표정들이었다.

"우선은 학교에서의 목표와 여름방학 목표, 센터에서의 목표 순으로 말하겠습니다. 학교에서의 목표는 크게 나눠 세 가지입니다."

"그냥 하나만 하지." 누군가가 말했다.

"우선순위부터 말하면……."

"됐어, 됐어." 아이들 사이에서 야유가 쏟아진다.

"우선 하나는 사회와 영어를 못하기 때문에 열심히 할 생각입니다. 사회는 중간고사 40점 대, 기말고사 30점 대, 영어는 기말고사 40점 대였습니다. 이과 계열은 괜찮지만, 문과 계열은 잘 못한다는 생각이 들어서, 여름방학 동안 공부해서 다음 번 시험 때까지 올리겠습니다. 음… 그리고… 다음은 문화 쪽 방면입니다."

아이들이 자지러지게 웃었다.

"아무튼, 그림을 잘 그리고 싶습니다."

"맘대로 해."

"세 번째는 스포츠입니다. 2학기에는 운동회가 있으므로 지금의 체력을 유지하면서 공부를 병행하면 좋겠습니다. 다음은 여름방학 목표입니다."

"그런 얘길 누가 듣냐?" 지루한 목소리였다.

"빡빡한 일정이라 정도껏이 안 된다면 그냥 확 정도를 넘어 버릴 건데, 그러다가 몸에 무리가 가는 일은 없도록 하고 싶습니다. 센터에서의 목표는 옐로카드가 쌓이면 쌓고, 안 쌓이면 계속해서 쌓이지 않게 노력하겠습니다."

아이들은 전부 배꼽을 잡고 웃었다.

주변에 누가 있건 개의치 않는다. 비난을 당하거나 말거나 비웃음을 사거나 말거나 란은 어쨌거나 자신이 말하고 싶은 것을 끝까지 다 말했다. 늘 있는 일이다.

란은 하고자 하는 말을 모조리 하려 드니까 이야기가 장황하고 정리가 되지 않는다. 그런 특성은 작문에도 드러나는데, 주어진 분량만으로는 도저히 매듭을 짓지 못해서 여백을 이용해 빽빽하게 채운다. 이야기가 산만하고, 오락가락하기 때문에 말하고자 하는 요지가 무엇인지 전달되지 않는다. 유아독존이 따로 없다. 그것을 다른 사람이 받아 주지 않으면 란은 토라져 버린다. 워낙 엇나가 있다 보니 다른 아이들이 받아들이기도 어렵다. 란은 사방이 적이 되어 늘 혼자 삐쳐 있었다.

구다카 섬에 왔을 무렵의 란은 '눈초리가 사납고 인상이 구겨진' 학생이었다. 자기 말이 통하지 않으면 화를 내기 때문에 구다카 섬에서도 란은 외톨이였다. 게다가 아무렇지 않게 거짓말을 한다. 란은 구다카 섬 아이들에게 '성가신 친구'였다.

란은 남자 선배나 같은 반 여자아이와는 그럭저럭 지냈는데, 동갑 내기 남자아이들과는 언제나 잡아먹을 듯이 싸웠다. 다만 노노카만 은 다른 여자아이들과 달리 란이 거짓말을 해도 거짓말인 줄 뻔히 알 면서 "어머, 그렇구나." 하며 들어 주었다.

게다가 한술 더 떠서, "너랑 놀면 재미있어." "넌 참 신사구나." 하 면서 지치지도 않고 상대해 주었다. 별난 아이를 별나다 하지 않고 좋아해 주는 노노카에게는 참 신기한 구석이 있었다.

란은 정이 많고 우직하며, 어떤 일이든 진지하게 접근하는 점에서 상당한 존재감은 있으나 분노를 품고 살아가는 면에서는 언제 폭발 할지 모르는 화약고 같았다. 란은 어떤 경위로 '구다카 섬 유학센터' 에 왔는지, 우선 본인의 말을 들어보았다.

<u>엄마의 착각 때문이에요</u>

내가 여기 온 것은 사실은 엄마의 착각 때문이에요. 학교에서 괴롭 힘을 당했고 엄마가 나를 걱정해서 이곳으로 전학시켰다고 하는데 사실은 달라요.

내가 좋아하는 여자애가 있었는데요, 그 애랑 같은 학원에 다녔어 요. 근데, 어떤 뚱뚱한 녀석이 여자애를 괴롭혔던 거예요. 그 녀석은 화를 잘 내요. 하루는 그 여자애가 저한테, "내가 너 좋아한다고, 이상한 애가 쫓아다니면서 괴롭혀. 도와 줘."라는 거예요.

그래서 내가, "알았어. 다음에 또 괴롭히면 나랑 사귄다고 말해." 그렇게 말했는데, 나중에 내가 화장실에 들어갔을 때 그 녀석이 억지로 내가 있는 화장실 문을 여는 바람에 싸우게 되었어요. "일단 볼일 보고 나가면 한판 하자."고 말했는데, 이 비겁한 녀석이 내가 나가자마자 발로 걷어찼어요.

한번은 또 그 녀석이 엄마가 없을 때 집으로 찾아왔어요. 내가 집에 들어오지 말라고 했는데 막무가내로 들어와서 또 싸웠어요. 나중에 엄마가 알고는 내가 괴롭힘을 당했다고 착각한 거예요. 그게 다예요.

엄마는 선배들까지 나를 괴롭히는 줄 알았나 봐요. 실제로 맞은 적은 있지만 별것 아니었어요.

근데 있잖아요, 나는 노력하지 않아도 공부를 잘해요. 공부 안 하고 잠만 자도 시험은 90점 이상이 나와요. 폭행당한 이유가 그건지도 모르겠어요.

그리고 그 학교의 야구부는 정규 멤버가 되는 것이 굉장히 어려운데, 나는 1학년 때 정규 멤버가 되었으니 이래저래 찍힌 것 같아요. 나를 질투한 거죠.

야구부는 무조건 빡빡머리인데, 나는 머리를 밀 생각이 없어서 선생님께 "빡빡머리는 절대 하지 않겠습니다."라고 말했어요. 다들 화를 냈지만 몇 번이고 말을 하니까, 선생님도 내 끈기에 못 이겨서 "그렇게 굳은 결심이라면, 네 뜻대로 해라." 하셨죠. 하지만 아무래도 선배는 그게 거슬렸는지 나중에 나를 때리더라고요.

그렇게 주먹이 센 선배가 아니라서 나는 맞아도 아무렇지도 않았는데, 하필 옷을 갈아입을 때 엄마가 갑자기 들어와서 몸에 난 멍을 보고 패닉 상태가 된 거예요. 별일 아닌데 피해망상이 심해서 '우리 애가 이런 꼴을 당하고 있다'며 한바탕 난리가 났어요.

엄마가 "애들이 때렸니?"라고 했을 때, 선배한테 맞았으니 '그런 일 없다'고도 말 못하고 입을 다물고 있었어요. 그랬더니 엄마의 착각이 점점 더 심해져서, 내가 정말로 괴롭힘 당하고 있다고 마음대로 믿은 거예요. 그리고 어디서 찾았는지 구다카 섬 유학센터를 알아내서는 "자, 구다카에 가자, 구다카로 가."라고 하더라고요.

"그게 뭔데?" 했더니 "오키나와 여행"이라고 해서 좋다고 따라왔어요. 별게 없죠.

구다카 중학교를 한차례 견학하고 나서 사카모토 선생님이랑 면담을 했는데, 그때 "지금 학교가 좋니?" "의욕은 있니?"라고 물으셔서, 내가 다니는 간사이의 학교를 말하는 줄 알고 "네, 있습니다."라고 대답을 했어요. 그런데 그게 구다카 섬의 학교를 말한 것이었더라고요. 그 한마디 때문에 나는 전학에 동의한 게 되었고, 나랑은 상관없이 일이 진행되었어요. 모든 것이 엄마의 착각에서 비롯되었지요. 엄마 혼자 북 치고 장구 치고 한 거죠.

그럼 왜 내가 거부하지 않았느냐고요? 그때 엄마는 갱년기 장애를 겪느라 좀 이상했던 것 같아요. 같이 죽자고 내 목을 조른 적도 있었거든요. 한동안 따로 사는 게 낫겠다 싶기도 했고, 마침 전학하는 게 내 운이려니 했어요. 그래서 하라는 대로 하게 되었어요.

모두 엄마의 착각에서 시작되었지만, 지금은 이 섬이 마음에 들어요. 왜냐하면, 나는 어디를 가나 한국인 소리를 들었지만 구다카 섬에서는 한 번도 없었어요. 그래서 이 섬에 오길 잘했다고 생각해요.

학교에서는 집단 괴롭힘, 집에서는 엄마가

착각 때문에 구다카 섬에 왔다는 란의 말은 의외였다. 사실 대로 믿기에는 미심쩍은 부분도 꽤 있었다. 아이들은 란의 말에 의심을 품기 시작했다.

구다카 섬 유학센터 앞에 '웃치구와 광장'이라는 운동장이 있다. 줄곧 할아버지, 할머니들의 게이트볼 장소로 사용했는데, 언젠가 그곳에서 란과 아이들이 야구를 했다. 란의 수비는 상당히 허술해서, 공을 쫓아간다기보다 공에 쫓겨 다녔다. 겉모습은 '도라에몽'의 비실이를 닮았는데 운동신경은 노진구 수준이었다. 타격도 마찬가지여서 대담하게 휘두르는 면이 좋은 점이라고 할 수도 있지만, 공에서 30센티 정도는 떨어져서 방망이를 휘둘렀다. 이건 아무리 봐도 형편없다. 저 실력으로 중학교 야구부에서 정규 멤버로 뛰었다고? 이쯤 되자 아이들은 란의 말을 의심하기 시작했다.

내가 사카모토에게 '어머니의 착각으로 구다카에 왔다'던 란의 이야기를 전하자 사카모토는 한참 동안 기 막혀 했다. 그리고 절대 정규 멤버는 아니었으리라 단언했다.

그러나 야구는 란이 목에 힘을 주는 유일한 것이다. 거짓일지언정 야구가 인생의 버팀목이나 다름없는 부분이 있었다. 그래서 어느 누구도 란의 야구가 형편없다는 말은 할 수 없었다.

성적은 국어 4, 사회 3, 영어 3, 이과 계열과 수학이 5, 음악 4로 나쁘지는 않으나, 대체로 '노력하지 않아도 공부를 잘했다'고는 볼 수 없어서 어쩐지 이것도 거짓말처럼 들린다.

란이 센터의 친구들에게 구다카 섬에 온 이유를 어떻게 설명했는지 물어봤다.

"학교에서는 집단 괴롭힘을 당했고, 집에서는 엄마까지 괴롭혀서, 그래서 구다카 섬으로 도망 왔어."

아이들은 그렇게 들었다고 했다.

센터에서는 저녁 식사 후 하루를 돌아보며 이런저런 일들을 서로 이야기하는데, 언젠가 아이들이 집단 괴롭힘에 대해 말을 꺼낸 적이 있었다. 사카타가 "너희들 중에 집단 괴롭힘을 당한 사람 있니?"라고 했을 때, 란이 친구들 앞에서 울면서 이야기를 했다고 한다.

"여기 왔을 당시에는 눈매도 사납고, 모든 것을 삐딱하게 보는 것 같았어요. 갑자기 괴성을 지를 때도 있어서, 사카모토 선생님이 소리 지르지 말라고 한 적도 있어요. 아이들이 란을 피하는 원인 중 하나는 갑작스런 분노 때문인데, 간사이에서도 그 이유로 집단 괴롭힘을 당한 게 아닐까요? 집단 괴롭힘이 교묘했나 봐요. 밖으로 보이지 않는 데를 때리니까 겉보기엔 탈이 없어 보여도, 옷을 벗으면 심했다고 해요. 저런 성격이라면 괴롭힘을 당하고도 남지요. 란이 솔직하게 집단 괴롭힘 당했다는 이야기를 했을 때 모두 울었어요."

노노카조차도 "제가 만약 괴롭히는 쪽이라면, 제일 먼저 란을 괴롭혔을 거 같아요."라고 말했다. 비쩍 마르고 체력도 달리는데 대단한 선수인 척, 남들보다 훨씬 건방진 말을 늘어놓으니 반발을 사는 것이다. 란의 어머니가 아들이 당하는 집단 괴롭힘을 어떻게든 해결하고자 세운 대책이 오히려 역효과를 내는 바람에 괴롭힘은 더욱 심해졌다고 했다.

문제는 집단 괴롭힘뿐만이 아니었다. 란의 생일을 축하하는 날이었다. 한 명씩 란에게 생일 메시지를 보내기로 했는데, 한 아이가 "란, 어머니한테 더 잘해 드려. 그럼 넌 훨씬 좋은 아이가 될 거야."라고 말했다. 그러자, "뭐 하러? 우리 엄마가 나를 죽이려고 했는데." 하더니 부들부들 떨기 시작했다. 순간 아이들은 얼어붙었다.

"죽이려던 이유요? 나도 몰라요. 잠을 자는데 공사용 로프로 내 목을 졸랐어요. '내가 지금 죽고 싶은데, 같이 죽자' 하더라고요. 갱년기 우울증이 아닐까요?

식칼에 찔릴 뻔한 적도 있어요. 얼마나 필사적으로 막았는데요. 어떻게 엄마가 그럴 수 있지? 그때는 엄마 행동들이 아주 이상했어요. 한번은 또 야구 방망이를 휘둘렀는데, 그때는 내가 발로 차서 반격했어요. 나는 야구를 했으니까 추억이 깃든 방망이로 맞는 건 진짜 화가 나요. 부모를 발로 차면 안 되는 줄 알지만, 그때는 나도 너무 화가 나서 들이받고 말았어요. 그 다음에 어떻게 되었는지 기억이 안 나요. 그러고부터 엄마랑은 잘 지낼 수가 없었어요."

란은 눈물을 뚝뚝 흘리며 말했다. 듣고 있던 아이들도 자기 일처럼 훌쩍훌쩍 울었다.

물론 이 얘기들은 란의 일방적인 주장이다. 그러나 사실 여부를 떠나, 열다섯 살 안팎의 아이들에게는 큰 충격이었다. 아이들은 저마다 마음속으로, '불쌍하기도 해라, 란은 학교에서도 집단 괴롭힘을 당하고, 엄마마저 괴롭혔구나. 정말 여기로 도망칠 수밖에 없었겠다.'라고 생각만 할 뿐, 위로의 말조차 떠올리지 못했다.

나에게는 학교에서의 집단 괴롭힘은 없었고 '모든 것이 엄마의 착각이었다'고 했지만, 센터의 아이들 앞에서는 학교에서 집단 괴롭힘을 당했다고 고백했다니, 무엇이 사실인지 란의 어머니에게 물어보기로 했다.

약속한 호텔 로비에 나타난 란의 어머니는 다소 통통한 체형이었는데, 옛날에는 워낙 말라서 40kg도 채 나가지 않았다며, "그때는 힘이 부쳐서 육체노동은 못 했어요." 하고는 웃었다. 지금은 지인이 경영하는 클럽의 계산대에서 일하고 있다고 했다. 보고 있자니, 일본어 '오카상일본어의 어머니보다는 나도 모르게 한국어로 '어머니'라고 부르고 싶은 그런 사람이었다. 그는 조만간 작은 찻집을 운영하고 싶다는데, 지금은 어쨌든 란이 무사히 성인이 되는 것이 삶의 전부요 목표라고 말했다.

<u>란 어머니의 고백</u>

저는 한국의 시골 마을에서 태어나 결혼 전에는 한국의 무역회사에서 일했어요. 어렸을 적, 여름이 되면 할머니가 부채로 모기를 쫓

으며 일제강점기 때 이야기를 자주 해 주었습니다. 그래서 설마 내가 일본인과 결혼하리라고는 꿈에도 생각하지 못했어요. 나중에 제 남편이 된 사람의 남동생이 저와 같은 무역회사에서 일했는데, 제 사진을 찍어서 아이 아빠에게 보였다고 해요. 그 일을 계기로 교제하게 되었지요. 하지만 일본인에게 좋지 않은 감정을 가진 우리 가족이 심하게 반대했어요. 그래도 저는 아이 아빠를 사랑했기에 가족, 친척들의 반대를 무릅쓰고 결혼했습니다.

결혼식은 한국에서 올렸어요. 제가 일본인과 결혼하겠다고 하니 친정아버지께서 크게 노여워하셔서, 결혼식에 온 친척은 아무도 없었어요. 식이 끝난 후 친정아버지께 인사를 드리러 갔는데, 마을로 들어서는 다리조차 못 건너게 하셨지요.

그 후에 저는 란 아빠와 함께 일본으로 건너가 간사이에서 살기 시작했습니다. 당시 란 아빠는 회사를 경영했는데, 상당한 위세가 있었던 걸로 기억해요. 돈 씀씀이가 헤퍼서 10만 엔이 있으면 10만 엔을 모조리 써 버리는 그런 사람이었어요. 란이 태어난 것은 일본으로 건너간 지 2, 3년 지난 무렵이었을 거예요. 어찌나 기쁘던지…….

하지만 그때 저는 설마 란 아빠에게 비밀이 있을 줄은 몰랐어요. 란 아빠가 저를 감쪽같이 속였던 거예요. 저와 결혼했을 때 그 사람은 이미 다른 여자와 결혼해 아이까지 있었습니다. 그런데도 저에게는 미혼이라고 거짓말을 하고 결혼한 거죠. 이중으로 혼인신고가 될 리가 없으니, 그 사람이 자기 부하 이름으로 혼인신고를 했더라고요. 그 사람이 저한테 말한 이름은 사실은 자기 부하 이름이었던 거죠. 물론 그런 속임수가 있으리라고는 까맣게 몰랐습니다.

어느 날 시청에 가서 호적을 떼어 보았는데, 서류를 보니 기가 막혔어요. 그 사람의 거짓말을 모조리 알게 되었어요. 그 사람은 사과했지만 저는 용서할 수 없었습니다. 결국 이혼했는데 그 당시 회사 사정이 힘들었는지 위자료 한 푼 못 받았어요.

일본어가 제대로 안 되는 제가 할 수 있는 일이 어디 있겠어요? 그렇다고 한국에 돌아갈 수도 없고, 먹고 살아야 하니 처음에는 요구르트 아줌마를 했죠. 새벽 4시에 일어나 요구르트를 배달하고, 밤에는 야쿠자 사무실에서 청소를 했어요. 여기에 한 군데 더 일하면 대개 한밤중이나 되어야 집에 갈 수 있어요. 할 수 없이 한동안은 아이를 탁아 시설에 맡겨야 했어요.

제가 아들을 시설에 버렸다고요? 말도 안 돼요. 분명 탁아소에 맡긴 것을 착각한 거예요. 목숨보다 소중한 아이를 어떻게 버릴 수 있겠어요? 란은 어떻게 생각했는지 모르겠지만, 탁아 시설에 맡긴 것도 소중한 내 자식을 키우기 위해서였어요.

란은 야구를 정말 좋아했습니다. 초등학교 4학년 때 리틀 야구단에 넣었는데, 애들한테 따돌림 당할까 걱정되어 제가 항상 따라갔을 정도예요. 아뇨, 아뇨, 학교 야구부가 아니라 동네의 리틀 야구단이요. 하지만 이유는 모르겠는데 야구는 잘 못하더군요. 항상 감독님에게 혼이 났습니다.

그 무렵부터 란이 "한국말 하지 마. 입 다물어." 그런 소리를 하더라고요. 아마 제 발음이 이상하니까 아이들에게 놀림을 받은 거겠죠. 란은 그런 부분에 굉장히 신경을 썼어요. 도시락에 김치 같은 한국 음식을 넣으면, 그런 거 싫으니까 넣지 말라고 화를 냈어요. 한국인

소리를 들으면서 차별 당했을 것 같아요.

술집을 운영하던 여자가 자기네 가게에서 일해보지 않겠느냐고 제게 권유를 했어요. 그 즈음이에요. 물론 저는 거절했습니다. 한국에서는 물장사 같은 것을 했다가는 부모에게 죽거든요. 워낙 엄하니까 도저히 물장사는 엄두도 못 내는 일이죠.

하지만 아이를 키우려면 돈이 들지 않느냐는 말을 하더라고요. 분명히 맞는 말이죠. 일본어도 잘 못하는 제가 일본에서 아이를 키우려면 물장사밖에 없는 거예요. 그런 생각으로 술집 부엌에서 일하게 되었습니다.

그런데 손님들이 제게 너무나 관심을 보이니까, 끝내 거절도 못하고 마담이 사 주는 옷을 입고 손님을 상대했어요. 물장사를 하긴 했어도 란 앞에서 화장도 안 했어요. 화려한 드레스도 안 입었고요. 머리 염색을 했더니 란이 싫어하길래, 곧바로 다시 검은 머리로 바꿨지요. 제가 하는 일이 란에게 열등감을 심어 주면 안 되겠다 생각해서 조심했습니다.

그러는 사이에 돈이 모여서, 내 가게를 해 보려고 작은 클럽을 열었어요. 란이 갑자기 변한 것은 그 무렵입니다.

그게 중학교에 입학하고 2개월 정도 지났을 때예요. 개구쟁이 초등학교 때는 언제나 저를 웃게 해 주더니, 어느 순간부터 차츰차츰 저랑 말을 안 하는 거예요. 그러면서 학교도 안 가려고 하고……. 저는 '네가 할 일은 학교에 가는 것이다' 하면서 억지로, 억지로 보냈습니다. 참 바보 같죠. 엄마가 돼 가지고, 그게 집단 괴롭힘 때문이라고는 눈치도 못 챘으니 말이에요.

학교에서 그렇게 당하고도 집에 와서 한마디도 못하니 오죽했겠어요. 대신 벽을 쳐서 부수기도 하고, 문을 박살내기도 하고, 아무튼 온 집안에다 화풀이를 마구 해댔습니다. 하루가 멀다 하고 날뛰는데, 한 달쯤 되니까 거실이며 침실이며 벽이 온통 뚫려서 전쟁터가 따로 없더라고요. 몇 년 후에 이사할 때는 수리비로 150만 엔이나 들었으니, 말 다 했죠.

초등학교 때는 지금 얼굴을 상상도 못할 정도로 깨끗한 피부였어요. 중학생이 되고부터 갑자기 뾰루지 같은 것이 생기더라고요. 학교에서 집단 괴롭힘을 당한 스트레스가 얼굴로 나온 것 같아요.

언제 한번은 란이 옷을 갈아입는데 바지는 찢어졌고, 넓적다리 쪽이 시커멓더라고요. 하도 이상해서 캐물었는데 입을 다무는 거예요. 집요하게 묻고 또 물었더니 실토를 했어요. 애들 3명이 란을 화장실에 억지로 밀어 넣고 발길질을 하고 때렸대요. 운동화로 걷어차인 넓적다리를 보니 멍이 들었고요. 얼마나 때렸는지 온몸에 남아난 곳 없이 멍이었어요. 제가 일하느라 집을 비운 사이에 그 아이들이 제집인 양 집에 들어와서는 담배를 피우고 술을 마시며 난장판을 피웠던 모양이에요.

실은 우리 아이를 괴롭히던 아이가 1년 전까지는 친구였어요. 초등학생 때 우리 집에 자주 놀러 오던 친구였는데요, 아버지가 안 계신 아이라서 가엾더라고요. 그래서 집에 재우기도 하고, 출출할 때는 부침개도 부쳐 주곤 했죠. 그 아이가 중학교에 가고부터 갑자기 몸집이 커져서는, 어찌 된 영문인지 란을 때리고 괴롭혔어요. 물론 학교에 바로 항의했습니다. 교무실로 가서 창피할 정도로 고래고래 소리 지르며 거세게 항의했죠. 그런데 학교 측은 가해 학생들을 감싸는 꼴이라, 우리 얘기는 귓등으로 듣더라고요.

란 걱정에 일도 손에 안 잡히고, 생활도 엉망이고, 가게는 적자여서 그만 접게 되었습니다. 하지만 그때는 벌어 놓은 돈을 한국에 있는 사람한테 빌려 주고, 거기서 이자가 정기적으로 들어왔기 때문에 당분간은 생활이 될 줄 알았어요. 근데 안 좋은 일은 한꺼번에 닥쳐오나 봐요. 제게 많은 돈을 빌렸던 사람이 자취를 감춰 버렸어요. 돈을 날린 거죠. 저는 거의 전 재산을 잃고 말았습니다.

란은 벽을 때려 부수는 것으로도 모자라 제게 주먹을 휘둘렀어요. 기분이 상하거나 마음에 안 드는 일이 생기면 발길질을 하고요. 고생해서 키운 아들이 학교에서는 집단 괴롭힘을 당하지, 집에서는 난동을 피우지, 거기다 엄마한테 손찌검을 하지, 빌려준 돈은 고스란히 날린 상황. 어떻게 살아야 할지 막막해서 진짜 죽으려고 했어요.

내가 죽고 혼자 남을 아이를 생각하니 불쌍했어요. 그래서 '같이 죽자'고 아이의 목을 조른 적이 있습니다. "엄마 진정해. 죽을힘이 있으면, 살아야 할 거 아냐." 하더니, 한 대 치더라고요. 후회했어요.

야구 방망이로 아이를 때렸다고요? 그건 사실이 아니에요. 그때 저는 정신이 황폐해질 대로 황폐해져서 이대로 가다간 죽지 싶었어요. 그러던 차에 NHK 교육 TV의 '진지한 10대 수다 마당'이라는 프로그램을 보고 '구다카 섬 유학센터'를 알게 되었습니다. 지금처럼 아이를 학교에 보냈다가는 아들을 망칠 것만 같았어요. 여기서라면 다시 잘해 볼 수 있지 않을까 하는 생각에 곧장 전화를 했습니다. 그랬더니 사카모토 씨가 체험 학습에 와 보라고 하시더라고요. 그 말씀이 눈물 나도록 기뻤답니다. 그렇게 란을 섬에 두고 돌아섰는데, 집에 가는 비행기 안에서 눈물이 하염없이 쏟아지는 거예요. 간사이에 도착할 때까지 울고 말았네요.

허구 속에 사는 란

구다카 섬에 처음 왔을 때의 란은 '한국인'을 상당히 신경 쓰고 있었다. 시업식 후 인사 시간에 어머니에게 "말하지 마." 하면서 노려보거나 김치를 가져온 어머니에게 소리를 질렀다. 함께 있던 사람들은 그 행동에 대해 매우 이상하게 여겼고, 온 섬의 화제가 되었다. 게다가 분노로 들끓는 표정도 험악하여 아이 스스로가 주위에 벽을 친 듯했다. 누구도 쉽게 다가갈 수 없는 인상이었다. 아이들은 란이 몹시 신경이 쓰였다. 굳이 말하지 않아도 지난날 험한 일을 겪었음을 어렴풋이 짐작할 수 있었다.

집단 괴롭힘을 고백한 것은 한 지붕 아래에서 생활하는 친구들에게 '거짓'을 말하지 않겠다는 각오가 아니었을까 한다. 그런데 왜 나에게는 진실되지 않았을까? 란의 '거짓'은 이뿐 아니었다. 예를 들면 란이 한국어를 구사하게 된 경위가 그렇다.

란은 한국어를 할 수 있고, 그것을 자랑스러워한다. 아이는 작문에서 국제 변호사가 되고 싶다고 밝혔다. 길고 장황한 문장이지만 요약하면 이렇다.

초등학교 3학년 때 엄마와 찻집에 가서 그레이프 주스를 주문했다. 엄마는 그레이프 푸르트가 아니라 그레이프 주스예요, 라고 직원에게 확인까지 하고 분명 그레이프 주스를 주문했는데 점원은 그레이프 푸르트 주스를 가져왔다. 이건 너무 심하다. 인권 침해라는 생각에 울부짖는데, 마침 TV에서 변호사에 관한 이야기가 나왔다. 나는 그 프로그램을 보고 한국어 능력을 살려 국제 변호사가 되기로 결심했다.

사실, 개연성이라고는 찾아볼 수 없는 만화 같은 이야기이다.

"본인들은 이해받지 못한다 → 곤란한 처지다 → 변호사라면 도움이 된다 → 그것도 국제 변호사, 이렇게 되는 설득력 없는 이야기예요. '이게 무슨 말도 안 되는 소리냐?'라고 했더니, '어쨌든 그렇게 결심했으니 됐잖아요.'라기에 그도 그렇네, 하고 다들 납득했습니다." 하고 사카모토는 웃었다.

란이 네이티브 한국어를 구사하는 것은 사실이었다.

"란은 아무한테도 배우지 않았는데 한국어를 할 수 있어요. 엄마하고 통화할 때 보면, 남이 들어서는 안 되거나, 곤란한 얘기를 할 때는 한국어로 바꿔 말하더라고요. 어쩌면 특수한 능력 같은 걸 지녔을지도 모르겠네요."

사카모토가 감탄한다. 아이들도 어학 천재려니 하고 믿는다. 나는 란에게 언제 공부했느냐고 물었다.

"유치원 때 IQ 테스트를 했는데, 엄청난 점수가 나왔어요. 200인가 300인가? 한국말은 그때 순식간에 익혔어요. 그리고 초등학교 1학년 때부터는 막힘없이 술술 했죠. 근데 읽고 쓰지는 못해요. 그래도 말하는 건 현지 사람과 똑같다는 말을 자주 들어요.”

실제로는 어머니가 유치원 무렵부터 란을 데리고 한국에 갈 때마다 가정교사를 시켜 공부시킨 것이었다.

그런데 노력해서 습득했다고 하면 될 것을 어째서 그런 희한한 이야기를 꾸며 내는 것일까? ‘중학교 1학년 때 야구부 정규 멤버가 되었다’와 마찬가지로 자신은 평범한 아이들과는 다르며, 초인적인 힘을 가진 특별한 인간이라는 점, 이를 다른 사람이 믿어 주기를 바라는 허구적 표현이라고밖에 생각할 수 없다. 그렇다손 치더라도 란에게는 왜 이런 허구의 세계가 필요했을까?

나의 추측이지만, 아마 간사이에서 상상을 초월하는 집단 괴롭힘을 당한 란은 그간의 고통과 상처 입은 자존심을 다시 떠올리기 싫었고, 허구의 세계를 연출함으로써 자신이 만든 세상 속에 살고자 했던 것은 아닐까? 나약한 인간이 아님을 과시하기 위해 있는 힘을 다해 허세를 부려야 했을 것이다. 아이의 허구는 스스로를 지키기 위한 수단이었을지도 모른다.

그러나 센터에 오고부터, 이곳에 약간 독특한 아이가 있기는 해도, 다른 사람을 괴롭히지 않는다는 점을 알게 되었고, 아이의 마음에 타인에 대한 신뢰가 싹트기 시작했을 것이다. 그래서 처음으로 센터의 친구들에게는 사실을 있는 그대로 말할 수 있게 되었으리라. 나에게 거짓말을 한 것은 유대감이 없는 상대, 나를 그저 스쳐 지나가는 상대로 생각해 경계심을 품었기 때문이다.

열네 살의 고독

란은 같은 학년이며, 섬에서 나고 자란 도쿠야를 이렇게 표현하며 자랑했다.

"나에 대해 아는 친구는 몇 안 됩니다. 지금 친한 아이는 도쿠야인데 우리는 친구로 잘 지내고 있습니다. 만약 이 친구가 나중에 돈 때문에 힘들어하면, 저의 전 재산을 다 털어서라도 도와줄 거예요. 그만큼 믿을 수 있는 친구입니다. 도쿠야는 제 보물이에요. 그래서 지금 저는 아주 행복해요."

아마도 구다카 섬에 오기 전까지 란이 친구라 부를 수 있는 동갑내기는 단 한 명도 없지 않았을까 생각한다. 친구 없는 아이야 센터에는 흔하다 보니, 외로운 아이가 란뿐은 아니지만, 유독 자기주장이 강한 란을 이해해 주는 아이는 더더욱 없었다. 란은 점점 더 고립되어 갔다. 그러던 차에 란 앞에 나타난 아이가 도쿠야였다.

구다카 중학교에서 발간하는 교지 '발걸음' 제12호에, 열네 살 란이 '소용돌이'를 주제로 쓴 시가 실렸다.

아무것도 느끼지 않고

멍 하니 있으면

눈으로 영상이 들어온다

몸의 힘이 빠졌다

아무 짓도 하지 않았는데

뱃속에서 구름이 소용돌이치고 있다.

아무것도 느끼지 않고

멍 하니 있으면

귀에 소리가 들린다

오른쪽에서 왼쪽으로 흘러간다

아무 짓도 하지 않았는데

등으로 어렴풋이 소용돌이치고 있다

아무것도 느끼지 않고

귀도 눈도 닫고 있으면

사람의 목소리, 사람의 그림자가 솟아오른다

괴로움과 즐거움이 밀려든다

아무 짓도 하지 않았는데

마음에서 눈으로 소용돌이가 몰려온다

뺨으로 물이 흘러내린다

차갑고 실체 없는 소용돌이, 이것이 무얼까?

이것이 나의 외로움이려나?

따듯한 것이 훅 스친다

눈을 뜨니

사람이 있었다

소용돌이는 사라졌지만

마음에 구름이 남았다

2장 우주인의 눈물 - 란 이야기

이것이 비가 되어 소용돌이가 된다

그것이

외로움이려나?

시 속에 열네 살의 고독을 토로하는 란이 있었다.

다른 이와 관계를 맺으려 해도 맺을 사람이 없다. 14년의 인생에서 믿을 만한 친구가 단 한 명도 없었다. 이미 그것은 기정사실이 되어 뱃속에서 소용돌이치는 외로움이 되었다. 그러나 구다카 섬에 와서 처음으로 '따듯한 것이 훅 스치는' 경험을 했다. 그리고 '눈을 뜨니 사람이 있었다'. 그것이 도쿠야였는지 선배였는지는 모른다.

아이는 처음으로 사람을 만난 게 분명했다.

<u>엄마와 아들의 희한한 관계</u>

그동안 란은 왜 줄곧 외톨이였을까? 한번은 곤 어머니가 이런 이야기를 했다. 6월에 있었던 '그물 고기잡이' 때 처음 구다카 섬에 왔는데, 그때 란의 괴상한 행동에 기가 막혔다는 것이다.

"제 옆에 다가와서 '곤이 어머니, 제 말씀 좀 들어보세요. 곤이는 제 물건을 마음대로 쓰고는 돌려주질 않아요. 걔는 참 심해요. 규칙도 안 지키고, 농땡이 피우고, 다른 사람을 힘들게 해요.' 하고 아들의 안 좋은 행실에 대해 고자질하는 겁니다. 물론 맞는 말이지만, 제 얼굴만 보면 말을 하니 듣기가 거북했어요. 그래서 '얘, 자기 자식의 험담을 듣고 기분 좋은 부모는 없단다.'라고 말해 줬어요. 잠자코 듣더라고요. 근데 다음부터 싹 달라져서는 '곤은 이렇고 이런 좋은 점이 있어요. 다른 애들한테 얼마나 도움이 되는데요.' 하고 보고하듯 하는 거예요. 이상한 아이라고 느꼈지만, 설명하면 알아든죠."

남의 험담이 나쁘다는 지적을 받고 이해한 것까지는 좋았다. 그러나 이번에는 오히려 험담했던 상대를 넘치게 칭찬했다. 보통의 상식에서 벗어난 란의 선택은 아이의 대인관계가 얼마나 미숙하고 서투른지를 짐작케 한다.

인간관계를 배우지 못한 란은 지속적으로 적을 만들었고, 그리고 괴롭힘을 당했다. 그렇기에 새로운 세상을 만난 지금, 꾸며낸 이야기를 통해 자기 자신이 얼마나 뛰어난지 호소하고 그것으로 스스로를 지키려는 것이 아닐까? 센터의 아이들에게 거짓말을 계속하기는 어렵겠지만, 잠시 스쳐 지나가는 사람인 나에게는 아마도 가능하리라 여겼을 것이다.

어머니가 '같이 죽자'고 목을 졸라 살해하려 했던 것이 사실이라면 이미 그들 모자 관계는 파탄에 이르렀대도 전혀 이상할 것이 없다. 어머니가 아들에게 죽음을 강요한 것이나 매한가지다. 당연히 아들은 어머니를 기피했을 테고 어머니는 아들의 존재가 흡사 몸에 난 종기나 다름없었을 것이다. 그런데 이 어머니는 '식칼을 들이댄' 아들을 매몰차게 대하지 않았고, "우리 아이 없이는 못 살아요." 하고 울먹이며 전화를 한다.

이들 모자의 애정은 주변에서 눈 뜨고 봐 줄 수 없을 만큼 맹목적이었다. '란, 얼마나 보고 싶었는지 아니? 란, 우리 란' 하면서 포옹하는 정도는 그나마 낫고, 센터에서 란이 책이라도 읽고 있으면 거북이처럼 애 등에 올라타서는 '란 사랑해. 엄마가 사랑한다.' 하면서 볼을 비빈다.

그런 장면을 목격한 아이들은 꽤나 충격을 받은 모양이었다. 히로토를 비롯한 아이들은 흥분한 말투로 "란 엄마, 그 볼 비비는 건 엄청나요."라고 했다.

사카모토 역시 란의 어머니에게 질색한 적이 있다.

"란 어머니는 오셨다 하면 침대며 이불이며 애 물건을 밖에서 털고 말리고, 팬티까지 다시 빨아서 옷장에 잘 개어 넣는 겁니다. 그건 아이를 망치는 부모의 전형이죠. 그런데 글쎄 히로토가 '어머니, 그렇게 하시면 아들 망쳐요'라고 하는 거예요. 우습게도 말이에요, 평소에 히로토가 그런 일을 제 부모에게 시켜왔거든요. 그 아이 스스로가 그게 나쁘다는 걸 알았구나 싶으니까, 웃음이 나더라고요."

침대 정리쯤은 란도 묵인했지만 가구 배치까지 마음대로 바꿔서 급기야 크게 싸움이 났다. 란 어머니는 심지어 이런 말도 했다.

"한국 여자는 옛날부터 남자한테 청소 같은 건 시키지 않아요. 음식도 남자가 먼저예요. 엄마는 누더기를 입더라도 자식에게는 좋은 것을 입히죠. 그게 한국 여자예요."

곤과의 화해

　구다카 중학교에서 과외활동이라고는 일주일에 한 번인 가라테부를 제외하면 실질적으로 배드민턴부뿐이다. 란도 배드민턴부에 곧바로 들어갔다. 그리고 6월에 본섬에서 열리는 배드민턴 대회 단체전에 갑자기 출전하게 되었다.

　이때의 경기는 무척 감동적이었다고 우치무라가 말했다. 그렇다고 훌륭한 경기를 보여 준 것은 아니었다. 눈 뜨고 못 봐줄 정도로 형편없었다.

　"그래도 단체전에 나갈 수 있었던 건, 란이 필요한 숫자를 채워 줬기 때문이었어요. 우리 팀의 에이스는 선배 나오야인데요, 란이 나오야를 존경해요. 나오야의 목소리를 흉내 내면서 눈물이 찔끔 나올 만큼 큰 소리로 라켓을 휘두르는 거예요. 기합을 넣어 휘두르는 것까진 좋은데, 공에서 2, 30센티나 떨어진 데서 헛스윙을 하지 않나, 엉뚱한 데다 서브를 넣지 않나, 그도 아니면 한참 뒤에 허둥지둥 하니까, 관객들은 웃느라 난리가 났어요. 그래도 란은 죽기 살기로 애쓰더라고요. 그게 몇 번이든 끈질기게요. 운동신경이 어찌 됐든 간에 아, 쟤가 지금 진심으로 열심이구나, 하는 게 느껴지더라고요. 그게 감동이었어요. 나중에는 관객들이 아무도 웃지 않았어요. 다들 란의 진지함에 먹먹해졌죠."

　지금까지 경원시하던 란을 아이들은 다시 보기 시작했다.

　'운동신경 맛이 갔냐?'라는 말을 들었던 란이었다. 그런 아이를 절대 포기하지 않고 가르친 것이 선배 나오야다. 나오야는 란이 아무리 못하더라도 열심히 연습할 때는 묵묵히 가르쳤다. 그러다 한번씩 스스로가 너무하다 싶게 안 풀릴 때 성질을 부리고 욕을 내뱉는 란을 보면, 온순한 나오야도 울화통을 터뜨렸다. 란은 그런 나오야를 존경의 눈빛으로 바라보게 되었다.

나오야의 1년 선배 노리는 에이스 자리를 다툴 만큼 실력 있는 아이다. 언젠가 란은 배드민턴 연습 상대를 해 준 노리에게 자신의 어머니가 한국인이라는 사실을 털어놓았다. 지금까지 한국인이라는 이유로 집단 괴롭힘을 당해 왔기에, 불행했던 지난날을 호소하고자 했던 것인데, 노리의 대답은 이랬다.

"그게 뭐? 우리 엄마는 필리핀 사람이야."

이 말을 듣고 란은 아무 말도 하지 못했다. 이곳은 어느 나라 사람인 것이 중요하지 않구나, 한국인이든 아니든 의식하지 않아도 되는구나, 란은 기뻤다.

곤과 란이 싸웠을 때 사카타가 둘을 불러 그 이유를 물은 적이 있었다.

"란이 '내가 싫어하는 것을 알면서도 집요하게 놀려요. 그러니까 자꾸만 싸우게 된단 말예요.'라고 했어요. 이 말을 듣고 곤이 사과했어요. 곤은 다른 사람의 마음을 헤아릴 줄 모르는 아이라서 도를 넘는 행동을 해요. 그렇다고 생떼를 쓰지는 않으니까 이유를 알면 사과할 수 있어요. 그 다음부터 둘의 싸움이 우스갯소리가 되었어요. 두 녀석이 티격태격 하면서도 서로 간에 믿음이 생긴 게 아닐까 해요."

일반 사회라면 싫은 사람이나 위험한 사람은 멀리하면 되지만, 이 섬처럼 작은 사회 안에서는 관계를 회복하거나 아주 등을 돌리는 수밖에 없다.

지금까지 란의 주변은 한국인이라 하여 갈취하는 집단으로 득실득실했다. 선배라 함은 '뜨거운 라면을 머리에 끼얹는' 그런 패거리였다. 방심했다가는 언제 또 당할지 알 수 없었다.

란은 섬에 와서도 경계 태세였으나 시간이 지남에 따라 여기가 전혀 다른 세계임을 알게 되었다. 어느 누구도 란을 '한국인'이라 놀리지 않았고, 어머니가 만든 김치를 맛있게 먹고, 괴상한 일본어를 쓰는 어머니를 상냥하게 대했다. 게다가 선배는 괴롭히기는커녕, 못하는 배드민턴을 불평 한마디 없이 가르쳐 준다. 천적이라 생각했던 곤도 집요하게 놀리기는 하지만 예전 학교 아이들에 비하면 양반이다.

"란은 이상한 녀석이지만 선배들은 따듯하고 부드럽게 맞아 주었습니다. 사람의 따듯함이 란을 변화시킨 것 같습니다."

담임교사인 오가와가 말했다. 간사이와는 전혀 다른 분위기에 적잖이 당혹스러워하면서도 란의 내부에서 긍정적인 화학반응이 일어나고 있었다.

그토록 반목하던 곤과 란이 관계를 회복하기 시작한 것은 배드민턴 대회가 끝났을 무렵이었다. 먼저 손을 내민 쪽은 란이었다고 곤이 말했다.

"나만 보면 그렇게 싫어하더니, 갑자기 내 흉내를 내더라고요. 히로토 선배를 맨날 '히로토' 하고 불렀는데, 나처럼 '히로토 선배'라고 부르고, 선배가 바다에 간다고 하면 같이 가자고 따라오고요. 나랑 똑같이 하면 잘 지낼 거 같았나?"

란의 그런 행동을 곤은 화해의 표시라고 받아들였다.

3장 내게 친구는 없다 - 소마 이야기

취재차 구다카 섬을 방문했을 때였다. 센터의 긴 테이블 앞에 앉은 나는 방금 학교에서 귀가한 아이들을 멍하니 쳐다보았다. 사실 어디서부터 어떻게 취재해야 할지 감이 오지 않아서, 아이들을 바라보는 외에 할 수 있는 것이 없었다.

한 아이는 빨래를 했다. 또 한 아이는 침대에서 음악을 들었고, 산신을 연습하는 아이도 있었다. 그리고 그 틈에서 한 아이는 숙제를 했다. 그 중 내 시야를 사로잡은 아이는 소마였다. 소마는 침대 옆에서 그림을 그렸는데, 아이의 키만큼이나 커다란 캔버스가 눈에 띄었다.

캔버스라고는 해도 골판지를 비스듬히 덧대 세웠을 뿐이다. 거기에 가면을 쓴 남자인지 여자인지 그도 아니면 유령인지, 분명하지 않은 인물이 참으로 쓸쓸한 표정으로 채워져 간다. 색조에는 깊은 어두움이 느껴지고, 군데군데 빈 공간은 허무하다. 썩 기분 좋은 그림은 아니었으나, 나는 그런 그림을 그리는 소마가 몹시도 궁금해졌다.

내가 잠시 다른 곳에 한눈을 팔고 있을 때였다. 어느새인가 내 옆에 다가선 소마를 보고 흠칫 놀랐다. 발소리 하나 내지 않고, 나와 눈을 마주치지도 않았으며, 마치 게걸음을 치듯 슬금슬금 기척 없이 다가온 듯했다. 아이는 골판지를 벽에 고쳐 세우면서 나를 힐끔힐끔 살폈다. 그러면서도 말 한마디 걸지 않고 표정 없이 붓만 움직인다. 말상대를 바랐는지, 자신의 커다란 그림을 봐 주기를 바랐는지 나로서는 알 수 없었지만, 낯선 사람인 나를 의식했던 것만은 분명했다.

"그림이 참 신기하구나."

내가 말하자 기다렸다는 듯이 설명하기 시작했다.

사카모토에게 "좀 이상한 아이네요." 했더니, "작년에는 더 이상했는걸요." 하면서 웃었다.

"손님이 오면 일부러 그 옆에 가서 그림을 그려요. 그림을 보라는 건지, 그림을 그리는 자신을 봐 달라는 건지, 아무튼 상대방의 시선을 굉장히 신경 쓰지요."

그림 자체보다는 자신을 더 보여 주고 싶어 한다는 얘기였다.

소마는 다른 사람과 어울리지 못해 외롭다. 쓸쓸함의 크기만큼 커다란 그림을 그리고, 그렇게라도 해서 인정받고 싶다.

소마가 구다카 중학교에 입학한 해에, 여성 화가 마야 맥스MAYA MAXX가 섬을 방문했다. 이때 소마는 그림으로 먹고사는 사람이 있다는 사실에 충격을 받았다. 화가는 소마에게 "큰 종이에 그리면 좋아."라는 말을 해 주었다. 소마는 화가의 말 한마디에 자기 키보다 큰 그림을 그리게 되었고, 그것을 지금까지 충실히 지키고 있다.

소마는 내가 섬을 찾을 때마다 마치 봐 달라는 듯이 내 앞에서 그림을 그렸다. 여전히 내게 말을 걸지도 않았으며, 내 그림이 어떠하냐 자랑하지도 않았다. 그저 묵묵히 그림만 그렸다.

아이의 그림에는 분노와 폭발, 원망과 한탄, 광기 같은, 인간이 지닌 지독한 어두움이 흘러 넘쳤다. 아이의 내면이 그림에 투영된 듯했다.

이것이 나와 소마의 신기한 만남이다.

<u>소마의 원한 노트</u>

어느 날, 다 같이 모인 자리에서 내가 "너희는 하나같이 개성파들이구나."라고 했다. 그랬더니 아이들은 외려, "아뇨, 별종이요." 하더니, 곤, 란 하며 저마다 별종의 이름을 대느라 법석이었다.

내가 다시, "그럼, 소마는?" 했더니, "소마는 광인狂人이요." 하는 것이다. 별종보다 훨씬 특이한 아이란다. 소마의 이상 행동은 온 섬에 소문이 자자하다는데, 평소 소마를 예뻐하는 우치마는 이렇게 말하며 웃었다.

"아이 자체는 성실해요. 근데 농담이 안 통해요. 배드민턴 시합 때 본섬에 가서 묵었는데요, 웃기를 하나, 울기를 하나, 그냥 말 한마디 없이 앉아만 있더니, 밤 9시가 되었을 때 '이제 시간 됐으니 저는 잘게요.' 하고 자더라고요."

아이들에게 "소마의 어떤 점이 그렇게 괴짜 같니?" 하고 묻자, 양 손가락에 꼽지도 못할 만큼 많은 이야기가 순식간에 쏟아졌다. 소마 역시 부정하지 않았다.

한 아이는 "말도 빠르고 어려운 말을 써요."라고 했다. 소마는 어렸을 때부터 구어체와 문어체를 구별하지 못했다. 그것이 중학생 아이들에게는 딱딱하고 어려운 말로 들리는 모양이었다. 아이들의 증언 중에는 섬뜩한 이야기도 있었다.

"예전에 아이들 몇이 소마를 놀려댄 적이 있어요. 별일도 아니었는데, 나중에 보니 소마가 우리 이름을 노트에 쓰고는 조각칼로 푹푹 찌르고 있는 거예요. 정말 걱정 되었어요. 쟤 괜찮을까? 저러다 사람을 죽이면 어떡하지? 하면서요. 기분 나쁜 일이 생기면 남의 이름을 써놓고 칼로 난도질을 해요."

아이들은 이를 소마의 '원한 노트'라 불렀다.

소마의 '원한'은 비단 학교에 머무르지 않았다. 곤에게 놀림이라도 당하면 아이는 공황 상태가 되어 울며불며 '원한 노트'를 꺼내 들었다. 곤의 이름을 커터 칼로 그어 갈기갈기 조각을 내 놓고 나서야 잠잠해졌다.

처음에는 이 같은 행동을 다른 아이들 몰래 했었다. 그러나 점차 분노는 걷잡을 수 없어졌고, 대담해진 분풀이는 친구들 앞에서도 거침없었다.

소마 어머니는 "분노를 말로 표현하지 못해 공책에 터뜨리는 게 아닐까요?"라고 했지만, 핏발이 선 눈으로 이를 악물고 조각칼을 놀리는 모습은 보기에 상당히 섬뜩하다.

스태프 중 누군가가 "그만 해!" 하고 말려서야 겨우 제정신을 찾곤 했는데, 그럴 때마다 아이들은 불안한 눈빛으로 눈치를 보며 두려워했다.

'원한 노트'에 무엇을 적었는지 나중에 소마에게 물었더니 편지를 써서 답했다.

노트 표지와 뒤에 애들의 순위를 매겼어요. ○, △, ✕ 순이에요. 지금 기억하는 순위는 다쓰노리와 도쿠야는 ○, 다에카, 곤은 ✕, 란은 △였을 거예요. 하지만 무엇을 썼는지 내용은 기억나지 않아요. '원한 노트'에 원한은 안 쓰고,

○는 '믿을 만한 친구'이며, ×는 '절대 용서할 수 없으니 지옥에나 가라'는 표시다.

곤에게 놀림 받고 철철 울며 칼질하는 모습을 본 날이었다. 사카모토가 식사를 마친 후 모두 모아 회의를 했다.

"너는 어쩌자고 친구를 그렇게 골리는 거냐? 애를 아주 짓뭉갤 셈이냐?"

곤을 다그친 사카모토는 원한 노트로 인해 다른 아이들이 얼마나 불안하고 무서워하는지 차근차근 소마에게 설명하고, 노트를 만든 원인을 일러 주었다.

"쓰레기 줍기를 하면 너는 네 나름의 명분이 선다고 여겼겠지만, 그건 옳은 방법이 아니야. 너도 알겠지만 회피에 불과하단다. 넌 그저 도망치는 거야. 네가 도망치면 쓰레기 줍기는 눈가림에 지나지 않아. 사람에게서 도망치지 마라. 숨어 버리니까 원한 노트나 만들지. 그럴수록 사람들과 부딪쳐서 그 사이에 들어서라. 왜 사람을 마주하지 못 하니?"

심각할 줄 알았던 소마는 "그건 그렇네요." 하고 의외로 맥 빠지는 소리를 했다. 듣고 있던 아이들은 그만 허탈해졌다.

이 날의 일을 내가 다시 소마에게 물었더니, 그때는 마음속 깊이 공감했다고 순순히 답했다. 대답을 하는 아이의 표정이 마치 정교한 인형 같았다.

"제가 사람들 사이에 끼지 못해 분노한다는 말, 쌓인 분노를 노트로 푼다는 말, 사카모토 선생님의 말씀을 듣고서야 저는 제 분노에 대해 알았어요. 아무튼 폭발 직전이었으니까 맞다고 생각했어요. 칼로 찌르면 시원했는데, 그건 처음에만 그랬고, 갈수록 전혀 그렇지 않다는 점이 저한테는 의외였어요. 노트 때문에 오히려 불행해지고 쌓인 분노가 저한테 더 크게 돌아올 것만 같았어요."

그리고 상당한 망설임 끝에 소중한 원한 노트를 버리기로 했다.

"널 버리다니, 나를 웃기는 놈이라 여길지 모르겠지만, 정말 미안!"

소마는 중얼거리며 원한 노트를 쓰레기통에 버렸다. 원한 노트를 사람처럼 여기고 의지했던 것은 노트가 소마의 일부였던 탓이다. 사람과 어울리지 못하는 만큼 원한 노트 '소모네아'가 유일하게 어울릴 수 있는 상대였는지 모른다.

타인의 감정을 모른다

소마의 부모님은 초등학교 2학년 무렵부터 별거해, 구다카 중학교를 졸업한 뒤 정식으로 이혼했다. 나중에 부모의 이혼을 알게 된 소마는 놀란 얼굴로 말했다.

"엄마 아빠, 잘 지내지 않았어?"

보통의 아이라면 이미 부부 사이의 이상 징후를 눈치챘을 것이다. 그러나 소마는 희로애락이나 칭찬, 비난 같은 타인의 마음을 읽어 내지 못한다. 발달심리학에서 말하는 '마음 이론'에 결함이 있는 것이다. 타인의 마음을 유추하거나 공감할 수 없고, 자신과 다른 타인의 마음을 이해하지 못한다.

훗날, 소마를 처음 본 여자 아이가 지속적으로 좋아하는 마음을 전했는데, 소마는 그것이 무슨 뜻인지조차 이해하지 못했고, 사랑은 싹틀 새도 없이 끝나고 말았다. 타인의 감정을 거의 헤아리지 못하기 때문이었다.

같은 공간에 살면서도 다에카가 나오야와 사귀는 일, 곤이 기린을 좋아하는 사실을 소마 혼자만 까맣게 몰랐다.

"남이 나에게 화가 났다, 아니면 호의가 있다, 그런 감정을 잘 모르겠니?"

구다카 섬을 떠나 2년여가 흐른 뒤 내가 물었다.

"아마도……, 아니, 설명하기 어렵네요. 감정을 알아챌 수 없다고 해야 할까, 누구랑 누가 좋아한다, 사귄다, 이런 건 거의 몰라요. 초등학생 때도 친구 집에 놀러 가면 말없이 만화만 보곤 했어요. 상대가 화를 내지 않게 조심했던 것 같아요."

얌전하게만 있으면 혼나지 않고, 문제에 휘말리지 않으리라는 생각은 아이 나름의 삶의 지혜다. 혼자 조용히 쓰레기를 주웠던 것도 남들이 얌전한 아이로 봐 주기를 바라는 마음에서 시작했다. 그런데 실제로도 사람과 어울리면 관계가 잘 풀리지 않았다.

소마는 초등학생 때 친구와 어울려 한 아이를 놀리고 장난을 쳤는데, 결국 싸움으로 이어진 적이 있었다. 놀림을 당했을 때 마음이 상한다는 평범한 사실을 몰랐다. 소마는 소통할 줄 모른다. 일방적으로 하고 싶은 말을 쏟아 낸다. 다른 사람의 말에는 거의 관심이 없는데, 이는 바꿔 말하면 상대의 감정을 알아차리지 못한다는 뜻이다. 소마는 '내 할 말만 하면 그만'이고, 그러다 보니 남의 말을 들을 수 없다.

타인의 감정에 공감하거나 의중을 헤아리지 못하는 소마는 특히나 연애 같은 복잡한 인간관계를 접하게 되면 완전히 두 손 두 발 다 들고 만다. 자기만의 세계에 갇히는 것이다.

언젠가 아버지가 소마에게 전화를 걸어, "그래, 잘 지내니? 아픈 덴 없고? 별일 없니?" 하고 안부를 물었다. 그러자 소마는 잠시 생각하더니 이렇게 답했다.

"있었다면 있고, 없었다면 없어요."

다른 한편으로 자신을 돌아봐 주기를 바라고, 타인에게 주목받고 싶은 욕구도 강하다. 속마음이 제대로 전달되지 않은 데 따른 분노는 고스란히 아이의 내면에 쌓이고, 흡사 화산이 폭발하듯 분출된다. 이때는 자기 스스로도 어쩌지 못한다. 원한 노트는 아이의 분노를 감당하는 장치였다.

내가 소마의 고독을 눈치챈 이유는 아이의 무방비 때문이었다. 보통 사람들은 누군가 다가가면 어느 순간 기척으로 알아차린다. 그런데 소마는 발소리를 죽이지 않아도 전혀 알지 못했다. 소마는 타인에게 무관심한 데다, 자신과 어울리려는 사람이 이 세상에 존재할 리가 없다고 믿는다. 그래서 그토록 무방비인 것이다.

한 가지 더 있다. 내가 아이들에게 '너희가 생각하는 구다카 섬의 3대 사건이 무엇이냐'고 물었을 때다. 아이들은 저마다 '유스케 미복귀 사건(2학기가 시작되었음에도 구다카 섬으로 돌아오지 않은 일)', '선배의 흡연 사건(설날에 숨어서 담배를 피우다 들킨 일)', '오키나와 시마지리(남부) 지역 장거리 경기(겨우겨우 꼴찌를 면한 일)' 등을 꼽았으나, 소마는 '함정', '비밀 기지', '원한 노트' 세 가지를 들었다. 다른 아이들과 공통된 것이 전혀 없었다.

'비밀 기지'에 대해서는 노노카가 설명해 주었다.

"소마가 해안에다가 움막을 지었는데요, 표류기에 나오는 집 같은 거요. 거기가 소마의 비밀 기지예요."

넓이는 1.5평 정도이며, 전체가 나무다. 하루도 빠짐없이 해안에서 쓰레기를 줍던 소마가 물에서 건진 나무들을 모아 이리저리 조립해 만들었다. '함정'도 소마가 해변에서 혼자 만든 것이다.

소마가 쓴 작문에 이런 구절이 있다.

센터에 와서

유학하면서 보람을 찾았다. 쓰레기 줍기와 그림을 그리는 것이다. 쓰레기 줍기는 집에 있을 때보다 성취감과 즐거움이 크다(쓰레기 줍기가 즐거우냐는 질문은 모두 거절하겠다). 여기서는 완전히 자유로운 그림을 그릴 수 있다(자유로운 그림이 뭐냐는 질문은 모두 거절하겠다). 현재 나의 최고 걸작은 내 얼굴이다(지금까지 분노, 눈물, 웃음, 질병, 안심, 어지러움, 비명, 고민, 폭소, 졸음, 격노의 표정을 그렸다). 여기 있으면 많은 아이디어가 나오는 것 같다. 장래 화가가 되고 싶은 꿈이 생겼다.

그림도 쓰레기 줍기도 함정도 모두 혼자만의 세계다. 여기에 타인이 끼어들 여지는 없었다. 자기 세계 외에는 관심이 없고 바깥세상과는 담을 쌓고 있다. 소마에게는 자기 세계로 들어오는 사람이 침입자이며, 그것을 어떻게 해야 좋을지 몰라 혼란스럽다. 그래서 스스로도 어쩌지 못하는 분노를 '원한 노트'로 풀었던 것이다.

소마는 사리 분별을 할 수 있게 되었을 무렵부터 다른 아이들과 상당히 달랐다고 한다. 어머니를 만나 소마에 대한 이야기를 들었다.

어머니가 밝힌 유년 시절

소마는 어렸을 때부터 좁은 곳을 좋아했어요. 항상 TV 받침대 안에 들어가 있었어요. 들어가서 뭘 하는 것도 아니에요. 그저 멍하니 있는 거죠. 그래서 우리 집에서는 TV 받침대가 아이의 방이려니 하면서 아무것도 안 넣고 비워 뒀을 정도예요.

유아교실을 다닐 때 네모 안에 스티커를 붙이는 놀이를 했어요. 고작 스티커 한 장 붙이는 건데, 그걸 못하더라고요. 그 무렵은 뭐 그렇게 특이하지는 않았어요.

초등학교 2학년 가을에 학교에서 한 번 쓰러진 적이 있었어요. 혹 뇌에 문제가 있나 걱정 돼서 병원에 갔지요. 소아과 의사 선생님이 소마에게 "계절은 몇 개지?"라고 물었는데 소마의 대답은 "몰라요."였어요.

“그러면 계절에는 무엇과 무엇이 있니?” 하니까,

“봄, 여름, 가을, 겨울.”이라고 제대로 대답하는 거예요.

그래서 다시, “그럼 계절은 몇 개지?” 했더니, 역시 대답을 못하더군요. 계절이라는 추상적인 개념에 대해서 아무 감이 없는 거예요.

학교 숙제를 할 때였는데, 〈사과 3개와 귤 2개가 있습니다. 더하면 몇 개가 됩니까?〉라는 문제를 풀지 못해서 울상을 짓고 있더라고요.

제가 “어디 보자. 3개랑 2개잖아. 몇 개지?” 했더니, “못 더해, 못 더해!” 소리만 하고 있어요.

저는 “어째서 못하니?” 하고 다시 물었어요.

“이건 안 돼, 엄마. 사과랑 귤이 다른데 어떻게 더해?”

추상적인 개념과 구체적인 개념을 구분하지 못하는 거죠.

가장 곤란한 점은, 여럿이 놀 때의 암묵적인 규칙을 모르는 문제였어요. 예를 들어, 술래잡기를 해요. 잡힌 아이가 술래가 되고, 술래가 되면 모두를 쫓아가는 게 규칙이잖아요. 그런데 우리 애는 잡혀서 술래가 되면 다들 자기를 피해 도망가는 게 슬퍼서, “애들이 나한테서 도망가.”라며 우는 겁니다. 그래서 술래잡기를 못 했어요. 다 같이 어울려 놀지를 못해요. 초등학교 2학년 정도까지 그랬습니다.

붙임성 있는 성격이라 같이 놀고는 싶은데, 설렁설렁 넘어가는 게 없으니까 겉돌아요. 다른 아이를 놀리는 것도 그래요. 역시 같이 놀고 싶은 마음에 그러는데, 그게 정도껏이어야 하잖아요. 적당한 선을 모르니까 애들이 점점 외면하고, 끝에 가서는 무리에 끼워 주지 않아요. 혼자 놀거나 울면서 집에 돌아오는 날이 허다했어요.

아이가 풀이 죽어 있으면 엄마로서 보기가 괴로워요. 그러니 새로운 친구가 생기더라도 불안해서 안 내 보내게 되죠.

근데, 우리 아이는 언어에 신기한 감성을 지녔어요. 글에서나 볼 법한 말을 당연한 줄 알고 쓰더라고요. 평소 사람들이 안 쓰는 말을 일상 대화에서 하는 걸 보면 대화체와 문어체를 구분 못 하는 게 아닌가 싶어요. 아이의 그런 말투가 짜증나는지 밖에서 자주 싸우고, 애는 울곤 했어요.

참, 말로 하는 놀이에는 아주 일가견이 있었어요. 끝말잇기 있죠? 그걸 아주 기가 막히게 잘해요. 국어대사전이 머릿속에 들었나 싶을 만큼 입에서 단어가 술술 나와요. 어른도 못 당할 정도죠.

아무도 이해해 주지 않는데다 언어 감각이 있으니, 현실보다는 공상의 세계로 도망치고 싶었을지 모르겠어요. 알약 하나만 먹으면 투명인간이 되는 이야기, 현상금에 당첨되어 어느 섬으로 갔더니 거기가 킬러들의 집단인 이야기, 그렇게 비현실적이고 일상에서는 볼 수 없는 내용의 책을 많이 봤어요.

같은 반 아이들과 어울리지 못해 겉돌지, 수업은 못 따라가지, 그러다 보니 학교가 싫어졌을 거예요. 초등학교 2학년 1학기가 한계였는지 그때부터 학교에 안 갔어요.

2학년 여름방학에 이사했어요. 또 다시 등교 거부를 할 수도 있겠다 각오했는데, 다행히 전학한 학교의 선생님과는 마음이 맞았는지 학교를 쉰 적은 없어요.

아이가 3학년 되던 해에 남동생이 입학했어요. 제 동생을 아주 예뻐했지요. 틈만 나면 보러 가는 거예요. 점심때마다 매일이요. 교실에 있든 교정에서 놀든 어디든 찾아가니, 동생 입장에서는 방해가 되잖아요. "형, 오지 마." 해도, 기어이 갔어요. 제 딴에는 동생한테 무슨 일이 생길까 걱정해서라는데, 그게 애정이어도 상대방은 성가시죠. 누가 된다는 걸 못 느껴요.

그 무렵 저는 좀 육아 스트레스가 심했습니다. 우리 아이는 착하고 순하지만, 늘 제 생각과는 다른 반응을 보였어요. 말이 안 통한다고 할까, 내 자식인데 이해하지도, 이해받지도 못 하는 것이 굉장히 괴로웠어요.

눈으로 봐서 명백한 장애가 있었으면 이해할 수도 있었을 텐데, 겉 보기에 평범하잖아요. 그런데 무슨 외계인 같기도 하고, 게다가 첫아 이다 보니까, 어찌할 바를 모르고 점점 궁지에 몰리는 기분이었지요. 남편은 육아에 거의 관여하지 않아서 의논 상대조차 없었습니다.

언젠가 소마가 친구와 말다툼을 하다 혀가 말려서 쓰러졌어요. 그 때 진찰하신 선생님께서 경계성 자폐인 것 같다고 진단했어요. 오히 려 저는 마음이 편해졌습니다. 그 전까지는 제 양육 태도에 문제가 있는 게 아닐까 자책했는데, 원인을 알고 나니, '아, 내 탓이 아니구 나. 다 이유가 있었던 거구나. 이건 도리 없는 일이네.' 하면서 아주 후련해지더라고요.

동네 중학교는 분위기가 거칠거든요. 졸업이 다가오니 그런 학교 에 우리 아이를 밀어 넣을 자신도 없고 무서웠어요. 그때 우연히 TV 에서 산촌 유학에 대해 알게 되었죠. 아이에게 산촌 유학 어떠냐고 물으니, 자기는 동네 학교로 가겠다는 거예요. 근데 2월이 되니까 "그 냥 산촌 유학 갈까. 바다가 있으면 좋겠어요." 하기에 구다카 섬으로 정했어요.

쓰레기 줍기로 도피

소마는 누구든 관계되길 거부하고, 남의 말을 들으려고 하지 않는다. 철저히 자기 방식만을 고집한다.

스노클링 때였다. 사카모토가 스노클을 건네려고 하자 소마는 "저는 고글만 있으면 돼요."라고 완강히 거부했다.

"그 걸로는 안 돼."

"그럼 물에 안 들어갈래요."

"안 돼, 들어가."

소마는 사카모토의 엄한 지시에 마지못해 스노클을 착용했는데, 막상 이날 소마가 가장 재미있어했다. 하나를 보면 열을 안다고 소마는 늘 이랬다.

고독한 소마가 열중한 일은 해변의 쓰레기 줍기였다. 구다카 섬의 동쪽 해안은 아름다운 모래사장이 이어져 있고, 가까이의 얕은 바다는 물이 빠지면 수많은 암초가 드러난다. 수면 아래로 성게나 조개류, 작은 물고기 같은 바다의 여러 주인들이 모습을 드러낸다. 섬사람에게 바다는 예로부터 풍부한 식량 창고였다. 소마는 수업이 끝나면 센터 근처의 '비자 해변'에서 쓰레기를 주웠다.

"한국의 즉석 밥이 떠내려 온 적이 있어요. 방부제가 얼마나 들었으면, 열어 보니까 흰밥이 그대로 있어서 그냥 먹어도 되겠더라고요."

쓰레기를 줍던 이야기를 할 때의 소마는 참으로 기분 좋아 보인다.

인스턴트식품은 물론 중국제 플라스틱 제품이며, 배의 부표, 발포 스티로폼 부표 등 각양각색의 쓰레기가 해안으로 밀려온다.

커다란 나무 뗏목이 떠내려 왔을 때는 그 위에다 움막을 지어 놓고 '나의 비밀 기지'라고 자랑했다.

"태풍으로 배가 떠내려 온 적도 있어요. 대단하죠?"

소마는 눈을 반짝이며 말했다.

해변을 걷는다. 사르락사르락 소리가 난다.

이따금 걸음을 멈추고, 줍는다.

쓰레기를. 싫지 않다.

그것으로 무언가를 만들 테니까.

소마는 쓰레기 줍기를 시로 쓸 만큼 정신이 팔려 있었다. 때때로 센터 아이들이 한밤에 비밀 기지로 놀러 오기도 하는데, 곤과 아이들이 장난을 치는 바람에 비밀 기지 일부를 망가뜨린 적이 있었다. 소마는 눈을 부릅뜨고 "고쳐 내!" 하더니 노려보았다.

"이딴 걸 뭐 하러 고쳐." 곤이 입을 내밀었다.

"잔말 마. 네가 부쉈잖아!" 소마가 핏대를 세웠다.

무엇이 그리도 재미있는지 학교에서 돌아오면 해변에서 매일같이 혼자 쓰레기를 주웠다. 섬 주민들은 그런 소마를 '해변을 청소하는 기특한 아이'라고 칭찬했지만, 사카모토는 회의 때마다 말했다.

"넌 쓰레기 줍기로 도망치는 거야. 더욱더 사람들과 어울려라."

그러나 여전히 소마는 해변에서 쓰레기를 주웠다.

곤에게 화내다

　새 학기가 시작되고 한 달이 채 지나지 않았을 무렵이었다. 목욕탕에서 샤워하던 곤과 소마가 서로 물을 끼얹기 시작했다. 곤은 입에 머금은 물을 물총처럼 소마의 얼굴을 향해 내뿜고, 소마는 호스로 물을 뿌렸다. 그러다 곤의 집요함이 극에 달했다. 화가 난 소마는 곤에게 다가가 있는 힘껏 주먹을 날렸다. 곤은 깜짝 놀라 순간 무슨 일이 일어났는지 모른 채 멀거니 있었다. 소마가 난생 처음으로 사람을 때린 것이다.

　얻어맞은 곤의 코에서 코피가 흘렀다. 유도를 했던 곤은 체격이 좋다. 왜소한 소마와 비교하면 초등학생과 고등학생 차이다. 제대로 싸웠다면 애초부터 승부는 정해진 것이나 다름없었다. 상대가 란이었으면 즉시 반격을 했을 텐데, 어째서인지 곤은 정신을 차리더니 아무 말 없이 목욕탕을 나갔다.

　소마가 약물 남용 방지 포스터 경연대회에 출품하려고 그림을 그리고 있었을 때 곤에게 '트집을 잡힌' 일이 있었다. 어지간히도 분했는지 그 일을 작문으로 썼다.

나는 포스터에 열의를 쏟고 있었습니다. 친구들도 내 그림을 보았습니다.

그 중 한 친구의 말은 평생 잊지 못할 것입니다.

"이 포스터, 다른 대회에 나가면 입상하는 거 아냐?"

그는 몇 번이나 같은 말을 했습니다. 나는 강한 굴욕과 분노를 느꼈습니다.

소마는 굳은 얼굴로 옆에 있던 물감을 곤에게 마구 던졌다. 이어서 물이 든 양동이를 움켜쥐었는데, 그것만은 안 되겠다 싶었는지, 그림을 그리던 붓을 치켜들고 괴성을 지르며 곤에게 달려들었다.

"으아아아아!"

소마는 철철 울며 붓을 쥔 손으로 곤의 가슴을 쳤는데, 정작 곤은 소마가 왜 화를 내는지 몰랐다. 허약한 소마의 주먹질이 별로였는지 곤은 얻어맞으며 꼼짝 않고 서 있었다.

곤은 '칭찬의 뜻으로 말했다'는데, 소마는 곤의 예기치 못한 말에 공황 상태가 되어 모욕으로 받아들인 모양이다. 나중에 냉정을 되찾았을 때 물어보니 소마는 '곤의 말을 잘못 알아들었다'고 반성했고, 곤 역시 '아마 나였어도 화냈을 거예요'라고 소마의 심정을 이해했다.

곤은 소마의 연필이나 자, 참고서 따위를 자주 빌렸다. 하지만 빌린 사실조차 잊어버리기 때문에 나중에는 반드시 다툼이 생겼다. 소마는 자기 방어 수단 차원에서 자신의 모든 물건에 '곤에게는 절대 빌려주지 않는다.'는 쪽지를 써 붙였다.

"그건 제가 빌리기만 하기 때문이에요."

곤은 자신의 죄를 깨끗이 인정했다. 만약 집이었다면, '그딴 거 몰라.' 식으로 오리발을 내밀었겠지만 친구들이 모두 보고 있는 이곳에서는 통하지 않는다.

천적이나 다름없는 란과는 '장렬한 전쟁'의 반복이면서 소마에게는 맞더라도 되갚지 않았다. 그 이유를 곤은 이렇게 말했다.

"소마를 조롱하고, 빌린 물건을 안 돌려준 건, 제 잘못이기 때문이에요. 란은 덮어놓고 성질을 내니까 화가 치밀고요."

단지 그것뿐일까? 소마의 반응은 냉정하게 받아들이는 데에 반해, 란에게는 감정을 있는 대로 드러낸다. 그것은 심리적 거리의 차이가 아닐까?

곤과 란과의 거리보다 곤과 소마의 거리가 훨씬 먼 것이다. 사카타도 같은 생각이었다.

"곤과 란은 싸우지만 장난도 잘 쳐요. 다만, 금방 싸움이 되지요. 말하자면 두 아이는 발화온도가 낮은 거예요. 그런데 소마와는 장난이 없어요. 그러니까, 싸울 만큼의 접점이 없었던 걸로 봐요."

어쨌든 각기 비슷한 문제를 안고 있기 때문에 더욱 서로에게 끌릴지도 모른다. 그리고 마음대로 물건에 손을 대고 빌리면서 가벼운 마찰을 일으키고, 그것으로써 새로운 인간관계를 발견하는 것이다.

열네 살의 사랑

꼭두새벽부터 곤이 노래를 부르고 있다.

노노카를 사랑하기 위해서

태어난 거야

노노카를 위해서 사는 건지

무엇을 위해 태어나고

무엇을 하며 사는 건지

알지 못한 채 끝나는

그런 것은 싫어

'날아라 호빵맨'에 가사를 붙여 노래를 불렀다. 작사는 곤이 했다.

부끄러운 소마는 장난감 막대기를 휘저으며, 신나게 노래하는 곤의 뒤를 쫓아다니고 소리를 지른다.

"너희들 알고 있냐? 소마가 누구를 좋아하냐면……."

곤이 헤죽헤죽 웃으며 말했다.

소마는 금방이라도 하늘로 팔짝 뛰어오를 듯이 밝은 노노카에게 첫눈에 반했다. 그 말은 안 했으면 좋으련만,

"아무한테도 말하지 마." 하고 하필이면 곤에게 털어놓았다.

어쩌면 소마는 '말해 주기를 바라는' 마음에 '말하지 마.'라고 했을지도 모르겠다. 곤은 "알았어, 알았어." 하고 약속한 며칠 후에 '날아라, 소마'를 작사해서 친구들에게 폭로했다. 소문은 놀라운 속도로 순식간에 온 마을로 퍼진다. 소마의 '사랑'은 하룻밤 만에 섬 전체가 알게 되었다.

시도 때도 없이 노래를 하는 곤 덕분에, 한때는 모두가 따라 불렀다. 소마는 항의했다. 마치 초등학생 같은 소동이지만 소마의 기분은 좋기도 하고, 창피하기도 해서 복잡하다. 그저 막대를 휘저으며 "야, 야!" 하고 곤을 쫓아다닐 뿐이다. 소마에게는 기념할 만한 '사랑'이었다. 친구들은 놀리면서도 '사랑'의 진전을 궁금해했다.

센터에서는 '나이트 워크'라 하여 달 밝은 밤이면 바닷가를 산책한다. 로맨틱한 그 밤을 아이들이 놓칠 리 없었다. 노노카와 소마만 남

겨 두고 모두 조용히 사라진 것이다.

하지만 노노카는 남자아이와 단둘이 남은들 상대를 이성으로 느끼지 않으니 별다를 게 없었다. 서툰 소마는 무슨 말을 해야 좋을지 몰라, "어." "응."만 했다.

"애들이 얼마나 신경을 써 줬는데요. 좋은 친구들이죠. 근데 아무 일도 없었어요. 바보 같은 이야기예요."

자조적이긴 해도 처음으로 소마의 목소리에 높낮이가 있었다.

소마의 '사랑'은 어머니에게도 놀라운 일이었다. "그렇게 밝은 애한테 끌리는구나." 하며 기뻐했다.

소마는 여전히 고집불통이고 '남의 말을 듣지 않는' 아이지만 그림을 시작했고, 곤을 때렸으며, 노노카를 좋아하는, 열네 살 인생에서 처음으로 경험하는 일들이 연이어 일어났다. 뒤죽박죽이긴 해도 그 어느 것도 소마에게는 무시할 수 없는 사건들이다.

4장 두 개의 얼굴을 가진 소녀 - 노노카 이야기

노노카는 불가사의한 여자애다. 시엽식 전날, 앞으로 1년을 함께 지낼 친구들이 한자리에 모여, 각자 간단한 자기소개를 했다. 그때 아이는 진지한 표정으로 이렇게 인사를 했다.

"제가 살던 아이치 현은 감귤주스로 유명합니다. 그리고 제가 다닌 학교 수돗가에 수도꼭지가 아주 많은데, 그 중 하나는 노란색 수도꼭지입니다. 노란색 수도꼭지에서는 감귤주스가 나옵니다. 언제든 실컷 먹을 수 있어서 쉬는 시간이면 감귤주스를 마시며 수다를 떨었습니다."

듣고 있던 아이들이 소란해졌다. "진짜 좋겠다.""와, 굉장한데." 부러움의 탄성이 여기저기서 터져 나왔다.

사카모토는 새어 나오는 웃음을 참느라 이를 악물었다. 그러나 사실이라 믿는 아이들의 환상을 굳이 깰 필요가 없겠다 싶어 가만 놓아두기로 했다.

노노카는 오직 즐거움을 추구하는 아이다. 아주 사소한 일이라도 즐겁기만 하면 끝을 볼 때까지 놀아야 하는 천진한 아이다. 게다가 아무리 싫은 일이라도 생글생글 웃으며 받아들였다. '이상한 녀석'이지만, 아이들은 곤이나 란과는 다른 뜻에서 노노카를 '다른 세상 사람'이라고 했다.

내가 노노카를 처음 본 것은 한창 더운 7월이었다.

바퀴벌레나 쇠똥쯤은

사카모토는 여덟 뙈기에서 열 뙈기의 밭을 갖고 있다. 좀 더 정확히 말하면 가졌다기보다는 마을에서 빌려 쓴다. 이 섬 역시 고령화로 땅은 있으되 경작할 수 있는 사람이 없다. 그래서 마을 주민 몇이 사카모토에게 밭을 맡겼다. 원래 이런 땅은 주민이 아니라 마을의 소유지다.

하루는 구다카 중학교의 교실 뒤에 쌓아 놓은 두엄을 아이들이 센터 옆의 퇴비 하치장으로 옮기기로 했다.

아이들은 각자 괭이와 삽을 가지고 산더미 같은 두엄무더기를 허물어뜨렸다. 특유의 썩은 냄새가 코를 찔렀다. 두엄을 쌓은 장소가 높이 50센티미터 정도의 벽돌로 둘러싸여 있어서, 어느 정도 무너뜨린 후에는 누군가 두엄 속에 들어가야 나머지를 퍼 낼 수 있었다.

발효가 진행된 두엄은 온도 상승의 영향인지 수증기가 피어올랐다. 부패된 음식쓰레기 아래서 구더기며 바퀴벌레, 애벌레, 거미 같은 온갖 벌레가 바글바글 기어 나오고, 도시에서는 보기도 어려운 아열대 벌레까지 우글우글했다

"너 남자잖아, 네가 들어가."

"왜 나야? 너 먼저 들어가."

"난 바퀴벌레 싫어!"

"나도 그래."

아이들은 서로 미뤘다. 아무리 남자라 한들 꽁무니를 빼고 싶을 상황이었다. 아무도 자진해서 들어가려고 하지 않는데, 노노카가 말없

이 신발을 벗더니 두엄더미 위로 폴짝 뛰었다. 노노카의 치마가 쫙 퍼졌다가 가라앉았다. 아이는 허겁지겁 두엄을 퍼 날랐다.

곤과 소마는 얼어붙은 것처럼 멀거니 서서 노노카를 쳐다보았다.

"쟤만 시키고, 남자들은 뭐 하니?"

지나가던 섬 아저씨가 웃었다.

남자아이들 체면이 말이 아니게 되었다. 술렁술렁하더니 남자아이들이 하나둘 벌레가 우글대는 두엄 속으로 들어갔다. 그렇게나 끔찍해하던 아이들이 십여 분이 지나서는 싫은 내색 하나 없이 두엄을 옮겼다.

지금 것은 낙엽이나 음식쓰레기가 주원료여서 그나마 나은 편이지만, 대량의 쇠똥을 섞은 두엄은 어마어마한 냄새가 나는 것은 물론이고, 구더기나 등에의 유충, 거대한 바퀴벌레가 이리저리 돌아다니는 통에 보기만 해도 질겁한다.

그런데도 노노카는 용케도 해맑은 얼굴로 두엄 속에 있었다. 쇠똥을 맨발로 지긋이 밟을 때의 감촉이 더할 나위 없이 좋다고 했으며, 쇠똥 운반이 '레드카드 소진' 메뉴의 하나라고 하자, 아주 좋아하면서 사카모토에게 "저도 레드카드 주세요."라고 요구했다.

한차례 작업을 끝냈을 때, 내가 노노카를 붙잡고 물었다.

"바퀴벌레가 있는 데 들어가려면 꽤 용기가 필요하지 않니?"

"네? 어째서요?"

노노카는 이해할 수 없다는 표정으로 목소리 톤을 높였다.

"엄청 재미있는 건 쇠똥이에요. 잎사귀 같은 거랑 섞어서 발효시키면 물렁물렁하던 것이 점점 변해요. 대단하죠. 그게 발로 느껴져서 재미있는걸요. 바퀴벌레가 있대도 상관없어요."

나의 질문과 아이의 대답이 점점 동떨어져 갔다. 마지막에는 "이렇게나 재미있는데 뭐가 재미있느냐고 묻는 의도를 모르겠다."고 했다. 재미있다는 감각 자체가 나와는 상당히 다른 것이다.

담뱃불로 지진 흔적

천진난만한 노노카의 손등에 담뱃불로 지진 자국이 몇 개나 있었다. 어쩐지 그것은 비밀의 각인처럼 보인다.

시업식 전인 3월, 노노카가 엄마에게 이끌려 견학 차 섬을 찾아왔을 때다. 두 사람이 구다카 중학교를 둘러보고 있을 때, 3학년 요이치가 느닷없이 다가와 노노카에게 말을 걸었다.

"나는 요이치라고 해. 이름이 뭐야? 어디에서 왔어? 뭐든 말해 봐."

그렇게 인사를 하며 악수를 청했다. 요이치는 불안해 보이는 아이를 발견하면 반드시 달려가 말을 건다. 두 아이는 마음이 맞았는지 함께 섬을 구경하기로 했다.

요이치가 노노카를 어디까지 데리고 간 것인지 한참이 지나도록 돌아오지 않았다. 센터에서 기다리던 엄마는 해가 떨어지자 마음이 불안했다. 낯선 곳에서 길을 잃으면 어쩌나 염려가 되었다.

"우리 애가 방향치인데, 길을 못 찾으면 어쩌죠?"

걱정하는 엄마에게 사카모토는 태평하게 말했다.

"괜찮아요. 길 잃을 일 없어요."

"아뇨, 걔는 심한 방향치예요."

"괜찮아요. 이곳에 올 아이니까 돌아와요."

"네? 아직 입학한다고 말씀드리지 않았는데요."

딸이 산촌 유학을 꼭 하고 싶다기에 반쯤은 여행 삼아 구다카 섬에 왔지만 아직 유학에 동의한 것은 아니다. 동의는커녕 2층 침대 하나만 달랑 있을 뿐, 사생활 보장이라고는 눈곱만큼도 없는 방을 보고 나서 속으로, '우리 딸이 이런 데 오고 싶어 할 리가 없겠지.' 했다. 오히려 딸이 나서서 거절하기를 바라는 심정이었다. 그런데 '반드시 이곳에 올 아이'라 하니 내심 불안했다.

사카모토의 확신은 적중했다. 노노카는 요이치가 권유하는 대로 섬의 아이들과 실컷 놀고 센터로 돌아와서는, "엄마, 엄청 재미있어요. 여기 빨리 가고 싶어." 하면서 숨을 헐떡였다. 어머니는 이 말에 강경하던 태도를 바꿔, 딸의 의사에 항복하고 말았다.

그러고도 불안했는지 어머니는 4월 시업식에 맞춰 노노카를 섬에 데려다 준 뒤, 돌아가는 페리 안에서 온갖 불길한 상상을 하며 고민했다.

'사카모토 씨는 겉보기에는 좋은 분 같지만, 뒤로는 애들을 잡는 거 아냐?' '훈련시킨답시고 때리지는 않겠지?'

며칠 후에 어머니는 노노카의 전화를 받았다. 혹시나 딸이 사카모토의 혹독한 감시를 받을까 싶어서 첩보작전이라도 하듯이 말했다.

"너는 엄마가 묻는 말에 네, 하고 대답만 해. 알았지?"

그러고는 목소리를 낮춰서 속사포같이 물었다.

"옆에 누가 있어?"

"괴롭히는 사람 없고?"

"밥은 주니?"

기가 막힌 노노카가 "사카모토 선생님, 그런 사람 아니에요."라고 하자, "네 나이 때는 모르겠다만, 세상에는 별의별 사건이 다 있단다. 사람은 겉으로 봐서는 모르는 법이니까, 쉽게 판단하면 안 돼."라고 낙천적인 딸에게 단단히 일러두었다.

견학하러 왔을 당시 대략적인 설명은 들었지만, 구다카 섬에서 무엇을 하고 어떻게 생활하는지 자세한 사항을 전혀 알지 못했다. 뒤로는 부모에게 밝힐 수 없는 나쁜 짓을 꾸미는 게 아닐까 의심스러웠다.

모든 의혹이 풀린 것은 고기잡이 날이었다. 새까맣게 그을린 딸을 보고 엄마는 그제서야 납득했다.

"애 얼굴이 달랐어요. 물 만난 고기처럼 활기차더라고요. 분하게도 글쎄, 이 섬은 우리 아이한테 딱인 거예요."

밝은 분위기를 만드는 데 타고난 아이

사람은 즐겁게 살고자 하는 본성을 가지고 있는데, 대부분은 체면 때문에 즐거움을 포기한다. 그러나 노노카는 이 세상에 그 어떤 것도 즐거움을 희생시킬 값어치를 지녔다고 믿지는 않는다.

섬에서 지켜본 노노카는 한결같이 무언가를 즐기는 모습이었다.

어떤 것을 처음 접하면 마치 어린아이가 장난감을 다루듯 재미있어 했는데, 심지어 세탁기조차 놀잇감이었다. 물을 받고 스위치를 누르는 것만으로는 시시했는지, 세탁조 안에 들어가 춤을 추듯 발로 밟고 흥겨워했다.

괴롭거나 슬픈 일은 있는 힘을 다해 멀리하면서 어떤 곳에서든 재미있는 부분을 발견했다. 특이하게도 주목받기를 원하지도 않고, 칭찬해 주기를 바라지 않으며, 그저 그 모습 그대로 천진했다.

사카모토는 하루 종일 동분서주하는 노노카를 보면 미소를 지었으며, 웬만한 장난은 눈감아 주었다. 곤과 노노카가 똑같은 잘못을 해도 곤은 옐로카드를 받고, 노노카는 칭찬을 듣는 경우가 있다고 사카타가 말했다.

"곤은 툭하면 숙제를 놓고 등교해요. 사카모토 씨가 학교까지 가져다주는데, '얘는 왜 이래.' 하면서 옐로카드를 붙여요. 노노카가 잊어버리면 '딱하기도 하지. 어제 하도 애써서 피곤했나 보구나.' 하며 마찬가지로 학교까지 갖다 주는데, 옐로카드는 안 붙이거든요."

우치무라 역시 노노카의 존재를 높이 샀다.

"애가 날이 갈수록 천진해져 가요. 교문을 나서자마자 치마를 확하고 펼쳐서 지나가던 아주머니들을 화들짝 놀래 주질 않나, 맨발로 집에 가지를 않나, 아니면 늘 누구랑 같이 갔었고, 누구에게든 말을 걸고요. 얌전히 있는 사람한테는 꼭 말을 시키더라고요. 사카모토 씨가 호통을 칠 때도 웃고. 노노카는 존재만으로 평화를 가져다주는 대단한 아이예요."

아이들 기억 속의 노노카는 늘 생글생글 웃고 있었다.

재미있고 즐거운 일에는 다 내던지고 몰두하다가도, 졸리면 아무 데서나 잠들어 버린다. 마치 한창 뛰어 놀 때의 어린아이와도 같이 '펄떡이는' 아이가 노노카였다.

이따금씩 드러나는 공격성

그런 노노카가 눈엣가시였는지, 사사건건 고성을 지르거나 불평을 하는 선배가 있었다. 얘기를 듣고 분개한 노노카의 어머니가 선생님 께 어떻게 좀 해 달라고 청했지만, 정작 노노카는 제 어머니를 달랬다.

"아마 기분 나쁜 일이 있어서 나한테 화풀이하나 봐요. 그렇게 해 서 선배 마음이 편해지면 됐어요. 나는 괜찮아, 한 귀로 듣고 한 귀로 흘리면 되니까."

재미있는 일에 지나치게 열중해서 때때로 빈축을 사기도 했다.

언제 한번은 간사이 출신 동급생 다에카 때문에 한바탕 말썽이 있 었다. 다에카는 활달하고 솔직한 반면, 겨우 열세 살 나이에 남자 친 구가 백 명 있었다고 큰소리치는 허황된 면을 지녔다. 어린아이나 나 이든 사람에게는 친절하지만, 또래에게는 말과 태도가 건방지고 경 쟁심이 유별나, 선배에게도 이기려 들었다. 이렇다 보니 섬에서도 다 툼이 끊이지 않았다.

2학기 들어 도쿄에서 기린이 전학을 왔다. 다에카는 기린을 두고 "걔네 가족은 사이가 좋아서 열 받아." "어디서 부잣집 딸내미 행세야? 못 봐 주겠어 진짜.” 하면서 들볶았다. 대놓고 전쟁을 벌였던 란 때와는 달리, “걔 여기 왜 왔대? 그냥 죽지.” 하고 뒤에서 험담하고 모략을 했다.

험담은 아이들에게 충격이었다. 문제를 어떻게 해결해야 좋을지, 먼저 여자아이들끼리 센터에 모여 의견을 주고받았다. 어른들은 참견하지 않는다는 조건이었다. 이 자리에서 다에카는 맹렬한 공격을 받았다.

아이들의 추궁으로 궁지에 몰린 다에카는, “어차피 내가 나쁘니까, 나만 사라지면 되잖아.” “노력해서 나아지는 것도 아니고, 어차피 난 심술 맞으니까.” 하면서 문제를 외면했다. 아이들은 무어라 할 말이 없어졌다. 이제 다에카가 섬을 떠나는 수밖에 없겠구나 싶은 분위기로 흘러가는데, 노노카가 다에카를 감쌌다.

“얘가 남의 욕은 하지만, 생각한 걸 밖으로 표현하는 거니까 괜찮다고 봐.”

노노카의 이 한마디는 든든한 지원병과도 같았다. 그러나 사실 도와주려는 마음이기보다, 거북한 이 상황을 어서 끝냈으면 했을 뿐이었다. 사태가 진정될 기미를 안 보이자 결국 사카모토가 나섰다.

사카모토는 초등학교 때 다에카의 부모가 이혼하고, 엄마가 다에카를 두고 집을 나간 일, 이혼 후에는 엄마와 아빠가 번갈아 맡는 바람에 수차례 전학을 다녔고, 초등학생이던 다에카가 어린 남동생을 세 명이나 돌봐야 했던 일, 응석 한번 못 부리고 어른스럽게 살아야 했던 일, 모든 것을 홀로 꾹꾹 참고 견뎌야 했던 일들을 들려주었다.

“다에카, 너도 하고 싶은 말이 있지?”

사카모토가 이렇게 말하며 다에카를 돌아보았을 때, 그때까지 기세등등하던 아이는 갑작스레 엉엉 울음을 터뜨렸다. 통곡을 하는 다에카 앞에서 아이들은 어쩔 줄 모르고 숨을 죽였다.

사카모토는 아이들 모두가 비록 1년 동안이지만 고락을 함께 하는 가족인 만큼, 서로 간에 알아야 할 정보는 공유해야 한다고 생각했다. 그래서 개인적인 이야기를 숨김없이 털어놓은 것이다.

그런데 이때 노노카가 느닷없이 끼어들었다.

"그딴 건 상관없어. 즐겁게 살면 그만이지."

모두가 아연실색했다. 노노카 입장에서는 '이제 집에 간다는 아이'의 '관심도 없고, 재미도 없는' 이야기일 뿐이다.

좋아하는 일은 누구보다 즐겁게 하지만, 싫은 일은 체질적으로 거부하고, 특히 자신이 원하지 않는 일을 강요하는 교사에게 예사롭지 않게 대든다. 그럴 때면 사카모토마저 진저리를 칠 만큼 공격성을 드러냈다. 노노카는 두 개의 얼굴을 지녔다.

<u>죽음에 대한 집착</u>

"죽는다는 게 뭘까요? 사카모토 선생님."

노노카는 사카모토에게 자주 물었다. '죽음'뿐 아니라 '목숨'이라는 것에도 민감하게 반응했다.

'혼자 있으면 자꾸 죽음을 떠올린다.'고 했다. 사카모토가 목숨에 대한 화제를 꺼냈을 때는 미동도 하지 않고 경청했다.

섬에 와서 '죽음'을 떠올릴 만한 사건이 있었던 것은 아니다. 마치 어떤 것에 홀리기라도 한 듯 '죽음'을 생각하는 이유는 노노카 본인도 모른다. 구다카 섬이 워낙 이승과 저승이 공존할 것만 같은 섬이라, 노노카가 '죽음'을 생각했다손 치더라도 섬의 누구 하나 이상하게 여기지 않겠지만, 노노카의 감성은 사카모토에게도 낯설었다.

노노카에게 '죽음'은 관념 속에 존재하는 광경이었다. 막상 현실 세계에서는 '죽음'에 대해 지나치게 무관심했다.

사카타가 센터에서 일하게 되고부터, 오키나와 본섬에 정박 중이던 13피트짜리 요트와 25피트의 엔진 달린 크루저를 이토만 앞바다의 키얀 곶 근처에서 구다카 섬까지 옮겨야 했다. 작은 요트는 무사히 옮겼지만, 큰 요트를 옮길 때는 악천후를 만나, 키얀 곶에서 태평양쪽으로 돌자마자 3미터 가까운 파도에 떠밀려 통신두절 상태가 되었다.

섬에서 기다리던 아이들이 "큰일 났다." "침몰했으면 어쩌지?" 하면서 수런거리고, 사카모토는 해상보안청에 수사 요청을 해야 할지, 말아야 할지 갈피를 못 잡고 서성였다. 모두들 연락이 오기만 기다리며 애간장을 태우고 있는데 노노카만 혼자 주변 걱정은 않고 태평했다.

"사카타 선생님 안 죽어." 하고 예언자나 되는 듯이 말했다. 늘 '죽음'을 생각하는 고작 열네 살짜리 여자아이가 현실 속의 '죽음'에 대한 공포심은 손톱만큼도 없었다.

노노카는 완전히 전대미문의 아이였다. 물론 사카타는 상처 하나 없이 섬으로 무사 귀환했으며, 노노카의 기이한 언동은 소문이 되어 섬 안에 퍼졌다.

노노카는 무슨 연유로 구다카 섬에 왔을까? 란, 소마, 곤처럼 어떤 문제를 안고 있던 것도 아니다. 이 섬에 오기 전 아이에게 무슨 일이 있었는지 꼭 알아야겠기에, 어머니가 계시는 시코쿠로 날아갔다.

노노카 어머니의 아픔

노노카가 두 살 때, 아이 아빠가 갑자기 암으로 죽었어요. 평소 아픈 데 하나 없는 건강한 사람이어서 설마 했는데, 난데없이 소중한 사람을 잃고 나니, 무엇을 어째야 좋을지 몰라 매일 울기만 했어요. 불안과 슬픔이 한꺼번에 밀어닥치니, 아무것도 손에 잡히지 않았죠. 게다가 아들 둘, 딸 하나, 이렇게 세 명이나 되는 아이들을 안고 앞으로 어떻게 살아가야 할지……, 북받치는 마음에 우는 것 외엔 할 수 있는 일이 없었어요.

두 살배기 노노카는 당연히 아빠의 죽음을 이해 못 했어요. 좀 더 자란 후의 일인데요, 친구 집에 놀러 다녀와서는, "친구들은 엄마, 집에 아빠라는 사람이 매일 온대." 하더라고요. 아빠라고 부르는 남자가 있다고 생각한 것 같아요. '아빠'라는 존재 자체에 대한 인식이 없었던 거죠.

제가 울고 있을 때면, 노노카는 웃음 지은 얼굴을 일부러 보여 주었어요. 제가 허구한 날 울었으니, 아이는 슬픈 얼굴을 보기 괴로웠을 테고, 더는 보고 싶지 않다는 의식이 작용했을 거예요.

웃기만 하면 된다는 생각에, 제가 다가가면 반사적으로 웃어요. 그러니 딸아이가 웃으면, 저는 더 이상 울래야 울 수 없었죠. 우리 애가 '즐겁게 살면 돼.'라고 입버릇처럼 말하는 건, 그런 점과 관계가 있다고 생각해요. 그건 저한테 '이제 울지 마.' 하는 메시지였어요.

우리 아이가 참 순해서, 저를 힘들게 한 적이 한 번도 없어요. 어쩌다가 제가 화를 내면, "왜 화를 내? 엄마, 화내면 안 돼." 라고 하니 화도 못 내요. 아마 우리 딸이 없었더라면 전 벌써 무너졌을 거예요. 거짓말 안 보태고 딸아이의 웃음 덕에 제가 살았다고 해야 옳아요.

초등학교 저학년 때부터 자폐증을 가진 아이나, 괴롭힘을 당하는 아이가 있으면 왜 그런지 딸아이 주변에 모여드는 거예요. 이상했어요. 무슨 전파라도 나오는 걸까요? 엄마가 옆에 없다며 눈물을 뚝뚝 흘리던 아이도 노노카가 옆에 가니, 조용해졌어요. 제가 "너희 둘이 왜 함께 있니?"라고 물었더니, "학교에 오니까 엄마가 보고 싶대. 그래서 내가 대신 있어 줬어." 하더라고요. 딸은 싫은 내색 하나 없이 그런 아이들을 보살폈어요. 오죽하면 그런 아이들의 부모가 학년이 바뀌어도 같은 반이 되게 해 달라고 요청까지 했겠어요? 그래서 딸의 반에는 늘 그런 아이들이 있었어요.

구다카 섬에서도 남자아이들하고만 놀았는데, 어릴 때도 여자아이보다 항상 남자아이와 놀았어요. 아빠가 없는 게 원인일지 모르겠어요. 그런데 무슨 사정에서였는지 초등학교 5, 6학년 때 여자아이들

그룹에 들어간 거예요. 여자아이들이랑 어울리는 게 익숙하지 않았는지, 학교에서 돌아올 때면 늘 지친 얼굴이었어요.

그러다가 같은 그룹의 여자아이였나? 한 애가 중학교 때부터 등교를 안 했대요. 딸이 자기 일처럼 걱정하더라고요.

"학교에 왜 안 오지? 오늘도 또 쉬네. 걔네 집에 가 볼까?" 하면서요. 친했나 봐요. 근데 결국 그 친구가 학교를 아주 그만뒀고, 그러고 나서는 불량한 애들이랑 어울렸어요.

딸아이는 그 애를 통해서 불량한 선배와 얽히게 됐는데, 아무리 거절해도 기어이 불러내는 통에 완전히 자르지 못했던 것 같아요. 선배라는 애는 정말 불량했어요. 물론 학교에도 안 다녔고요. 노노카도 그게 마음에 안 들었는지, 이런 말을 한 적이 있어요.

"같은 학교의 1년 선배인데, 좀 불량해요. 처음에는 괜찮았는데, 조금 지나니까 함께 놀면 안 되겠더라고요. 겉모습만 그런 애들도 있는데, 그 선배는 마음까지 못됐어요. 나쁜 짓만 하려고 들고, 눈 하나 깜짝 안 하고 거짓말로 나를 꾀어내요. 같이 있으면 안 된다는 걸 아는데, 집이 가까워서 아주 거절하기도 힘들어요. 어디 도망갈 데 없을까요?"

사실 이게 구다카 섬에 간 이유인데요, 저는 도망칠 마음으로 가서는 안 된다고 여러 번 못을 박았어요. 근데 끈질기게 전화를 걸고, 집으로 찾아와서 불러내고, 엄마인 제가 나서서 양해를 구해도 아예 모르는 척해요.

담뱃불 자국은 그때 생긴 건데, 자세한 건 못 들었어요. 아마 다들 하니까 끝까지 거절하지 못했겠죠. 하지만 불량 서클 애들이랑 친했다고 노노카도 불량했던 건 아니에요. 심부름을 하거나 괴롭힘을 당하지도 않았고요. 노노카를 찾아와서 불러낼 때도 '나와서 같이 놀자.'라고 하지 않고, "의논할 게 있어." "잠깐 얘기 좀 들어 줄래?" "너한테 줄 선물을 샀는데, 받으러 나와." 하면서 아주 정중했어요.

어째서냐고요? 별로 말씀 드리고 싶지는 않은데요, 우리 큰아들이 이 동네 사람이라면 누구나 알 정도로 불량했어요. 그래서 노노카에게 심부름을 시킨 아이는 없었을 거예요. 그랬다가는 큰일 나니까요.

노노카와 큰아들이 네 살 차인데요, 실은 큰아이도 어렸을 때는 착했어요. 남편이 외출할 때는 늘 큰아들을 데리고 다녔지요. 큰아들은 저와 달리 남편이 죽은 후에 남 앞에서 운 적이 없었는데, 어느 날 문득 한밤중에 잠이 깨서 아래층에 내려갔더니, 불단 앞에 앉아서 울고 있는 거예요. 알고 보니 매일 그랬더라고요. 다들 자는 한밤중에요.

시간이 꽤 지나고 나서는 남편이 다니던 미용실을 찾아가서, "우리 아빠, 어떤 사람이었어요?" 하고 묻더래요. 그 소리를 듣고는 가슴이 미어졌어요. 몇 년이 지나도록 아빠의 죽음은 그 애에게는 과거가 아닌 현재인 거죠.

큰아들은 초등학교에 들어가고부터 등교 거부를 했어요. 억지로 밀고 당기고 해서 어떻게든 보내려고 해 봤는데, 역시 안 되었어요. 칠판 앞에 앉아 있기가 고통스럽답니다. 하루 종일 집에서 게임을 하고 애들이 학교에서 돌아오는 시간이 되면 학교 운동장에 가서 축구를 하더라고요. 사춘기가 오고부터는 모든 걸 놓아 버렸어요.

근데 큰아들은 학교에 안 다니면서도 어떻게 된 머리인지 수학 문제를 보면 척척 풀어요. 작은아들도 성적은 좋은 편인데, 형한테 비할 바는 아니에요.

사실은 큰아들한테 산촌 유학을 시켰으면 했어요. 어떻게든 아이를 바로잡고 싶어서 유학을 권했는데, '시골로 유학을 가면 버림받는다.'고 여겼는지 아무리 설득해도 안 통해요. 큰아이한테 "강에서 물놀이 하고, 들로 산으로 뛰어다니면 얼마나 재미있겠니?" 하고 설명하는 걸 옆에서 딸아이가 들었고, 똑똑히 기억했던 모양이에요. 어느 날인가 "나도 초등학교 6학년이 되면 갈 수 있는 거지?"라고 하더라고요.

"노노카는 안 가도 되잖니? 뭐 하러 가?"

그러면서 대수롭지 않게 지나갔는데, 중학교 1학년 때 불량한 애들이랑 사귀고, 귀가 시간이 늦고 하니 걱정을 했지요.

"너 이제 나쁜 애들이랑 그만 놀아라." 하고 당부했더니만,

"그럼, 산촌 유학 갈 수 있겠네?" 하면서 좋아하네요.

"아니 뭐, 그렇게까지 할 필요는 없지 않니?"

"그럼, 학교를 안 가면?"

"그런 경우라면 어쩔 수 없지."

"그럼, 내일부터 학교 안 가."

저는 농담인 줄 알았는데, 다음 날 정말로 학교를 쉬었어요. 그래 봤자 3일 만에 자리 바꾸기를 한다면서 기분 좋게 갔지만요. 그래도 산촌 유학은 진심이었던 것 같아요.

지금 생각해 보면, 착한 아이로 사는 것에 지쳤는지도 모르겠어요. 또 불량 서클 애들과 거리를 두고자 했던 것도 있고요.

"지금 안 가면 영영 못 가게 될 거야."라는 소리를 자주 했어요.

언젠가 "만약, 엄마가 중학교 때에 이런 시스템이 있었다면 가고 싶었겠지?" 하길래, 무심코 "그야 당연히 가고 싶지." 하고 대답했어요. 그랬더니, "거 봐, 보내 줘요." 하니까, 뭐라 얼버무리지도 못하고, 꼼짝없이 '구다카 섬 유학센터'로 견학 가게 된 거예요. 하지만 저는 그때까지도 낙관했어요. 막상 섬에 가면 '이건 아니야. 관둘래.' 하겠거니 믿었거든요. 그런데 요이치랑 어울려서 섬 구경을 하러 갔을 때는 아차, 큰일 났구나, 싶었어요.

감수성이 예민한 아이

어떤 것이 재미가 있으면 혼자서라도 뛰어 놀고, 졸리면 아무 데서나 잠을 자며, 재미가 없으면 거들떠보지도 않는다. 억지로 등 떠밀려 하는 일에는 맹렬히 저항하면서, '세상 기준에서 벗어난 독특한 사람이 좋다.'는 그야말로 특이한 아이다. 그러면서도 감수성이 예민해 누가 SOS를 치는지 기가 막히게 알고, 곤이나 란처럼 다른 사람이 기피하는 아이에게 제일 먼저 다가간다. 게다가 남녀 사이라도 연애 감정의 개입 없이 친하게 지낼 수 있다.

노노카는 특이한 애를 좋아한다. 곤과 란은 최고의 놀이 상대이자, 최고의 놀이 도구였다. 화를 잘 내는 란, 완전 제멋대로인 곤, 센터의 다른 아이들이 기피하는 아이들에게 노노카는 먼저 다가가 어울렸다. 란이나 곤은 한때 노노카 외에는 친구가 없었을 정도다.

곤은 주변 물건이 없어지더라도 다른 아이들처럼 책망하지 않는 노노카가 마음 편했다. 노노카는 본인도 마음대로 행동하지만, 역시 제멋대로인 상대방을 이해하기 때문에, 문제를 안고 있는 아이 입장에서는 허물없이 지내는 데에 노노카만큼 좋은 상대가 없었다.

확실히 특이한 구석이 있지만, 곤과 란처럼 눈에 띄는 '문제'를 안고 있지는 않았다. 굳이 구다카 섬이 아니더라도 보통의 학교에서 충분히 잘 지냈을 법하다.

"노노카는 중화제 같은 존재예요. 저 애가 있기만 해도 조화롭습니다. 그 어려운 곤도 노노카의 말은 거스르지 않아요. 구제가 가능해집니다."

등교거부아, 은둔형 외톨이뿐 아니라 아이들 본연의 모습을 찾아서 사회 곳곳에 뿌리를 내리고 혼돈의 미래와 맞설 수 있는 아이를 키우려는 사카모토의 이념은 이해했으나, 과연 이 작은 섬에서 그것이 가능할까 의문이다. 그러나 설령 이룰 수 없는 꿈일지라도, 사카모토의 머릿속에는 이 커다란 사회적 실험이 움을 트고 있었다.

5장
심지 굳은 등교거부아 - 유스케 이야기

"오늘부터 새 식구가 된 유스케다."

곤이 구다카 섬에 온 지 한 달여 지난 5월, 사카모토는 새로운 아이를 소개했다. 아이들은 일제히 박수로 환영했다. 지난 두 달 반 동안 유스케가 센터에 합류하느냐 마느냐에 대한 공방이 마치 살얼음을 밟듯 계속되고 있었다. 숨을 죽이고 지켜보았던 아이들은 이제야 우여곡절 끝에 가족이 된 유스케를 반갑게 맞아 주었다.

유스케의 아버지가 홀로 구다카 섬을 방문한 것은 3월 중순경이었다. 사카모토는 아이를 동반하지 않고 혼자 온 아버지를 보고 몹시 의아했다.

"아이 없이 혼자 오시다니, 어쩐 일이십니까?"

유스케의 아버지는 몹시 민망해하며 말했다.

"아무리 애써도 아이가 오지 않아서, 비디오를 좀 찍어 갔으면 합니다."

아버지는 아이를 밖으로 데리고 나오는 것만도 여간 어렵지 않다고 했다.

유스케는 초등학교 2학년 때부터 학교에 거의 가지 않았다. 심지굳은 등교거부아인 것이다. 중학생이 되고부터 한 달 동안은 힘겹게 등교했지만 그 이후로는 집에서만 지냈다.

도저히 안 되겠다고 생각한 부모가 시골로 유학을 보내야겠다는 마음을 먹고 이곳저곳을 알아보았다. 후쿠오카의 시카노 섬이며 가고시마의 외딴섬, 오키나와의 하토마 섬 등 몇 군데를 조사해 봤는데, 비용이나 교통편을 고려하면 쉽게 결정하기가 어려웠다.

그러다 마침 텔레비전 프로그램을 통해 '구다카 섬 유학센터'를 알게 되었다. 화면에 비친 아이들의 밝은 표정을 보고 '여기라면 괜찮겠다.' 싶었다.

그러나 그 다음부터가 문제였다. 아무리 설득해도 아이는 집에서 한 발짝도 나서지 않았다. 하는 수 없이 우선 섬이라도 둘러보자는 생각에 찾아왔는데, 사카모토를 보는 순간 '이 사람이라면 우리 아이를 맡겨도 좋겠다.'는 확신이 들었다.

"다음에 올 때는 꼭 아들을 데려오겠습니다." 하고 돌아갔다.

그러나 유스케의 완강한 거부는 여전했다. 부모와 엇비슷하게 키가 자란 아들을 어릴 때처럼 강제로 끌어낼 수도 없었다. 설득이 소용없는 상황에서도 아버지에게 섬은 어쩐지 포기해서는 안 되는 의무같이 느껴졌다.

"우선 나 혼자 갔다 올게."

두 번째도 아버지는 혼자였다. 나하에서 노선버스를 타고 아자마 항으로 향하고 있을 때였다. 타고 온 비행기의 연착으로 자칫하면 페리를 놓칠 것 같았다. 초조해진 아버지는 버스가 나하 시내를 벗어났을 때, 운전기사에게 도착 시간을 물었다. 기사가 오히려 "왜 그러세요?" 하고 이유를 물었다. 아버지가 구다카 섬으로 가는 페리에 꼭 타야 한다고 하자, 운전기사는 "아, 맞춰 드릴게요."라고 했다.

무슨 좋은 수라도 있나 싶어 아버지는 고개를 갸웃했다. 그런데 버스가 '아자마 선선비치 입구'에 정차하지 않고 그대로 항구로 향하더니 페리 승강장에 척 갖다 대는 것이었다.

서둘러 페리에 오른 아버지의 마음은 놀라움과 감사함이 교차했다. 마치 섬이 손짓하며 부르는 느낌이었다.

이 날은 기분 좋게 비디오를 찍었다.

사카모토는 "새 학기가 다가옵니다. 이제는 확실하게 결정을 해 주세요."라고 했다. 아버지는 자신 없는 목소리로 그저 "네." 하고 대답했다.

'구다카 섬 유학센터'는 부모가 아무리 간청해도 학생 본인이 '열심히 노력하겠습니다.' 또는 '여기 있고 싶어요.'라고 확실하게 말하지 않는 이상 받아 주지 않는다.

'노력하겠다.'는 말을 유도하는 이유가 있다. 섬의 역할은 어디까지나 아이들을 도와주는 데 머무는 것이고, 변화의 주체는 아이들 본인이기 때문이다. 따라서 유스케가 섬 유학을 하기 위해서는 제 입으로 확실한 의사를 표시하는 수밖에 없었다.

둥글게 굽은 등뼈

세 번째 방문은 4월 7일이었다. 이 날은 구다카 중학교 입학식이었는데, 유스케는 부모에게 등 떠밀려 처음으로 찾아왔다. 물론 입학이 아니라 견학이었다.

사카모토가 아버지의 이마에 난 상처를 재빠르게 알아챘다.

"상처는 왜 나셨어요?"

"애를 억지로 차에 태우다가 긁혔어요. 저는 뒷자리에서 아들을 꼼짝 못하게 껴안고 집사람이 공항까지 운전을 했죠. 비행기는 오키나와에 놀러 간다면서 태웠고요."

낯선 섬에 끌려온 유스케는 실쭉해졌다.

만난 지 며칠 되지도 않은 다른 아이들은 벌써 화기애애하게 마당의 해먹에서 놀고 있었다. 유스케는 그들과 어울리기는커녕 남의 눈을 피해 방 한쪽 구석에 움츠리고 앉아 있다.

사카타는 유스케를 처음 봤을 때 "세상에 이런 사람도 있구나." 하며 놀랐다.

"우주인? 외계인? 새우등처럼 등뼈가 굽었더라고요. 몸이 전부 안쪽으로 굽은 느낌이요. 도무지 인간의 모습이 아니에요. 게다가 입도 벙긋 안 하지, 엄마한테 딱 들러붙어서 치맛자락을 잡고 놓지도 않지. 엄마 뒤에 숨는 애들이야 흔하지만, 뭐라 말로 표현하기 어려운 어두운 면이 있었어요."

연체동물 같은 체형에, 눈을 마주보지 않으며, 시선은 늘 저 멀리 두고 서 있는 모습이 말 그대로 '우주인'이었다. 우주인이라는 표현이 이처럼 딱 들어맞는 아이도 없었다. 이 섬에서는 농담 삼아, "이 친구는 지금 막 지구에 도착했거든."이라는 말을 자주 했지만 유스케의 경우는 농담이 아니었다.

온 가족이 중학교 입학식을 구경할 때도 유스케는 어린아이처럼 부모 뒤에 숨어 말 한마디 하지 않았다.

이 날은 다 같이 모여 센터 마당에서 식사를 했다. 유스케는 왁자지껄한 아이들 사이에 끼지 않고 혼자 덩그러니 서 있었다. 두고 볼 수 없었던 부모가 아이를 센터 밖으로 데리고 나갔다.

마을 서쪽으로 운동회 때 사용하는 운동장이 있는데 그곳을 지나면 어항 옆으로 '메이기'라 부르는 바닷가가 나온다. 아버지와 아들은 그 바다에서 헤엄을 쳤다. 아무리 오키나와라도 4월의 바닷물은 차다. 몸이 저릿저릿할 지경이었지만 유스케는 그 바다가 마음에 들었는지 잠자코 수영을 했다.

이때 3학년 요이치와 히로토가 찾아왔다.

"나는 요이치야. 넌 이름이 뭐니?"

요이치는 부드러운 표정으로 물었다. 유스케는 눈을 이리저리 굴리며 시선을 피했다. 어머니가 대신 답했다.

"유스케야. 반갑다."

악수를 하려고 손을 내밀어도 유스케는 고개만 떨구었다. 밝고 긍정적인 요이치도 이런 아이는 처음이라, "여기 오면 재미있어. 빨리 와라." 하고 웃는 낯으로 말하는 외에는 달리 할 수 있는 것이 없었다.

이날 밤, 구다카 중학교 교장을 비롯한 교사들이 센터 마당에서 바비큐 파티를 열었다. 이때도 유스케는 한쪽 구석에 멀찍이 떨어져 있었다. 히로토가 부엌에서 어른들이 먹을 술안주를 만들었다. 아이들이 밭에서 기른 감자가 재료였다.

유스케의 아버지가 "잠깐 가서 구경하는 게 어떠니?" 하고 권했지만, 따분한 표정으로 미동도 하지 않았다.

지켜보던 사카모토가 "이 아이는 힘들겠네요."라고 말했다. 그러나 부모에게는 이 섬이 '마지막 보루'라 포기할 수 없었다.

"조금만 더 시간을 주세요. 어떻게 해서든 아들을 꼭 설득하겠습니다."

사카모토는 고개를 저었다.

"유감이지만 안 되겠어요. 중간에는 못 들어옵니다. 이번에는 거절하겠습니다."

"여기서 안 된다고 하시면 저희는 갈 데가 없어요. 부탁입니다. 실패해도 좋으니 한 번만 더 체험하게 해 주세요. 부탁드립니다."

부모는 몇 번이고 끈덕지게 매달렸다. 사카모토는 잠시 생각한 뒤 말했다.

"그럼 딱 일주일만 더 기다리겠습니다."

사카모토는 사실 전혀 기대하지 않았다. 부드러운 눈빛에 끊임없이 웃음 짓는 유스케의 아버지가 필사적으로 매달리는 통에 거절하지 못했을 뿐이다. 그가 몇 번이고 찾아온다 한들 결과는 같으리라 예상했다.

부모는 일단 돌아갔다가 다시 찾아오기로 하고 다음 날 아침 구다카 섬을 떠났다.

이날 요이치가 항구까지 배웅을 나갔다. 단지 한 번 만났을 뿐인데 일부러 배웅을 나온 요이치의 모습은 유스케에게 신선한 충격이었다.

"우리 모두 기다릴게."

요이치가 손을 흔들었다. 이 장면은 유스케의 머릿속에 줄곧 선명한 기억으로 남았다.

나, 여기 있을래

다시 찾아온 것은 4월 22일이었다. 부모와 누나까지 가세한 가족 총출동이었다. 이날부터 일주일 동안 유스케는 센터에 머물며 구다카 중학교에 체험 입학하기로 했다. 그러나 그럭저럭 학교에 다닌 것은 처음 이틀뿐이었다. 3일째부터는 센터에서 꼼짝도 하지 않았다.

누나는 학교에 가야 하고, 아버지도 일을 쉴 수 없어서 하루 뒤에는 어머니만 남고 집으로 돌아갔다. 어머니와 둘이 남은 유스케는 따로 할 일이 없었다.

화창했던 3일째 날, 우치무라가 유스케에게 낚시를 권했다.

"학교에 가기 싫으면 낚시라도 다녀오는 게 어떠니? 날씨도 좋은데." 하면서 모자와 마실 거리를 쥐어주자 처음으로 고개를 들었다.

마침 전날 우연히도 어머니와 항구 근처 식당 '케이'에서 식사하던 중, 식당 주인이 "아드님, 낚시 좋아해요?" 하기에 "좋아해요." 하고 답했더니, "내가 아무도 모르는 데를 알려 드리지." 하면서 잘 낚이는 지점을 알려준 것이다. 낚시에는 흥미가 있는 듯했다. 어머니와 함께 식당 주인이 알려준 어항 근처 지점으로 향했다.

봄볕이 부드럽게 살에 닿았다. 잠시 낚싯대를 드리우고 있는데 자전거를 탄 남성이 다가왔다.

"유스케, 낚시하니?"

엄마가 뒤돌아보고 서둘러 일어섰다. 구다카 중학교의 교장 미야기였다. 유스케는 "아뇨." 하고 작은 소리로 짧게 답하고는 이내 낚싯대만 바라보았다. 교장은 다른 낚시꾼과 잠시 잡담을 나누고 돌아갔다.

점심나절에 교장이 다시 찾아와 "좀 잡았니?" 했다. 등교 거부니 하는 이야기는 일절 없고, 낚시 이야기만 주고받았다. 어머니와 유스케는 고개를 갸우뚱했다.

"교장 선생님이 왜 자꾸 오시지?"

교장은 밥보다 오징어 낚시를 좋아한다. 저녁 5시가 되면 어김없이 오징어잡이에 나서는 강태공이다. 유스케나 어머니는 학교 교장이라는 사람이 평일 대낮에 낚시질이나 하는 학생을 보러 오는 일은 상상도 해 본 일이 없었다. 유스케는 교장 선생님에게 친근감을 느끼고 안도하는 표정이었다.

여전히 유스케는 학교에 발걸음하지 않았다. 어머니는 결국 나갈 각오를 하고 "역시나 안 되겠어요." 하고 남편에게 전화를 걸었다. 아버지는 안절부절못하다 체험 입학이 끝나기 전날 섬을 다시 찾았다.

센터의 다다미방에 유스케와 부모, 사카모토가 모여 앉아 회의를 했다. 사카모토가 유스케에게 몇 가지 질문을 했는데, 유스케는 이를 어머니에게 전하고, 어머니가 다시 사카모토에게 답하는 이상한 면담이었다. 마치 '삼각 무역'이라도 하는 모양새였다.

감정을 드러내지 않는 무표정한 아이에게서 섬 생활에 대한 관심을 엿보기도 어려웠다. 센터에서 일주일을 아이들과 보냈지만 아무것도 달라진 것이 없었다. 다른 아이들은 노는 척을 하면서 이쪽 상황에 귀를 기울였다.

"유스케, 여기서 지낼 마음이 있니?"

사카모토가 재차 물었다. 아이들의 시선이 유스케에게 쏠렸다. 그러나 입을 열지 않는다. 어른들은 조용히 기다렸다. 아이들도 마찬가지였다. 침묵이 이어지고, 결국 아무런 대답도 듣지 못했다.

일주일을 지내면서 다른 사람과 전혀 접촉하려 들지 않았던 점으로 보아, 이제 사카모토가 내릴 결정은 정해져 있었다.

"아버님, 보시는 대로입니다. 이래서는 받아 줄 수가 없습니다."

그렇게 간절했던 아버지도 수긍할 수밖에 없었다.

"이런저런 하실 말씀이 있으실 겁니다. 오늘 밤은 가족끼리 보내시고 내일 돌아가세요."

구다카 섬을 떠나기 전날 가족들은 숙소에서 밤늦게까지 이야기를 나누었다.

"이대로 가면 어쩌니? 앞으로도 똑같이 이렇게 살래? 여기 좋은 곳이잖아. 이 섬에서 한번 노력해 보자, 응?"

유스케는 더 들을 마음도 없어 보였다.

"난 그냥 갈래." 하더니, '내가 여기 왜 있어야 하는데?' 하는 표정이었다. 점점 기분이 상해서는 잠자리에 들어 버렸다.

다음 날은 여느 때보다 날이 좋았다. 머리 위로 비칠 듯이 맑고 투명한 하늘이 푸르게 펼쳐졌다. 햇살이 뜨거워 낮이면 훨씬 더워질 것 같았다.

　잠이 모자란 유스케 가족들은 늦은 아침을 맞았다. 아침 식사도 거르고 멍하니 있는데 오소네 스태프가 유스케를 불러냈다.

　"오늘은 섬 청소 날이야. 유스케도 같이 갈래? 가면 아침밥은 센터에서 준비해 둘 거야. 먹으러 와라."

　날씨가 좋아 기분이 들뜨기라도 했는지 의외로 선선히 '섬 청소'를 가겠다고 대답했다.

　오전 중에 청소가 끝나고 센터 마당에서 점심으로 '오키나와 메밀국수'를 먹고 있을 때였다. 센터의 아이들이 바다 잠수를 화제로 꺼냈는데 유스케가 귀를 쫑긋 세웠다.

　"스노클링?"

　작은 소리로 중얼거렸다. 옆에서 들은 한 아이가 "엄청 재미있어."라고 했다. 이 말을 들은 유스케는 내면에서 어떤 화학 작용이라도 일으킨 듯, 부랴부랴 센터 안으로 들어가 부모에게 선언했다.

　"나, 여기 있을래." 듣던 중 반가운 소리였다. 아버지는 벌떡 일어나 사카모토에게 쫓아갔다.

　이렇게 해서 유스케의 구다카 섬 유학이 결정되었다.

　부모의 마음은 아랑곳없이 유스케는 일분일초라도 빨리 스노클링을 하러 가고 싶은 마음에 들떠 있었다. 유스케의 부모는 오후 1시 발 페리 시간에 맞춰 아들을 섬에 남겨 두고 터벅터벅 항구로 향했다. 지금껏 흑백의 수묵화 같았던 섬 풍경이 처음으로 색색의 선명한 수채화처럼 보였다. 그 시간 유스케는 부모를 배웅할 생각도 없이 헤엄을 치느라 여념이 없었다.

페리에 오른 부모는 그제야 굵은 눈물을 뚝뚝 흘렸다. 섬에 남았다는 안도감, 이제부터는 등교 거부에서 벗어날 수 있겠다는 기대, 아들과 떨어져 지내야 하는 허전함, 부모 없이 아들 혼자 잘 지낼 수 있을까에 대한 걱정과 불안이 뒤섞여 주체할 수 없이 눈물이 흘렀다.

아버지가 털어놓는 6년간의 등교 거부

유스케가 왜 등교 거부를 하게 되었냐고요? 초등학교 1학년 1학기는 제대로 다녔는데요, 2학기 여름방학 때 아파서 개학을 하고도 며칠 못 갔어요. 그래 봤자 한 5일 정도지만요. 그러고 나서부터 교실이 싫다는 말을 하더라고요. 2학년 때부터는 거의 안 갔어요. 왜 그러는지, 뭐가 원인인지 지금도 잘 모르겠어요.

유스케한테 왜 안 가냐고 물었지요. 그랬더니 딱 한 번 '학교가 무서워' 하더라고요. 따돌림이나 괴롭힘이 있던 것도 아니고, 선생님도 친절한 분이셨는데, 왜 등교 거부를 하는지 짚이는 데조차 없어요.

참, 노노카 오빠도 등교 거부였다고 들었어요. 거기도 원인이 뭔지 모르겠다고 하시던데, 똑같네요.

우리 애가 20개월 즈음에 큰 병을 앓은 적이 있어요. 열이 펄펄 끓어서 동네 병원에 갔더니 감기라는데, 너무 심하게 까라지니까 이상한 생각이 들어서 큰 병원에 데려갔지요. 그랬더니 신부전이랍니다.

요관 한 군데가 좁아진 탓에 신장으로 요독이 역류해 혈액 감염이 생겼다더군요. 급하게 수혈을 해서 목숨을 건졌는데 하루라도 더 늦었더라면 죽었을 거래요. 그 말을 들으니 소름이 끼쳤어요.

우리 애들이 남매인데요, 실은 유스케의 누나도 중병을 앓고 있어요. 태어날 때부터 심장에 구멍이 있어서 그대로 자라면 심한 운동은 할 수 없다는 진단을 받았지요. 마음을 다잡고 초등학교 5학년 때 수술을 시켰습니다.

이런저런 사정상 부모인 저희도 아이들에게 심적 부담이 컸어요. 죄책감 같은 거죠. 지금까지 아이들을 야단 한번 친 적이 없고요. 할머니 할아버지도 아이들을 참 예뻐하세요. 유스케가 구마모토 사투리를 고스란히 쓰는 건 할머니 할아버지 때문이지요.

응석받이로 키워서 그런지 어릴 때부터 집사람 곁에서 떨어지지 않아요. 쇼핑을 하러 나가도 조금만 떨어지면 울상이 되어서는 집사람만 찾아대고요. 불안해지나 봐요. 유치원 때 행사가 있으면 집사람이 일을 해서 못 가니까, 대신 할머니가 가셨거든요. 그때도 할머니한테 딱 붙어서 안 떨어지더래요.

초등학교에 입학하고 나서는 복도나 교실 구석에 아기처럼 웅크리고 있던 적이 있어요. 이유는 모르겠고요. 당시에는 문제라고 해도 그 정도였고, 그 외에는 지극히 평범한 아이였어요.

그런데 좀 전에 말씀드렸다시피 1학년 2학기부터 학교 가기 싫다고 떼를 쓰기 시작하는 겁니다. 그게 1학년 여름방학 때였어요. 방학 숙제를 끝 무렵에 할 셈으로 내내 놀았어요. 근데 막상 숙제를 하려는데 때마침 림프샘에 병이 생겨 입원을 하는 바람에 숙제를 못했네요. 유스케는 상당히 노심초사했어요.

집사람이 선생님께 사정 설명을 했죠. "괜찮으니까 그냥 보내세요." 하시더라고요. 제가 "아파서 그런 건데 어쩔 수 없잖니?" 하면서 다독였는데, 그 후로는 차로 데려가지 않으면 아예 안 가요.

학교에 가더라도 아이가 마음을 못 잡는 게 눈에 보였어요. 집사람이 복도에서 한동안 지켜보고 안정되었나를 확인한 다음에 돌아와야 하는 지경이었어요. 교실 맨 뒤에 앉혔더니 잘 적응한다 싶어서 안심했는데, 웬 걸요, 한번은 아이 몰래 돌아왔더니만, 아이고, 맨발로 집사람을 쫓아오고 난리가 났어요. 하도 그러니, 선생님이 세 살 위인 제 누나를 불러 애 옆에 앉혔어요. 아무래도 식구 중에 누가 옆에 있으면 안정이 되나 보더라고요. 그렇게까지 했는데 2학년 때는 거의 집에서 지냈어요.

누나는 눈에 띄기를 좋아하는 아이예요. 어린이회장 선거에 나가서 선출된 적도 있는데, 아들은 그런 누나가 자랑이었어요. "누나는 대단해." "나도 어린이회장에 나가고 싶어."라는 말을 자주 했었지요.

3학년이 되고 나서는 집사람이 '엄마도 교실에 함께 앉아 있겠다.'는 약속을 해야 학교에 갔어요. 말하자면 조건부 통학인 셈이지요.

집사람이 아이들 사이에 앉았느냐고요? 네, 맞아요. 물론, 이상하지요. 하지만 선생님이 좋은 분이셔서 마음을 많이 써 주셨어요.

처음에는 교실 뒤, 아이가 보이는 자리에 서 있었는데요, 차츰 가까이 있어라, 옆에 앉아라, 하는 겁니다. 결국 애들 책상에 나란히 앉아 집사람도 같이 수업을 들었어요.

처음에는 1시간 정도 지나면 "엄마, 이제 집에 가도 돼." 하더니, 나중에는 점심시간이 되도록 보내 주지 않아요. 날이 갈수록 집사람이 교실에 있어야 하는 시간이 길어졌지요. 물론 일도 그만두었고요.

집사람이 아들과 함께 항상 교실에 있으니까 반 아이들도 익숙해 져서는 당연한 일로 여겨요. 나중에는 애들이 '유스케 엄마'가 아니 라 친구처럼 이름을 불렀어요.

매일 이런 상황이었습니다. 만약 아이가 허락하기 전에 집사람이 돌아오는 날이면 공황 상태가 되었어요.

아침에 차에 태워 등교시키고, 기다리는 날의 반복. 또 어떤 날은 데려가도 차에서 내릴 생각도 안 하고. 그나마 조건부라도 그럭저럭 학교에 갔던 건 몸집이 작아서 태우기라도 수월했기 때문이지요. 그 런 식으로 절반은 간 것 같아요. 제 발로 걸어서는 절대 단 한 번도 간 적이 없지만요.

등교 거부 아이들만 모은 학교를 소개 받기도 했고, 아는 사람의 주선으로 정신과에 데려간 적도 있었습니다. 모래장난 놀이치료를 시켰더니만 "내가 왜 이런 걸 해야 하는데?" 하면서 성질만 내고 모 래에는 손끝 하나 안 대요. 결국 '이상 없음'으로 쫓겨났어요.

초등학교도 고학년이 되니 힘이 어른만큼 되더라고요. 1, 2학년 때 야 억지로라도 학교에 데려갈 수가 있었지만, 5학년이 되니 힘으로 는 도저히 무리예요. 점점 아이 의사대로 저 기분 좋을 때만 등교하 게 되었습니다.

6학년 때부터는 이미 저희 부부는 완전히 손들었어요. 학교에 안 다니더라도 튼튼하게만 자라 주었으면 하는 마음에 수영교실도 넣 고, 철인3종 경기도 시켰어요. 저를 닮아서 호리호리하면서도 근육이 꽤 붙었는데, 체력이 좋아지니 더더욱 힘으로는 못 당하고, 결국 저

좋을 대로 되었네요.

학교에 안 가는 날이요? 방에서 게임만 했어요. 다른 건 생각도 안 납니다. 성적도 물론 안 좋았지요. 성적표는 공백이거나 사선이었어요. 학교에 안 가니 낼 수 있는 성적이 없었을 테고요. 불안해서 한때 일주일에 한 번은 가정교사를 부르고, 친척이 운영하는 학원에도 보냈습니다.

친척의 학원이 스파르타식이어서 아이와 안 맞았는지, 그마저 곧바로 하기 싫어했어요. 엄격한 학원을 이겨 낼 수 있는 아이한테는 좋은데, 우리 아이에게는 맞는 환경이 아니었던가 봐요.

집에서 학원까지 17킬로미터 되는데, 집사람이 차로 학원까지 데려갔더니 안 들어가려고 버티는 겁니다.

"학원에서 공부하면 데리러 오고, 아니면 혼자 걸어 와."

그렇게 매정하게 대하니 정말로 밤길을 걸어서 돌아왔답니다.

초등학교를 졸업하면 환경도 바뀌니까 저 아이 나름대로 중학교에서는 열심히 하자고 생각한 것 같아요. 중학교에 입학하고 처음 한 달은 활기차게 갔습니다. 하지만 금방 힘에 부쳤는지 결과는 마찬가지였어요.

학급일지를 깜박하고 못 낸 일이 있어요. 그게 원인이 아닐까 해요. 괜찮다고, 가서 내면 된다고 달랬는데, 연휴 끝나고는 안 가더라고요. 근데 또, 연휴 기간에 탁구 동아리 경기에는 가요.

중학생이나 된 남자애를 부모가 어쩌지를 못 해요. 구다카 섬에 가기 전까지 학교에 다닌 게 고작 한 달이고요. 그 전까지는 줄곧 제 방에 틀어박혀 게임만 했어요.

초등학교 고학년 때부터 거의 학교는 안 다녔지만 수학여행은 제 스스로 갔어요. 희한하죠? 아 참, 실은 수학여행 일주일 전 마라톤 대회에서 교통사고를 당했어요.

저는 마라톤을 좋아해서 전국 주요 풀 마라톤 순위가, 43세 팀에서 1,868명 중 61위였어요. 마라톤은 취미라기보다 생활의 일부였어요. 집사람도 달리기를 좋아해서 저희 부부는 같이 잘 뛰어요.

그 날은 되게 어두운 날이었어요. 집사람과 제가 뛰는데 오랜만에 옆에서 유스케가 자전거를 타고 나란히 달렸어요. 제가 꽤 앞으로 나가는 바람에 사고 현장은 못 봤는데, 갑자기 쾅, 하는 소리가 났고, 집사람 앞으로 유스케가 자전거랑 같이 붕 떠서 날아왔대요.

집사람이 비명을 지르고…… 자전거는 기역자로 구부러졌지만 기적처럼 유스케는 찰과상만 입었어요. 아이를 친 차는 몇 백 미터나 더 갔다가 되돌아왔는데, 유스케가 그 운전자한테 "괜찮아요."라고 했대요. 집사람은 "괜찮지 않아. 아무튼 병원에 가자." 하고는 구급차를 불렀어요. 저는 사고가 일어난 줄도 모르고 한심하게 뛰고나 있었습니다.

다행히도 뼈가 멀쩡해서 온몸에 파스를 덕지덕지 붙이고 수학여행은 갔어요. 수학여행은 그렇게라도 가면서 학교는 왜 안 갈까요?

저는 달리기에 빠져 아이의 등교 거부가 상당히 심각해지고 난 다음에야 관심을 갖게 되었어요. 그때까지 저는 부모 역할에 충실하지 못했습니다. 아들의 등교 거부는 좀 더 부모다워지라는 메시지였던 것 같습니다.

인사를 못하는 아이

유스케의 섬 생활은 여전하기만 했다. 변함없이 사람을 버거워하며, 친구들과 눈을 맞추지 않았다. 말을 걸어도 대답이 없고, 아이들이 "안녕?" 하고 인사를 하면 시선을 내리깔고 비척비척 사라졌다. 다른 아이들이 야구에 몰두할 때도 관심이 없는지 혼자 센터에 남아 우두커니 앉아 있었다.

사람을 기피하는 것도 문제지만 체력이 달리는 점도 불안 요소였다. 구다카 섬의 가장 큰 놀이는 다이빙이다. 다른 아이들은 한두 시간쯤 끄떡 없이 다이빙을 즐기는데 유스케는 한 번 하고 나면 몇 십 분씩 쉬곤 했다.

사카모토는 유스케가 이곳에 남겠다는 의지를 보였기에 받아들였지만, 지켜본 결과 '아무래도 힘들겠다.'는 생각을 했다. 아이들은 란이나 곤 이상으로 유스케를 곤혹스러워했다.

"인사를 해도 무시해. 저 녀석은 내가 '안녕?' 하면 그냥 지나가. 열받게끔 뭔 낯을 저렇게나 가려."

곤마저 그렇게 말했을 정도다.

구다카 섬에서는 주민, 관광객 가릴 것 없이 사람을 마주치면 "안녕하세요?" 인사하는 것이 뿌리 깊은 관습이다. 아이들끼리도 아침에 일어나면 서로 말을 걸고 인사를 나눈다. 유스케만이 인사는커녕 대화조차 거부하는 것이다.

툭하면 싸우지만 성격이 시원시원하고 배려심도 깊은 다에카는 그럴 때마다 유스케의 어깨를 툭 치며 "이럴 땐, 안녕이라고 하는 거야." 하곤 했다.

특이한 애가 좋다던 노노카는 은둔형 외톨이에게는 별 관심이 없어 보였다. 란과 함께 여럿이 어울려 야구는 하지만 유스케에게는 말도 걸지 않았다.

지속적으로 관심을 보였던 것이 선배 요이치다. '구다카 섬에 한 번이라도 온 사람이면 여기 주민이나 마찬가지'라던 요이치는 여러 차례 유스케를 놀이에 초대했다. 그때 당시 경찰관과 도둑으로 나누어 추격하는 '도둑잡기' 놀이가 유행했는데, 친해지는 데는 제격이라는 생각에 여러 번 권했는데도 일언반구 말이 없는 유스케에게는 제아무리 요이치라도 기가 막혔다.

드디어 학교에 가다

유스케가 유일하게 말을 건네는 사람은 사카모토와 스태프들이다. 그것도 주방에 들어와 나직하게 중얼거릴 뿐이었지만 그것만 해도 큰 변화라며 사카타를 비롯한 스태프들은 기뻐했다.

"친구들과는 말도 안 섞는 아이가 부엌에 와서 스태프에게는 얘기를 해요. 식사 시간이 다가오면 '앞으로 몇 분이면 돼요?'라든가 '빨리 안 하면 저녁 시간에 늦어요.' 하면서요. 재촉하려고 오는 거죠. 아, 애가 이런 성격이구나 싶었지요. 늦을 거 같으면 네가 좀 도와라 했더니, 그때부터 식사 준비를 도왔어요."

처음 일주일 동안은 학교에 갔다가 안 갔다가 들쑥날쑥이어서 사카모토의 마음을 졸이더니, 한참 지나자 등교 거부 경력 6년이 거짓이었던 것처럼 학교에 다니기 시작했다. '좀 힘들지도 모르겠다.'는 사카모토의 말에 어느 정도 각오하고 있던 담임교사 오가와가 허탈할 지경이었다.

나중에 유스케에게 그 이유를 물었더니 "집에 있었다면 텔레비전도 보고, 게임도 하고 재미있었을 텐데, 센터는 있어 봤자 무료하고, 우치무라 선생님이 귀찮게 해서 음악도 못 듣고, 심심했어요. 가만히 있으면 또 무슨 일을 꼭 시키니까 싫고요."라고 했다.

학교를 쉬자니 센터에는 게임기도 없을뿐더러, 침대에서 뒹굴거리고 있자면, 사카타와 우치무라가 불렀다.

"학교 안 가는 사람은 일을 도와!"

마루 청소부터 저녁 식사 준비까지 도왔다. 이럴 거면 학교에 가는 게 더 재미있겠다 싶었다. 학교에 가면 '수업 중에도 조금 시끄러울 정도로 분위기가 밝다.'는 점에, 유스케는 신선함을 느꼈다. 학생은 고작 11명이다. 아이들이 금방 마음을 터놓고, 순전히 구마모토 사투리로만 얘기하는 유스케에게 관심을 보였다. 여러 모로 주목을 받은 유스케는 '학교가 즐겁다'고 여기게 되었다.

제대로 수업을 받은 적이 없으니 성적은 나빴다. 특히 영어와 국어는 전혀 못했다. 사카모토도 깜짝 놀랄 정도였다. 그러나 학교에 출석하게 되면서 마치 지식을 빨아들이듯 공부에 몰입하기 시작했다. 아주 싫어하는 국어 과목 외에는 순식간에 성적이 오르고, 1년이 지나자 다른 아이들과 거의 차이가 나지 않았다.

센터의 저녁밥은 기본적으로 스태프가 짓지만, 상을 차리는 것은 아이들의 몫이다. 접이식의 긴 테이블을 나란히 하고 식사를 하는데, 앉는 장소는 자유이며, 지정석을 원하면 원하는 자리에 본인의 컵을 놓아두면 된다.

유스케는 가능한 한 눈에 띄지 않는 가장자리에 앉고, 여자는 여자끼리, 유스케와는 반대편 주방 쪽에 모여 앉는다.

한번은 다에카가 유스케의 컵을 여자들과 마주보는 자리로 옮겨 놓았다. 생각지 못한 자리에 앉은 유스케는 당황해서 고개를 숙이고 부끄러워했다.

다에카가 유스케의 얼굴을 정면으로 뚫어지게 들여다보며,

"어째서 유스케는 앞을 안 보는 거야?" 하고 유스케의 구마모토 사투리를 흉내 내었다. '뭐지?' 하는 얼굴로 고개를 든 유스케에게 접시를 쑥 들이밀었다.

"이거, 먹어 볼래?"

유스케는 대답도 못하고 허둥댔다. 그런 반응이 재미있어서 식사 때가 되면 반드시 다에카와 노노카가 유스케의 앞에 앉았다.

"왜 거기 앉는 거야?"

유스케의 말투를 이내 다른 아이들도 한통속이 되어 흉내 내기 시작했다. 유스케는 기분 나쁜 기색 없이, 친구들의 우스운 사투리를 싱글벙글 듣고 있었다.

노노카는 눈을 반짝이며 "유스케, 너 재미있다." 하고 바라보았다. 마치 유스케라는 새로운 장난감을 발견하고 기뻐하는 것 같았다.

유스케는 그제야 사람과의 유대감을 느꼈는지, "나 왜 쳐다보는

데?” 하더니 기쁜 표정으로 고개를 들었다.

사람을 버거워하던 아이, 시선을 피하고, 말하는 입을 숨기던 이 아이가 차츰 한 문장이 아닌 여러 문장을 입 밖으로 내게 되었다.

구다카 섬에 와서 한 달이 지났을 때였다. 유스케가 부엌에서 과자를 만들었다. 은둔형 외톨이로 지내는 사이에 화과자를 만든 경험이 있었나 싶게 전문가 뺨치는 ‘고구마 타르트’가 완성되었다.

“유스케, 너 굉장하구나.”

아이들은 입을 모아 칭찬했다. 친구들의 폭발적인 관심이 유스케는 정말로 기쁜 듯했다. 이때부터 유스케를 ‘요리장’이라 불렀는데, 본인도 그 별명이 싫지 않았다.

의외의 리더십

유스케의 어디가 마음에 들었는지, 노노카는 도미노게임만 해도 “대단하다.”고 소리를 질렀다. 좋아하는 악기가 무어냐는 질문에 ‘퉁소’라고 답하자 “와, 유스케는 그런 것도 할 줄 아는구나, 대단하다!” 하며 또 감탄이다. 그러나 친구들은 퉁소를 취미로 꼽는 점이 노인 같다며 이내 ‘요리장’에서 ‘영감’으로 바꿔 불렀다.

현관 옆의 다다미방에 기거하는 사카모토는 얼마 뒤부터 일요일마다 아침 6시에 잠을 깼다. 딱딱 부딪치는 소리에 눈을 뜨면 사카모토 머리맡에서 노노카와 유스케가 장기를 두고 있었다. 유스케는 조부모와 지낸 시간이 많아서인지 장기와 바둑, 퉁소 같은 노인들의 취미를 즐겨 했다.

"장기 대회 안 할래?" "오델로 게임 어때?" 하면서 이 무렵부터 칠판에 대전표를 그려서 놀고는 했다. 그럴 때면, 까다로운 규칙을 만들거나 강자와 약자를 고려해서 신중하게 대전 상대를 편성하는 묘한 집착이 있었다는데, '불쾌감도 없고, 강제성도 없이 마음 편하게 시작하기 때문에 애들이 저절로 따라가더라.'는 사카타의 말처럼, 유스케가 말을 꺼내면 어느샌가 게임은 시작되고 있었다. 전혀 리더답지 않은데 "어때?" 하면 아이들이 모여드니 참으로 '묘한 리더'였다.

센터에서는 6월 말부터 7월에 걸쳐 '학부모 모임 관련 자료'와 '수입지출명세서' 등을 각 가정에 정기적으로 우편 발송하는데, 이때 사카모토와 스태프가 부모에게 전하는 말을 적어 함께 보낸다.

사카타는 이런 말을 썼다.

다이빙은 지금 새로운 단계를 맞이하여 유스케를 필두로 회전 기술에 매진하고 있습니다. 강한 리더십이 있는 것은 아니지만, 유스케의 말을 모두가 잘 따르는 경향이 있습니다.

얼마 전까지만 해도 유스케는 여학생들의 이름을 부르지 못하고 "내 이름 한번 말해 봐."라는 놀림을 받았는데, 요즘은 여자아이들과 아주 자연스럽게 지냅니다. 여름방학을 통해 어떤 성장을 이루고 돌아올지 다시 한 번 기대됩니다.

유스케가 센터의 아이들과 말을 트게 된 것은, 노노카와 다에카의 사투리 흉내 덕분이었는데, 나중에 유스케에게 그 일을 물었더니, "노노카랑은 별로 얘기 안 해요."라는 의외의 말을 했다.

"노노카를 잊어 버렸니?" 하며 웃었는데, "되도록 눈에 안 띄는 곳에 앉았기 때문에, 그렇게 얘기는 안 했던 것 같은데요."라고 거듭 말했다. 노노카가 해 준 일을 기억하지 못하는 점이 희한했다.

7월이 되어 노노카가 유스케라는 '재미있는 장난감'에 질려 버리자, 유스케는 '왜 무시하는 건지' 기분이 언짢아졌다. 유스케도 누나처럼 '눈에 띄고 싶어 하는 아이'였는데, 지금까지 누나의 그늘에 가려 눈에 띌 기회가 없었다. 그랬던 아이가 구다카 섬에 와서 겨우 관심을 받았건만, 노노카가 상대하지 않으니 또다시 소외되었다. 자신에게 쏠리던 관심이 사라져 기분이 언짢아질 수밖에 없었다. 노노카에 대한 기억이 없는 것은 자기 자신 외에는 무관심하기 때문이다.

사카모토는 알고 있었다. '트럼프다 장기다 하며 자신이 그 중심에 있을 때는 기분이 좋지만, 이벤트가 끊어지면 언젠가 무너질 것'으로 짐작했다. 그러나 이후로도 전혀 내색 없이 학교에 다니는 유스케를 보면서 어쩌면 이대로 평범한 아이가 될 수도 있겠다고 생각했다.

'굽었던 등이 점점 펴지고, 숙였던 자세가 똑발라졌으니 이제 됐다.'고 사카타가 느낀 것은 6월에 들어서였다. 6월의 '그물 고기잡이' 때에 맞춰 한 달 반 만에 부모님이 섬을 찾아왔다.

"햇볕에 새까맣게 타서 굉장히 건강했어요. 아주 안심했습니다. 저희를 배웅할 때 바다가 거칠었는데도 노노카와 함께 항구로 뛰어들더라고요. 얼마나 기쁜지, 뭐라 말할 수 없는 기분이었습니다."

한층 다부져진 자식의 모습에 유스케의 부모는 말로는 다 할 수 없을 만큼 깊이 안도했다.

다시 만나자고 약속했는데

그물 고기잡이가 끝났을 때 노노카는 곤을 불러 여행 계획을 의논했다. 여름방학 동안 될 수 있는 한 돈을 들이지 않고 여행하는 방법이 없을까? 좋은 방안이 떠오르지 않아 잠시 생각에 잠겨 있던 두 사람은 사카모토에게 찾아갔다.

"시코쿠 지방이라면, 다 같이 순례 여행을 하는 게 어떠니?"

잠시 솔깃했던 아이들은 순례 여행이라는 것이 구닥다리에, 지나치게 밋밋한 데다 시간이 몹시 걸린다는 사실을 알고는 단번에 시들해졌다.

이러니저러니 말들이 오갈 때 사카타가 "청춘 18 티켓이 좋겠다."고 했다. 아이들은 "그게 뭔데요?" 하면서 일제히 관심을 보였다.

'청춘 18 티켓'이라는 기차표를 끊어 우선 구마모토의 유스케 집에 모이고, 거기서부터 북쪽으로 이동해 다른 아이의 집을 탐방한다는 내용이었다. 그러나 구체적인 사항 없이 막연한 이야기에 그쳤다.

꼼꼼한 유스케가 전철은 무슨 선을 타고 갈지, 몇 시에 어디로 갈지, 세세한 스케줄을 잡아 보았지만, 어느 것 하나 결정하지 못하고 그대로 여름방학을 맞았다. 종업식을 마친 뒤, 구릿빛으로 그을린 유스케는 의기양양하게 고향 구마모토로 향했다.

여름방학으로 접어든 지 며칠 후, 노노카는 당장 유스케에게 전화를 걸었다.

"도쿄의 곤 집에 놀러 가자."

그런데, 구다카에서는 그렇게 솔깃해했던 유스케는 왜 그런지 애매한 대답만 되풀이할 뿐 움직이려 들지 않았다. 다른 사람 집에 묵은 적이 한 번도 없는 유스케의 입장에서는 여행은 뒷전이고 불안감이 더 컸던 것이다. 그런 마음을 알 리가 없는 노노카는 자꾸만 유스케에게 권하고, 유스케는 끝끝내 확답이 없었다. 기다리다 지친 노노카는 새벽 2시에 집을 뛰쳐나와 야간버스와 전철을 갈아타고 혼자서 유스케의 집을 찾아갔다. 그리고 유스케와 직접 담판을 지었는데 이때도 유스케는 결단을 내리지 못했다.

하는 수 없이 일주일 동안 유스케의 집에 머물면서 설득했는데 여전히 확답을 듣지 못하자, 그만 백기를 들고 말았다. 노노카가 시코쿠의 자기 집으로 돌아온 후로 두 아이는 자주 통화했다. 이때도 유스케의 태도는 변함이 없었다.

그런데 여름방학이 겨우 열흘 남짓 남았을 무렵 갑작스레 "가자!" 하는 유스케의 전화를 받았다. "이제 겨우 가는 거니?" 하며 노노카의 어머니는 웃었지만, 유스케에게는 비장한 결심이었다.

인터넷 검색으로 잡은 약속 장소는 둘 다 초행길인 오사카의 이바라키 역이었다. 유스케는 고쿠라에서 오사카행 페리를 탔고, 노노카는 전철을 타고 오사카로 향했다. 두 아이는 엄청나게 헤맨 끝에 이바라키 역에서 만나, 도카이도선을 타고 도쿄로 이동했다. 도쿄 역까지 마중을 나온 곤과 함께 '요코하마 코스모 월드'에서 대관람차를 타기도 했고, 디즈니랜드를 찾아가 놀면서 이틀 동안 곤의 집에서 지냈다.

사실, 이때 곤은 구다카 섬으로 돌아가야 할지, 말아야 할지, 고민하고 있었다.

"나, 섬으로 다시 가고 싶지 않아."

헤어지기 전날 곤이 유스케에게 털어놓았다.

"왜?" 유스케는 의아한 듯 물었다.

"왜냐하면, 2학기에는 3천 미터 달리기도 있고, 역전 마라톤도 있잖아. 그거 의무 참가거든. 난 달리기 싫으니까, 가지 말까 해."

유스케는 곤의 불안을 웃어넘기듯이 말했다.

"괜찮아, 달리는 거 재미있잖아. 나도 갈 테니까 너도 와."

그래도 여전히 간다, 안 간다, 확실한 말이 없는 곤에게 유스케는 "나도 함께 달릴 테니까 꼭 와, 기다릴게."라며 어깨를 두드렸다.

그 말에 용기를 얻은 곤은 겨우겨우 섬으로 돌아갈 결심을 했다. 도쿄를 떠날 때, 유스케는 힘차게 손을 흔들었다.

"곤, 구다카에서 다시 만나자!"

6장
유스케의 끝나지 않은 여름방학

"뭐라고? 거짓말이지?"

곤이 놀라 눈을 동그랗게 떴다.

센터 아이들은 신학기가 시작되기 3일 전인 8월 29일에 전원 집합하기로 했었다. 그러나 마지막 연락선이 도쿠진 항에 도착한 뒤에도 유스케는 없었다. 소집일에 센터의 일원이 없다는 것은 비상사태다.

"마지막 배가 도착했는데 유스케가 없어."

아이들이 술렁였다.

곤에게 "나도 구다카에 갈 테니, 너도 와." 하며 헤어진 것이 불과 일주일 전이었다. 곤은 유스케의 격려 덕에 돌아왔는데, 다독여 주던 장본인은 섬에 오지 않았다.

"여름방학에 사이좋게 놀았고, 오기 싫다는 나한테 '2학기에 내가 와서 같이 뛰어 줄게. 너도 꼭 와.' 하고 나를 다독여 주었거든. 그런데 정작 걔는 안 오고, 비겁하잖아."

곤은 차츰 화가 치밀었다.

사라진 유스케

　어머니가 유스케의 소소한 변화를 눈치챈 것은 집합 이틀 전이었다. 아이는 어쩐지 차분하지 못하고 산만했다. 그래도 설마 섬 복귀를 거부하리라고는 생각지도 못했고, 아버지는 유스케의 표를 샀다. 그런데 소집일이 되자 아이는 자기 방에서 꼼짝도 안 했다. 아버지가 강제로 팔을 잡고 끌어내자 아이는 아버지를 들이받으며 격렬하게 저항했다. 이번에는 아버지가 아이의 허리춤을 낚아챘다.

　아버지와 아들의 전쟁 같은 몸싸움이 계속되는 사이 유스케는 슬며시 힘이 빠졌다. 그 틈을 타 아버지는 밖으로 끌고 나와 차 뒷자리에 우겨 넣었다. 옆에 앉은 아버지가 아들의 상체를 힘껏 조여 안았을 때 어머니는 차에 시동을 걸었다.

　"후쿠오카 공항에 도착할 때까지 서지 말고 그대로 달려."

　어머니는 고속도로를 엄청난 속도로 달렸다. 아버지의 팔에서 빠져 나오려고 유스케는 안간힘을 쓰고, 운전을 하는 어머니는 애간장이 탔다.

　공항에는 다다랐지만 이번에는 유스케를 차에서 끌어내는 것이 문제였다. 아버지는 아이의 팔과 목덜미를 잡고 힘을 주는데, 아이는 한 손에는 안전띠를 잡고, 한 손으로는 머리 받침을 그러쥐고 놓지 않았다.

　이를 악 물고 있는 힘껏 아이의 몸을 차 밖으로 빼 낸 순간, 이번에는 순식간에 차 지붕으로 냅다 올라가 버렸다. 그러고는 지붕 위에서 몸부림을 쳤다.

세 식구는 저녁까지 공항에서 서로 노려만 보다 결국 포기하고 말았다. 아버지가 사카모토에게 전화로 사정 설명을 했다.

"노력은 해 봤는데 오늘은 힘들겠습니다."

아버지는 눈물이 날 것만 같았다.

센터에서는 유스케 이야기로 소란스러웠다. "아, 당했다. 내가 안 오는 건데." 하는 소리가 들렸다. 한 아이가 큰 소리로 "비행기 타고 내가 데리러 갈래."라고 했는데, "네가 간들 별 수 있겠냐?"라는 말에 어깨를 늘어뜨리고 풀이 죽었다.

함께 생활한 시간은 고작 두 달 반이었다. 그런데도 아이들은 어느 날 갑자기 가족이 사라진 것만 같은 적막감을 느꼈다. 그 느낌은 이윽고 상실감이 되어 아이들을 자극했다. 아이들은 아주 예민해졌다. 다에카가 "아, 진짜 유스케, 빨리 오라고!" 하고 짜증스럽게 외쳤다.

"식사를 하면서도 유스케를 놀려 먹던 1학기 때 생각을 하면서 조용해졌다가, 유스케가 있었으면 지금 이랬을 텐데 했다가, 또 생각하는 얼굴이다가, 계속 그랬어요. 몸의 일부를 잃은 것만 같은 상실감이라고 해야 할까? 2학기 내내 그런 분위기였어요."

유스케 한 명이 빠진 것만으로 센터의 분위기가 이토록 변했다는 것에 사카타는 놀랐다.

도쿄 아가씨의 등장

그로부터 일주일 후에 2학년 학생이 새로 전학을 왔다.

"도쿄에서 온 기린입니다."

'기린'이라는 이름을 듣고 여자아이들은 "동물?" "진짜?" 하는데, 다섯 명의 동급생 남자아이들은 넋을 잃은 표정으로 전학생을 바라보고 있었다.

'와, 히로인이다!' 아이들은 속으로 외쳤다.

확실히 기린은 도시의 향기가 났다. 게다가 정말 곱게 자란 아가씨 같은 차분한 말씨와 옷차림을 하고 있었다. 남자아이들의 가슴은 설렜다. 특히 열네 살 곤과 란의 표정은 연신 싱글벙글했다.

회사를 경영하는 아버지와 살롱을 운영하는 어머니, 어디로 보나 유복한 집안에서 자란 분위기가 온몸에서 풍겼고, 아이들은 이를 민감하게 알아챘다. 미인은 아니지만 품위 있고 예쁘장한 이목구비와 단정한 행동거지에 아이들의 눈이 반짝였다.

침착한 말씨와 예의 바르고 단아한 움직임에 아이들은 넋을 놓았고, 소마와 몇몇은 저도 모르게 "도쿄 아가씨다!" 하고 외칠 뻔했다. 이 날 구다카 중학교 2학년 남학생들은 멋지게 보이고 싶은 마음에 장난기 다분한 평소의 모습을 버리고 완전히 신사 흉내를 냈다.

기린은 여름방학을 이용해 혼자 견학을 왔었는데, 이미 15명의 인원이 차 있을 때였다. 기린을 받아들이면 스태프는 바닥으로 내려가서 자야 하는 상황 때문에 사카모토가 '내년 봄이라야 가능하다'고 거절했다. 그러나 며칠 후부터 거의 매일 전화를 하고, 편지도 이틀

이 멀다 하고 보냈다.

"미대 부속 중학교에 들어갔는데, 교내에는 그림도 많고 아주 훌륭하지만 모두 똑같아 보입니다. 나도 마찬가지라 생각하면 괴로워요. 저는 진정한 나의 그림을 그리고 싶습니다. 구다카에서 다양한 체험을 한다면 가능하지 않을까 합니다. 그런 내용의 편지였어요. 저는 진정한 자기 그림을 그리고 싶다는 한마디에 넘어갔어요. 진정한 나를 발견하는 일, 나답게 사는 일, 그것이 제가 여기서 구현하고자 하는 주된 테마거든요. 그 말이 완전히 결정타였어요."

히로토와 다쓰노리 같은 선배가 있었던 점도 사카모토를 안심시켰다. 이렇게 기린은 구다카 섬 유학센터에 오게 되었다.

성격도 밝고 나무랄 데 없었지만 얼마간 지나자 아이들은 기린의 내면에 결코 행복하지 않은 그늘이 있음을 알아챘다. 아이들은 그것이 복잡한 가정사에서 비롯된 것이 아닐까 했지만, 스스로 말하지 않는 한 과거를 캐묻지 않는다는 암묵적 이해를 바탕으로 아무도 입 밖에 내지 않았다.

가슴 설레는 열네 살의 2학기가 이렇게 시작되고 있었다.

<u>뛸 수 없어 우울하다</u>

아이들에게 2학기는 분주한 계절이다. 운동회를 시작으로 배드민턴 대회, 지역 육상 대회, 역전 마라톤, 수학여행, 학습 발표회 같은

학교 주요 행사가 줄줄이 이어져 숨 돌릴 틈이 없다. 그리고 또 하나 설날에 버금가는 큰 제를 지내는데, 그것이 '8월 축제'다. 음력 8월을 1년 중 가장 운이 나쁜 시기로 여기는 이곳은 음력 8월 10일부터 3일간 나쁜 기운을 쫓고 건강을 비는 성대한 축제를 연다.

'8월 축제'가 끝나면 운동회다. 운동회의 꽃은 섬 전체가 들썩이는 3천 미터 달리기. 곤은 14년 인생에서 3천 미터나 되는 거리를 뛰어본 적은 없다. 연습을 하라는 사카모토의 지시에 일단 시작은 했지만, 멀디먼 거리를 보니 정신이 아득해지고, 피를 토할 것만 같았다. 곤은 울고 싶어졌다.

곤이 역전 마라톤 참가는 자유고, 달리기는 안 해도 된다고 굳게 믿은 것은 입학 전에 사카모토가 분명하게 말하지 않았기 때문이었다.

곤이 뛰지 못하는 원인은 '달리는 방법'에 있었다. O자 다리라서 좌우로 모든 체중이 실리고 축이 흔들려서 달리지를 못한다. 사카모토는 강제로라도 시킬 생각이었다.

곤은 육상 담당 교사 미야라에게 매달렸다. 그러나 학교는 임의 참가더라도 센터는 의무 참가이므로 이러나저러나 달릴 수밖에 없다. 그런 줄도 모르고 곤은 필사적이었다.

아이들은 운동회 2주 전부터 연습을 시작했다. 곤은 적당히 뛰는 척했다. 선생님이 보이는 데서는 열심히 달리는 척하고, 안 보이는 데서는 걸었다. 곤다운 잔꾀였다. 그런데도 첫날은 중도 포기했다. 둘째 날부터는 걷다가 뛰다가 하며 대충 넘어갈 생각이었으나 중학생 아이의 얄팍한 속임수는 금세 들통이 났다. 남이 볼 때는 걷기나 뛰기나 매한가지였지만 당사자에게는 하늘과 땅 차이였다.

어느 날 터덜터덜 걷고 있는 곤의 곁으로 1년 선배 히로토가 가만히 다가왔다.

"잔꾀 부리지 말고, 할 마음 없으면 짐 싸서 집에나 가!"

언제나 밝고 쾌활한 히로토가 안색을 바꾸어 무섭게 야단했다. 곤은 울상이 되어 히로토를 바라보았다. 히로토는 곧 곤의 어깨를 툭툭 두드리며, "같이 뛰자!" 하고 말했다.

이날부터 곤은 꼼짝없이 달려야 했다.

유스케가 없는 운동회

그 무렵 유스케는 2층 자기 방에 틀어박혀 종일 비디오 게임을 했다. 부모와 얼굴을 마주할 때는 식사 때뿐이다. 낮에는 아무도 없는 부엌에서 냉장고 안의 음식을 배가 터질 만큼 먹고 다시 올라가 게임을 하는 일만 반복했다.

유스케는 구다카 섬에 있을 때 처음 일주일은 힘들어했지만 그 후로는 하루도 거르지 않고 학교에 잘 다녔다. 그런데 왜 돌아가려 하지 않을까?

"아들에게 왜 안 가냐고 물었더니, '사람들 앞에서 말하는 게 싫다.'고 해요. 섬에서는 행사가 있을 때마다 전원이 무대에 서서 한마디씩 해야 돼요. 어른도 힘든데 더구나 유스케는 사람들 앞에서 말하기 어려워하거든요. 한 가지 더 있는데, 매일 아침 학습 노트를 사카모토 씨한테 검사받는 일이에요. 아침부터 밤까지 너무 바빠서 시간이 없대요. 구다카 생활은 역시 힘들었나 봐요. 그리고 여름방학이 워낙 재미있어서 다시는 섬으로 돌아가고 싶지 않았던 거죠.”

그러나 사카모토는 그런 표면적인 이유보다 뿌리 깊은 다른 것이 있다고 보았다.

“유스케는 다른 사람의 관심이 있어야 사는 아이입니다. 트럼프 하자, 장기 두자, 하고 본인이 무리의 중심에 있을 때만 기분이 좋아요. 노노카가 상대해 줘서 괜찮았고, 노노카 역시도 같이 놀 상대가 있어서 좋았지요. 게다가 거절하지 않으니까요. 그러다 노노카가 바빠져서 유스케가 다시 소외되었어요. 남의 이목을 끌지 못하니 재미가 없지요. 구다카에 있을 이유가 없어진 겁니다.”

어느 말이 맞는지 정확한 답은 없지만 적어도 두 달 반의 생활이 막다른 곳에 이르렀음은 확실해 보였다. 여름방학에 집으로 돌아가면서 이미 구다카에 복귀할 생각이 없었다고 하는데, 그렇다면 곤을 배신한 것이나 다름이 없다. 곤은 그 점을 용서할 수 없었다.

구다카를 한사코 마다하는 아들을 부모들이 매일 설득하고 완력으로 끌고 나온 것만도 한두 번이 아니다. 그러나 차에 태울 수는 있어도 비행기에 태우는 데는 실패했다. 그때마다 공항에서 집으로 발길을 돌려야 했다.

“어쩌면 좋을까요?”

부모는 눈물을 삼키며 사카모토에게 매달렸다.

그러나 사카모토는, “나하까지 데리고 와 주십시오.”라고 말할 뿐이었다. 그렇다고 냉정하게 밀어낸 것이 아니다. 센터까지 납치하다시피 데려온들 본인 스스로가 마음이 없으면 말짱 도루묵이 될 것이 뻔했다.

이윽고 운동회 날이 다가왔다. 아버지는 운동회를 비디오로 찍어 유스케에게 보여 주고 싶었다. 그러나 유스케 없이 부모만 운동회에 가는 것도 이상해서 망설였다.

유스케와 비슷한 선배가 있었다는 소리에 그 부모에게 상담도 받아 보고, 부부 간에 수차례 의논한 끝에 ‘보기만 해도 좋으니 가족이 함께 가기로’ 결정했다. 물론 유스케 없이 두 부부와 유스케의 누나, 이렇게 셋이었다.

날이 화창하고 한여름처럼 더웠다. 운동회 전날이어서 학부모들이 총출동해 운동장의 잡초를 뽑고 텐트를 치며 운동회 준비에 여념이 없었다. 이때 마침 아버지에게 유스케가 전화를 걸었다.

“내 게임기 어디 있어?”

옆에서 듣던 소마는 웃었는데, 아버지는 게임기를 구실로 운동회 상황을 살피고 싶은 모양이라고 했다.

아버지는 운동회를 보기만 할 생각이었다. 달리기를 좋아하면서도 아들 걱정에 두 달여를 한 번도 뛰지 않았다. 몸 상태도 그랬거니와, 섬사람들이 ‘애도 없는데 뭐 하러 왔대?’라고 하지나 않을까 싶었다. 그런데 막상 와 보니 완전히 달랐다.

“잘 오셨습니다.”

“보시지만 말고 아버님도 뛰세요.”

웃는 낯으로 반겨 주는데다 같이 연습하자며 권하기까지 하니 오랜만에 본격적으로 뛰어 보았다.

견학만 하려던 것이 어느샌가 학부형이 참가하는 모든 경기에 출전하는 것으로 바뀌었다. 그리고 마지막 3천 미터 달리기에도 선수로 이름을 올렸다. 수면 부족으로 최악의 컨디션이었지만 아버지는 1위로 골인했다. 환호성이 울렸다. 아내도 여자부 2위였다.

섬사람들이 '우승하러 왔느냐?'는 농담을 던질 때마다 부모는 몸 둘 바를 몰랐다.

곤이 3천 미터를 완주하다

이날 곤은 3천 미터를 완주했다.

"곤 파이팅!"

"힘내! 곤."

곤은 반 친구들의 도움으로 비척비척 골인 지점에 들어섰다. 환호와 박수가 쏟아졌다. 비록 꼴찌였지만 난생 처음으로 3천 미터라는 기록적인 거리를 완주한 것이다. 괴로운 중에도 가슴 깊은 곳에서부터 기쁨의 소리가 솟구치는 듯했다.

부모들의 글을 모아 엮은 문집에 곤의 어머니가 이때의 감동을 이렇게 적었다.

우리 아들이 달리고 있다. 달리기를 못하던 우리 아들이 죽을힘을 다해 달

리고 있다. 나는 가슴이 벅차 눈물을 참으며 비디오를 쉴 새 없이 찍었다. 아들이 달리는 모습을 찍는 것이 처음이었다.

우리 아이는 정말 달리기를 못하는 아이였다. 얼굴이며 손은 열심히 뛰는데 다리는 걷는다. 일부러 그러는 것이 아니다. 진지하게 노력하면 할수록 손과 다리를 어떻게 놀려야 하는지 모르는 것 같다. 초등학교 때는 마라톤 연습 철이 돌아오면 나날이 말수가 줄고 표정도 어두웠다. (중략)

3천 미터의 마지막 코스에서 섬 친구 도쿠야와 함께 대회장에 들어섰다. 마지막 한 바퀴 째, 도쿠야를 제치고 앞으로 나온 아들을 나는 온 힘을 다해 응원했다. 그러나 결승점 앞에서 역전을 당했을 때 아들에게 "아쉽게 됐구나."라고 했다. 그런데 아들은 "도쿠야는 그보다 훨씬 더 빨리 뛸 수 있는데, 나를 위해서 같이 달려 준 거예요."라고 했다. 나는 내 아들만 열렬히 응원한 사실이 부끄러워 식은땀이 흘렀다.

곤이 완주할 수 있었던 것은 다이빙 때 사카타와 물속 장난으로 체력을 키운 점과, 농땡이를 허락하지 않은 사카모토의 엄한 지도로 저도 모르게 달리는 데 편한 방법을 깨쳤기 때문이다.

그러나 뭐니 뭐니 해도 결정적 공신은 도쿠야다. 도쿠야가 마지막까지 곤과 보조를 맞춰 뛰어 준 덕이다. 도쿠야도 달리기를 썩 좋아하지는 않지만 곤보다는 훨씬 빠르다. 그런데도 '같이 뛰자.'며 결승점까지 곤과 속도를 맞춘 것이다.

곤은 3천 미터를 완주한 이때부터 상당한 자신감이 생겨 이후로는 차츰 자진해서 뛰게 되었다.

그날 밤 '운동회 평가 모임'을 가졌다. 부모는 자기 아이의 성장 모습과 구다카 섬의 인상을 한마디씩 발표하고 섬사람들은 경청했다.

유스케 부모의 차례가 되자 그때까지 수런수런하던 분위기가 썰물 빠지듯 잠잠해졌다.

"유스케 아비입니다. 여기에 유스케는 없습니다. 유스케를 두고 저희만 섬에 왔습니다. 아이 없이 가족만 오다니 어떻게 된 부모냐, 게다가 3천 미터 달리기에서 우승이나 하고 뭐 하는 짓이냐고 생각하는 분도 있으리라 생각합니다. 저희도 어떻게 하면 좋을지 모르겠습니다. 모르는 채로 이 섬에 왔습니다. 하지만 알아주십시오. 지금 이것이 저희가 할 수 있는 최선입니다."

유스케의 부모가 울고 있었다. 듣고 있던 섬사람들도 하나 둘 울음이 터졌다. 여기저기서 "아버님, 힘내세요!"라고 소리쳤다. 그때마다 부모는 어깨를 들썩였다.

"유스케는 아까부터 여기가 궁금해서 몇 번씩 전화를 합니다. 아마 신경이 쓰이는 게지요. 이곳으로 돌아올는지 알 수는 없지만, 만약 그 아이가 돌아오면 부디 따듯하게 맞아 주십시오."

부모는 섬사람들을 향해 오랫동안 머리를 깊이 숙이고 있었다. 박수가 그칠 줄 모르고 이어졌다.

유스케에게 보내는 영상 편지

모니터에 구다카 중학교 2학년 교실이 나타났다. 촬영은 담임교사 오가와가 맡았다. 담임이 "유스케에게 보내는 메시지를 부탁해." 하는데, 아이들은 쑥스러운지 엉뚱한 데만 보고 있다.

담임교사는 구다카로 돌아오지 않는 유스케를 위해 영상 편지를 제안했다. 반 친구들이 모두 출연했음은 물론이다.

"새로운 학생을 소개할게. 기린이야."라고 모니터 속에서 담임교사가 말했다. 그러자 기린이 클로즈업된다. 기린은 부끄러우면서도 기분이 좋은 듯하다. 곧이어 옆에서 "곤의 여자 친구지." 하는 목소리가 들린다. 카메라 앵글이 곤으로 향하고, 안절부절못하는 곤의 얼굴이 줌인되었다. 기다렸다는 듯이 아이들이 "오, 오!" 하며 함성을 지르고 박수를 쳤다. 곤이 창피해하며 우물쭈물한다. 옆에 있던 노노카가 오른손으로 마이크를 내미는 시늉을 하면서 묻는다.

"기린을 좋아합니까?"

곤은 더욱 쩔쩔매며 덥다는 듯이 공책을 들어 부채질을 한다.

"노노카, 너도 유스케한테 할 말 있잖아."

화면 밖에서 담임교사가 말을 하고, 뒤 이어 노노카가 소리쳤다.

"유스케, 내가 너 좋아해! 왜 안 오니?"

이번에는 다에카가 유스케에게 보내는 러브레터를 쓰는 중이라고 했다. 소마와 란은 "유스케, 빨리 와."라고 소리치고 있다.

10월 26일에 촬영한 이 영상 편지를 유스케의 생일에 맞춰 보냈는데, 유스케는 감감 무소식이었다.

영상 편지를 촬영하던 무렵 유스케의 아버지는 골절로 회사를 쉬고 있었다. 유스케를 밖으로 데리고 나가려다 번번이 실패하자 화가 머리끝까지 난 아버지가 홧김에 선반을 걷어찼다가 발이 부러진 것이다. 계단을 오르기가 어려울 만큼 통증을 느꼈는데, 결국 한 달이나 회사를 쉬어야 했다.

그 사이 유스케의 부모는 몇 번이나 사카모토에게 전화했다. 특히 어머니는 노이로제 지경으로 어떻게든 아들을 데리러 와 달라고 애원했다. 그러나 사카모토는 정중하게 거절했다. 본인에게 의사가 없으면 오래가지 못하기 때문이다. 그 대신 사카모토는 이렇게 말했다.

"할아버지 심부름, 혹은 화장실 청소도 좋습니다, 몸을 움직이는 일을 시키세요. 마음이 정체되면 몸도 따르지 않습니다. 움직이면 여러 가지를 할 수 있지만, 움직이지 않으면 게임이나 은둔밖에 안해요. '멈추지 마. 틀어박혀 있지 마. 할 일이 없으면 뛰어. 멈추면 못 움직이게 된다.' 그렇게 하셔야 합니다."

아이들은 센터 사무실에서 매일같이 유스케에게 전화를 걸었다. 울면서 전화하는 아이도 있었다. 그래도 유스케는 전화를 받지 않았다.

한번은 사카모토와 아이들이 유스케에게 어떤 이야기를 전할지 회의를 열었다. 그러고 나서 사카모토가 전화를 걸어 회의한 내용대로 이야기를 하는데, 한참 동안 수화기 너머로 반응이 없었다. 어느 순간 유스케가 전화기를 아버지에게 넘겼던 것이다.

예전에 촬영한 영상 편지와 함께 아이들이 유스케에게 편지를 썼는데, 우치무라도 동참해 두루마리에 붓까지 동원해 가며 몇 자 적었다.

사카타도 이런 편지를 썼다.

유스케 어떻게 지내니? 여기는 요즘 비가 계속 내리다 오늘 겨우 구름 사이로 빛이 나왔단다. 나는 이제 밭에 가서 당근을 옮겨 심으려고 해.
얼마 전에 배를 가져와도 된다고 어민들이 허락해 주셔서 이번 달 중으로는 요트를 구다카로 가져올 거야. 너도 빨리 와서 같이 타자꾸나. 너는 마른 편이니, 지금 좀 몸을 움직여 두어야 바다에 빠졌을 때 덜 힘들어.

그러나 그 어느 것도 유스케에게는 전혀 효과가 없었던 모양이다. 아이는 구다카 섬 이야기를 입에 담지도 않았다.

곤과 기린의 싱거운 교제

영상 편지로도 밝혔듯이 전학 온 날 2학년 남자를 황홀하게 만든 기린은 뜻밖에 곤과 사귀었다.

카모토는 처음 그 소문을 듣는 순간 말문이 막혀, "왜 곤이랑?" 하며 놀랐다. 게다가 기린이 먼저 교제를 제안했다는 소리에는 더더욱 어안이 벙벙했다. 나중에 사카모토가 직원실에서 이야기를 꺼냈더니, 남자 교사들이 동시에 벌떡 일어나,

“아니, 왜 곤이랑?”

“허락 못 해.” 하면서 난리법석이었다.

기린과 곤이 달라도 너무 달라 두 아이가 연애를 하리라고는 상상도 못했다. 듣고도 믿지 못했던 교사들은 사실임을 알게 되자 거의 모두가 한숨을 푹푹 내리 쉬며, “아니, 왜?” 하고 입을 모아 외쳤다.

아무리 그래도 아이들 연애에 어른이 간여하기도 뭣한 노릇이어서 어른들은 벙어리 냉가슴 앓듯 애타는 표정만 지었다. 허구한 날 야단을 듣던 당사자 곤은 이런 어른들이 통쾌했던 모양이었다.

“선생님들이 분통을 터뜨리니까 곤이 헤헤 하고 웃었어요.”

아이들은 우스워했다. 게다가 곤이 한술 더 떠서 “난 뭐, 걔가 그 정도는 아니야.” 하고 있는 척 없는 척을 해대니 사카모토를 비롯한 어른들의 심기는 더더욱 불편해졌다.

“그 당시에 곤은 옐로카드가 고공행진 중일 때라, 무슨 일만 있었다 하면 사방에서 곤을 찾아 혼을 냈어요. 곱게 자란 기린이 ‘저 애를 내가 보듬어 줘야겠다.’는 생각을 했던 게 아닐까 싶어요.”라는 사카타. 아이들 역시 ‘저건 기린의 모성 본능’이라며 이리저리 치이는 곤을 동정하는 것이라 믿었다.

기린은 그에 대해 한마디도 없었지만, 나중에 ‘그건 실수였다’고 털어놓았으니 아이들의 의견이 아주 틀린 것만은 아니었다.

작은 섬에서 일어난 ‘연애’를 섬사람들이 모를 리가 없었다. 그런데 구다카 섬에서 이들의 관계를 모르는 한 사람이 있었다. 소마다. 소마는 그저 몰랐다기보다 눈치채지 못했다. 소마가 노노카를 좋아했던 데서 알 수 있듯이 연애 자체가 안 되는 것은 아니다. 소마는 자신이 노노카를 좋아하는 사실은 알아도, 노노카가 어떻게 생각하는지는 이해하지 못한다. 그와 마찬가지로 제3자의 연애는 이해 범위를 넘어서는 일이다.

기린 어머니가 남동생을 데리고 섬을 방문한다는 소식에 기린은 갑자기 곤에게 "헤어지자."고 통보했다. 아무래도 어머니에게 들킬 것을 염려해서 잠시 위장으로 헤어졌는데, 이를 모르는 곤은 상처를 받았다. 곤은 이후 기린과의 교제에 열의를 잃고 말았다. 교제한 시간은 겨우 두 달이었지만 센터에서는 그야말로 희대의 사건이었다.

소마의 반항기

곤은 무슨 일이 있을 때마다 사카모토에게 반항했다. 반대로 소마는 사카모토를 좋아하는 데다 인정받고 싶은 일념으로 그를 거스른 적이 없었다. 그랬던 소마가 운동회 즈음부터 사카모토를 고분고분 따르지 않았다. 무조건 뛰어야 하는 것이 이해되지 않는다며 불평을 늘어놓았다.

10월에 들어선 어느 날, 다음 달에 있을 역전 마라톤 이야기를 하고 있을 때였다. 곤이 "역전 마라톤은 의무가 아니라 자유 참가잖아요. 왜 꼭 다 뛰어야 하는데요?" 하며 대들었다.

"이건 학교 행사니까 똑바로 해라!"

사카모토의 호통에 곤은 부루퉁해졌다. 여기까지라면 늘 있는 패턴이었다. 그런데 이때 어찌된 일인지 소마가 곤과 합심이라도 하듯 항의했다.

"저도 하기 싫어요."

이 말을 하더니 당장이라도 쓰러질 듯한 얼굴을 했다. 주변에 있던 아이들이 훨씬 더 놀랐다. 소마의 행동에 저도 모르게 벌떡 일어선 아이도 있었다.

사카모토에게 그토록 순순하고 저항 한 번 없던 소마가 반항하기 시작한 것을 보고 사카타는 아이가 크게 성장했음을 느꼈다. 사카타는 일전에 반항이 하고 싶어도 하지 못하는 소마를 불러 이렇게 말한 적이 있다.

"소마, 남자라면 의견을 분명하게 말할 줄 알아야 한다. 너는 뛰고 싶니? 아니니? 달리기 싫으면 싫다고 사카모토 선생님께 말을 해야 하는 거야."

주저하던 소마는 망설임 끝에 결심을 굳혔다. 그리고 이유를 묻는 사카모토에게 열심히 설명했다.

"저는 여기서 그림을 그리고 싶어요. 나가고 싶지 않아요."

"너 혼자만 맘대로 할 순 없다."

"하지만 강제로 하긴 싫어요."

"여기서는 어떤 일이든 다른 사람과 함께하는 것이 중요해. 그걸 못하겠다면 집에 가라."

소마는 더 이상 항변하지 못하고, 사카모토의 설득에 넘어가는 듯 보였다.

오조네는 유스케에게 보낸 편지에 이렇게 썼다.

요새 소마가 사카모토 선생님께 불만이 있는지, 불평이 이만저만이 아니야.
괜찮다면 너도 소마와 함께 센터에서 반항해 보는 건 어떠니? 내가 소마에
게 자주 귀띔한단다. '사카모토 선생님한테 말대답을 해 보라.'고 말이야. 한
번은 반항을 했는데, 지금은 다시 얌전해졌어.
중학생 때는 좀 거칠다 해도, 말대꾸를 하고 반항을 한다 해도 괜찮은 일이
아닐까 싶어.

소마는 겉으로는 조용히 있었지만 속마음은 달랐다. 연습 시간에
도 꾸물거리며 달릴 생각도 하지 않거나 몰래 빠져나가서 어디론가
사라졌다가 끝날 때쯤 돌아오기도 했다. 소마의 소극적인 반항이 이
어졌다.

나중에서야 담임교사를 통해 사실을 알게 된 사카모토는 크게 화
를 냈다.

"다른 애들이 힘들게 뛰고 있을 때 너는 혼자서 뭐 하는 거냐?"

그러자 소마가 태연하게 말했다.

"혼자서 바닷가를 달렸어요."

"다 같이 운동장을 돌지 않고 왜 혼자 거기서 달려?"

"어디를 달리건 제 마음이에요."

다음 날부터 사카모토는 아이들의 연습에 직접 뛰어들었다. 그리

고 다른 아이들이 역전 마라톤 연습을 하고 있는 장소로 소마를 데려 갔다. 시키는 대로 얌전히 연습하는가 싶더니, 섬사람들을 보기만 하면 방송을 해댔다.

"달리기 진짜 싫어요."

"이건 시키니까 억지로 뛰는 거예요."

또는 애원하는 눈빛으로 말하기도 했다.

"좋아서 하는 게 아니에요. 선생님이 강제로 시키는 거예요."

마라톤 날까지 섬사람들은 매일 소마의 '고발'을 들어야 했다.

소마는 이제껏 부모 또는 교사를 거스르는 행위를 극악무도한 것으로 여겼다. 그래서 반항 한 번 한 적이 없었다. 그런데 이번에 제대로 반항을 시작한 것이다.

사카타는 소마의 반항을 보며 아이의 성장과 동시에 '변신'을 느꼈다. 그 증거는 가장 먼저 그림으로 나타났다. 소마의 그림은 주제부터가 '참호 속' '전쟁' '분노' 같은 것들이었으며, 색채도 검은색이 기본이었다. 그런데 차차 밝은 색채를 띠기 시작했다.

만약 그때 사카모토가 소마를 동정해서 '그렇게 하기 싫으면 안 해도 된다.'고 했더라면 지금쯤 어떻게 되었을까? 일 년이 지난 후 소마는 이렇게 말했다.

"지금은 달리기가 참 좋아요. 그때 사카모토 선생님이 안 해도 된다고 하셨더라면 아마 지금도 달리기는 안 했겠죠."

곤이 학교 창고 열쇠를 주머니에 넣고 깜박 잊었다. 선생님께 사과를 하러 가긴 가야 하는데 자신이 없어 갈등했다. 소마를 꾀어 같이 가려 했더니 우치무라가, "이럴 때는 같이 가는 거 아니다. 얼른 다녀와."라고 했다. 곤은 입이 비죽 나왔다.

"어떻게 사과해야 되는데요?"

불안한 곤이 우치무라에게 도움을 청했다.

"너부터 웃는 얼굴로, 일부러 그런 게 아니라는 뜻을 보이면서 죄송합니다, 하면 되지. 조리 있게 말하면 잘 넘겨주실 거야."

이 말에 용기를 얻은 곤이 일어서 나갔다.

곤은 변함없이 자잘한 문제를 일으키고 다녔다. 셔츠의 단추를 풀어 헤치고 등교하기도 하고, 시험 중에 "아, 더는 못하겠다. 안 되겠어."라고 구시렁구시렁 소리를 내면서, 사소하게 혼날 일을 만드는 데 여전했다. 그 중에서도 아이들이 기억하는 '사건' 두 가지가 있었다.

구다카 중학교에 마호에라는 '완벽한 영어를 구사한다.'고 정평이 난 활달한 여교사가 있었다. 곤은 이유 없이 이 선생님을 장난으로 골려 댔다. 눈앞에 느닷없이 벌레를 들이밀고, 교과서 안에 애벌레를 넣어 두었다가 깜짝 놀래 주는 것이다. 목소리가 큰 마호에의 비명이 학교 내에 울려 퍼지면 더 이상 비명이 아닌 절규가 되고는 했다. 그럴 때면 곤은 태연자약하게 "왜 그러세요?" 했고, 뒤이어 교사의 불호령이 떨어지는 것이 일상이었다.

다른 하나는 '악수 거부 사건'이다. 교장과 교감이 교문 앞에서 등교하는 학생들과 일일이 악수를 하던 때가 있었다. 교감은 얼굴이 길다 해서 '말상'이라 불렸는데, 학생들이 체험 학습 차 본섬으로 건너갈 때는 배에 오르는 아이들에게 손을 흔들며, "씨 유 투모로우." 하지 않고 "씨 유 예스터데이." 하고 소리치는 귀여운 분이다.

하지만 곤은 소름이 끼쳤다.

"그렇지만 사카타 선생님, 끔찍하잖아요. 교감 선생님은요, 기름기 좔좔 흐르고 손이 끈적해요. 악수를 왜 해요? 전 싫어요."

아침에도 샤워를 할 만큼 결벽증이 있는 곤은 그 끈적끈적함을 용서할 수 없다고 했다. 아이는 뒷문으로 몰래 등교하기 시작했다.

교사의 연락으로 이 사실을 알게 된 사카모토가 곤을 불러 호되게 꾸짖었다. 이때 란 역시 뒷문으로 등교했는데 어째서인지 곤 혼자만 야단을 들었다.

곤은 운동회 때 3천 미터 달리기를 완주하고부터 자신감이 붙었고, 이 무렵부터 사카모토에게 자주 대들었다. 곤은 '나는 하느라고 하는데, 알아주지 않는다.'며 몹시 불평했고, 사카모토는 '인정할 만한 수준의 노력이 아니다.'라며 귀 기울여 주지 않았다. 덕분에 곤의 옐로카드는 나날이 늘어났다. 곤은 걸핏하면 야단을 맞았지만 섬사람들은 그런 만큼 예뻐했다.

섬의 주민들도 센터 생활의 엄격함을 잘 알고 있었다. 그래서 곤이 보이면 그냥 지나치지 않고 꼭 불러서, "이건 사카모토 선생님한테는 비밀이다." 하면서 회를 먹이고는 했다. 아이는 사양하지도 않고 걸신들린 듯이 먹어 치우는데, 오죽하면 곁에 있던 사카타는 창피한 마음에 쥐구멍에라도 들어가고 싶었다고 했다.

새 식구 신고

2학기 들어서 기린에 이어 새 식구가 들어왔다. 신고다. 초등학생과 같은 동안에 실없는 말만 했다.

신고가 구다카 섬에 온 직접적인 계기는 중증의 꽃가루 알레르기였다. 1년 중에 3분의 2는 콧물을 달고 산다고 했다. 그러나 사카모토는 아이를 처음 본 순간 심각한 사정이 숨어 있음을 간파했다.

3월에 어머니와 할머니 손에 이끌려 센터에 왔는데, 신고의 눈빛은 줄곧 불안정하게 흔들렸다.

"면접 때 아이에게 묻고 있는데도 양 옆에서 어머니와 할머니가 하도 잔소리를 하시니 제가 '저는 지금 본인에게 묻고 있습니다. 두 분은 가만히 계십시오.'라고 했을 정도였어요. 처음에는 도둑질을 하다 들킨 사람 같은 눈빛이었는데, 말하다 보니 차츰 초롱초롱해지고 '무엇보다 네가 여기 오고 싶은지 아닌지가 중요하다.'고 했더니 '오고 싶어요.'라고 분명히 밝혔어요.

그런데 나중에 어머니가 전화해서는 또 못 오겠다는 겁니다. 6월에 검도 대회가 있는데 꼭 참가해야 한다면서요. 이미 알고 정하신 게 아닙니까? 라고 하긴 했는데……. 이 어머니, 너무하다 싶었어요. 아이의 눈앞에 맛있는 음식을 차려 놓고는 몸에 나쁘니까 먹지 말라는 행위와 같습니다. 아이를 망치기 딱 좋은 스타일이지요. 계속 그랬던 것 같아요."

신고는 오키나와에 와서 알레르기 증상이 깨끗이 사라진 데 놀랐다. 그리고 구다카에 반드시 가겠다고 결심하고 있었다. 그런데 아무리 기다려도 센터의 연락이 없었다. 어머니가 거절했다는 사실을 몰랐던 것이다.

무엇이든 강요하는 부모에게 아이는 말할 수 없이 큰 반감을 가졌는데, 부모가 권하는 대로 구다카 섬을 가겠다 정한 이유는 첫째, '알레르기에서 벗어나려고', 둘째, '애들이 가방을 숨기면서 괴롭히니까 학교에 가기 싫어서'였다.

한편, 사카모토는 신고의 내면에 쌓인 부모에 대한 엄청난 반감을 걱정했다. 그것은 언제 폭발할지 모르는 시한폭탄이었다.

도가 지나친 심한 장난을 치기에 사카모토가 매를 들었던 때가 있었다. 손을 대기도 전에 눈물을 글썽글썽하더니 얼굴을 부들부들 떨며 당장이라도 달려들어 물어뜯을 듯한 기세였다.

심상치 않음을 느낀 사카모토가 어머니에게 전화로 물었다. 어머니는 도장에 다닐 때 심한 얼차려를 받은 탓이 아닐까 했다.

신고 말로는 알레르기 증상으로 코가 막혀 입을 벌렸더니 "너는 지금 하품이 나와?"라며 사범이 주먹질을 하고 발로 걷어찼다고 했다.

그러나 사카모토는 어머니와 아이의 관계를 의심했다. "겨울 방학에 집에 오면 학원 특강 있는 거 알지?"라는 어머니의 말에 아이의 안색이 흙빛으로 변했었다.

"애가 폭발했어요. 울고 소리치고, 부들부들 떠는데 그칠 생각을 안 해요. 분노 때문이에요. 엉엉 울더니, 용서 못 해, 절대 용서 못 해, 하면서 덜덜 떨었어요."

그토록 싫어하는 학원을 한마디 상의도 없이 마음대로 결정한 일을 용서할 수 없었던 것이다.

이대로 집에 돌려보냈다가는 '어머니를 칼로 찌르지나 않을까' 걱정할 정도로 어머니를 향한 분노가 노골적이었다. 이때 신고가 했던 말이 떠올랐다.

"엄마가 자주 때렸어요. 주로 아빠가 일하러 나가고 없을 때요. 통금 시간이 6시인데, 그 시간이 지나서 들어가면 어김없이 사단이 났어요. 너무 때리니까 엄마가 화를 내는 순간 밖으로 도망쳐야 살겠더라고요. 근데 현관문이 잠겨서 못 나갔어요.

어딜 맞았냐고요? 머리 같은 데랑 여기저기요. 네? 한 대가 아니고요, 세 대? 아니다, 아니다. 더 많이요. 평균 열 대 이상쯤? 물론 피해 다닌다고 다니지만 집 안에는 장애물이 너무 많아서 제대로 도망 갈 수가 없어요."

검도를 좋아해서 동네 도장은 부지런히 잘 다녔으나, 그것을 제외하면 공부는 등한시하고, 노는 데 정신이 팔린 아들에게 어머니도 진저리가 났을 것이다. 특히 성적이 나쁜 점이 어머니의 분노를 증폭시켰다고 생각된다. 어쨌거나 아이는 수업 중에 늘 숙면했다.

수업 중에 잠에 빠져 있던 이유는 중증 알레르기 때문에 평소 항히스타민제를 복용했기 때문이다. 담임교사는 어머니에게 '수업 중에 일어나 있기만 해도 상위권에 들어갈 아이'라고 했다. 어머니로서는 공부에 재능이 없는 아이가 아닌데, 수업 중에 잠에 빠져 있는 사실이 기가 막히고 넌덜머리가 났을 것이다. 그리고 그것을 때려서라도 바로잡고 싶었으리라.

<u>신고의 도둑질 사건</u>

신고와 나는 이상하게도 마음이 맞았다. 내가 구다카 섬에 오면 아이는 항상 방글방글 웃으며 말을 붙였다. 나는 그런 신고를 좋아했다. 나는 칭찬도 자주 했다. 사카모토에게 혼나는 일이 많은 아이라 소소한 일로도 칭찬해 주었다. 밭에서 기른 감자를 내게 보여 주었을 때 "농사 싫다더니 잘하네. 네가 기른 감자 맛있겠다. 밭일을 잘하는 건 머리가 좋기 때문이란다."라고 했다. 그러면 신고는 "정말이에요? 그럼 다음에는 토마토를 키워 볼까?" 하면서 아주 들뜨고는 했다.

그런 이야기를 신고 어머니에게 했더니, "근데 그 아이, 칭찬할 만한 구석이라고는 없어요. 가엾긴 하지만……." 하며 딱 잘라 부정했다.

짐작컨대 신고는 구다카 섬에 올 때까지 어머니의 칭찬을 받은 적이 없었음이 틀림없다. 칭찬거리가 없어 '우리 애는 착해서요.'라는 추상적인 말로 어물쩍 넘기는 어머니보다야 낫지만, 어머니가 자식을 부정할 때 아이는 머물 곳을 잃고 헤매게 된다.

자기를 부정하고 멋대로 휘두르는 어머니를 향한 신고의 울분은 점차 격화되었다. 스스로도 감정을 조절하지 못하고 "스트레스가 너무 쌓여서 한때는 다중인격이 될 것만 같았어요."라고 했다.

"다중인격이라니, 무슨 말이니?" 내가 묻자 이렇게 답했다.

"중학교에 들어가기 전이었어요. 지나가는 사람이 시비를 걸었는데, 순간적으로 다른 사람이랑 심장을 바꾼 것처럼 다른 인격이 되었어요. 그 사람이 저를 발로 찼는데, '닥쳐!' 하면서 엄청나게 위협적인 목소리로 소리를 질렀어요. 확 죽여 버릴까 하는 생각이 들었을 땐

제 자신이 무섭더라고요."

어머니에게 그렇게 혼나면서도, 그래도 신고는 어머니를 몹시 좋아한다. 우치무라는 "어머니한테는 아기처럼 굴더라고요. 그래서는 어른이 될 수 없죠. 말투가 아기 같았어요."라고 했다.

실제로 중학교 2학년 치고는 너무 어려 보여서 남자아이들 간에 덩치로 계급을 나누면 최고로 낮다. 우치무라는 그래서 더더욱 신고를 자기 자식 돌보듯이 했다.

"사람이 그리워 어리광을 피우는 아이인데, 엄마가 그걸 충족시키지 못하니까 나한테 다가와요. 조금만 화를 내도 얼굴을 찡그리고 예민해지죠. 그래서 화를 낼 때도 어린아이 타이르듯 알기 쉽게 설명해 줘야 해요. 그러면 알았다고 하죠. 그런 식으로 대했더니 아이가 점점 밝아졌어요."

그런데 신고가 섬 안의 과자 가게에서 도둑질을 하다가 들켰다. '들키지만 않으면 된다.'며 30엔짜리 추펫을 훔친 것이다. 30엔짜리라도 도둑질은 범죄다. 그 일로 부모 대신 사카모토가 가게 주인의 힐난을 듣자 센터는 한바탕 소란스러웠다.

아이들은 "너 때문에 센터가 폐쇄될지도 몰라." 하며 신고를 몰아세웠다. 신고도 당황했다.

"내가 쓸데없는 짓을 해서 센터가 없어지면 어떡하지?"

완전히 풀이 죽어 있었다. 히로토가 신고에게 몇 마디 하더니 목덜미를 틀어쥐고 말없이 가게로 끌고 갔다. 그리고 차려 자세로 가게 주인 앞에 섰다.

"두 번 다시 못하게 하겠습니다. 부디 용서해 주십시오."

히로토는 머리가 땅에 닿도록 고개를 숙였다. 옆에 있던 신고는 여럿이 보는 앞에서 어린아이처럼 울었다.

그렇게 간신히 지나가는가 싶었는데, 책임을 통감한 신고는 "센터를 그만둘게요." 하더니, 짐을 싸기 시작했다.

곤이 보고는 "뭐야, 저 자식." 하며 성큼 다가섰고, 란은 란대로 풀이 죽어 있는 신고의 멱살을 잡고는 "장난해?"라며 소리소리 질렀다.

"그런 짓을 했으니 관두고 집에 가려는 마음은 잘 알겠어. 여기를 나가는 건 좋다 쳐도 네가 지금 관두고 어쩔 건데? 아무것도 안 바뀌어. 그냥 꽁무니 빼고 도망치는 거잖아. 레드카드 2장 정도로 끝난다면 맘 고쳐먹어."

곤이 주먹을 불끈 쥐고 말했다.

"선배한테 신세 졌으니 끝까지 제대로 하라고."

사카모토가 모르는 곳에서 이렇게 아이들은 서로가 서로를 다그치고 설득하는 일이 흔했다.

후에 신고는 또 다시 도둑질로 큰 문제를 일으켰는데, 이번에는 곤이 신고를 불러내어 있는 힘껏 주먹을 날렸다. 덕분에 신고는 탈락하는 일 없이 곤을 비롯한 아이들과 함께 구다카 중학교를 졸업하게 되었다.

7장 가자, 구마모토로

"유스케네 집에 가지 않을래?"

연말이 가까운 12월 30일에 노노카는 곤에게 전화를 걸었다.

"어, 좋아, 좋아."

대답은 설렁설렁했지만 곤은 나름대로 진지했다. 유스케를 만나면 꼭 하고 싶은 것이 한 가지 있었다. 그 내용을 작문에 적었다.

"2학기에 나도 가서 같이 뛸게. 너도 꼭 와야 해." 그 말에 용기를 얻어 속 편히 돌아온 섬에 친구의 모습은 없었다. 그때는 밉기보다 순전히 그저 놀랐다. 그런데 2학기에 힘든 일을 넘길 때마다 그 일이 생각났고 점점 화가 치밀었다. 솔직히 그 녀석을 데리러 간 이유는 '한 대 때려주고 억지로라도 끌고 오자.'고 생각했기 때문이다.

곤은 유스케를 만나면 한번쯤 때려눕혀 줄 작정이었다.

유스케를 데리러 가자

유스케를 데리러 가자는 이야기는 2학기부터 활발하게 논의되었다. 소마는 할머니가 계시는 후쿠시마에 가야 하므로 일정이 맞지 않다며 거절했고, 란은 가겠다고 했다.

아이들의 계획은 이랬다. 곤이 간사이의 란 집에서 1박을 하고, 그 다음 날 노노카와 합류한다. 그리고 함께 유스케가 있는 구마모토로 간다는 것이었다. 곤이 도쿄에서 심야버스를 탄 시각은 설날 밤 10시를 지났을 때다. 오사카에 닿으면 아침 7시를 조금 넘는다. 첫날은 란의 집에서 1박할 생각이었는데, 일정을 변경해 오사카에서 란과 합류한 뒤, JR오카야마 역에서 노노카와 2차 합류, 그대로 구마모토로 향했다. 상당한 강행군이었다. 오사카에 도착할 때까지 버스에서 잠을 자 두어야 하는데 곤은 그러나 잠을 이루지 못했다. 배짱 두둑한 성격임에도 유스케를 막상 만났을 때를 상상하면 잠이 달아났다.

‘유스케를 만나면 뭐라고 하지? 안녕? 이건 웃기잖아. 이 자식 나를 속였어! 한 방 날려 줄까? 그 정도는 해도 되겠지? 아냐, 아냐, 그런 짓을 하면 유스케 아버지가 놀라실 거야.’

매사에 심각하게 생각하는 성격이 아닌데도 유스케를 구출하는 구조대장이라도 된 것 같은 착각에 흥분이 되었다. 결국 곤은 버스에서 한숨도 못 자고 오사카에 도착했다.

버스에서 내리자 란이 기다리고 있었다. 오사카 지리를 전혀 모르는 곤은 뒷일을 란에게 맡기고 산요선을 타고 오사카로 향했다. 오사카 역에서 쾌속으로 걸리는 시간은 약 2시간 40분, 오카야마에 도착한 시간이 11시경이었다.

노노카가 어머니와 함께 역에 당도한 시간도 그 무렵이었는데, 역에서 마주한 두 모녀는 시뻘건 얼굴로 서로를 째리고 있었다. 사정을 물었더니, 어느 전철로 어떻게 가야할지 몰라 엄청나게 헤맸으며, 그러다가 시간이 지체되어 네 책임이니, 엄마 책임이니 하면서 떠넘겼다나.

역 앞에 차가 대기하고 있었다. 노노카 어머니의 지인이 운전을 맡아 주었다. 전부터 안면이 있어서 아이들이 '아저씨'라고 불렀던 남자다. 아이들 셋과 노노카 어머니, 그리고 남자를 포함한 다섯이 차를 타고 오카야마 인터체인지에서 산요 고속도로로 진입해 규슈로 향했다.

구마모토까지 차로 가면, 대여섯 시간이다. 평소 같으면 차 안에서 떠들썩했을 아이들은 유스케를 생각하며 마음이 무거웠는지 유스케와 상관없는 잡담을 나눴다.

란은 배드민턴 이야기를 하다가 지쳐 잠들어 버렸다. 곤도 전날 밤을 꼬박 새웠던 터라 란이 조는 모습을 보더니 따라 잠들었다.

"이제 곧 규슈란다."

노노카 어머니의 목소리에 란이 눈을 떴다. 시모노세키를 막 지나고 있었다. 간몬 해협 옆 주차장에서 시원한 아이스크림을 먹고 완전히 잠이 깬 아이들은 앞으로 2시간 후면 유스케네 집에 도착한다는 소리에 초조해졌다.

"어떡할래?" 곤이 말했다.

"갑자기 가면 놀라 기절하겠지?"

란은 난감한 표정이었다. 사전에 미리 어머니들끼리는 통화했지만, 유스케는 아직 모르고 있다. 알려야 하나, 말아야 하나 고민했지만, 유스케가 미리 알면 거절할지도 모르니, 모르게 하는 것이 좋겠다고 결정했다.

"응. 근데 어떻게 설득하지?" 곤이 말했다.

"어렵다. 생일에 축하 전화만 해도 피했거든. 아마 우리가 너무 강요하면 걔는 숨어 버릴지도 몰라. 그렇다고 아무 말도 안 하면 걔도 입을 다물겠지?"

"자기 방에 숨으면 어쩌지? 그럼 난감해지는데."

"너무 와라, 와라, 해도 안 될 거 같아." 노노카가 끼어들었다.

"맞아. 오란 말을 너무 많이 하면 안 돼."

란은 팔짱을 끼며 생각에 잠겼다.

"무시하면 어떡하지?" 곤이 불안해했다.

"우리가 갔는데 유스케가 방에서 안 나오면, 그건 진짜 충격이겠다."

노노카가 이어서 말했다.

"우린 지금 유스케네 놀러 가는 거잖아. 설득할 게 아니라 즐겁게 놀면서 구다카의 재미있는 얘기를 많이 해 주자. 재미있는 얘기를 들려주면 유스케도 좋아하지 않겠어?"

"어, 그거 좋다."

남자아이 둘은 새로운 발견인 것처럼 반색을 했다.

재미있는 이야기로 구다카에 대한 그리움을 최대한 유도한다는 작전에 모두 합의했다. 그러나 천진난만한 노노카마저 "우리 작전이 들키면 어쩌지? 싫어하면 어떡해? 학교 얘기를 해야 해? 말아야 해? 학교 얘기가 안 통하면 대체 무슨 얘길 하면 좋아?" 하면서 뛰는 가슴을 어쩌지 못했다.

그러는 사이 차는 후쿠오카 공업지대를 지나 드넓은 전원을 달렸다. 구마모토가 가까이에 있었다.

도망치는 유스케

유스케의 집 주변은 논으로 둘러싸인 전형적인 시골이었다. 문을 열었더니 새집 냄새가 풍겼다. 현관을 들어가 오른쪽으로 거실 겸 부엌이 있고, 그쪽에서 텔레비전 소리가 들렸다. 유스케는 그곳에 앉아 텔레비전을 보고 있었다. 친구들을 힐끗 보고 잠시 놀란 표정이더니, 그대로 고개를 돌려 이내 못 본 척했다. 아이들이 부엌 식탁에 앉았는데도 유스케는 눈도 마주치지 않고 등을 돌리고 있었다.

'얘들 왜 왔지?'

유스케는 어지간히 신경이 쓰였지만 내색하지 않았다. 그러고는 아주 심드렁한 얼굴로 태연하게 있었다. 그러나 자꾸 예민해지는 귀는 어쩔 수 없었다. 그런 줄 모르는 곤은 망연한 표정이었다. 철저히 무시당한 기분이었다.

노노카의 어머니는 잠시 유스케의 부모와 이야기를 나눈 뒤, "어른들은 없는 게 좋겠지? 내일 모레 데리러 오마." 하고는 서둘러 집을 나섰다.

유스케는 텔레비전에서 눈을 떼지 않았다. 곤은 궁리 끝에 결심이 선 듯 말을 걸었다. 그러나 유스케는 모르는 척 시치미를 뗐다.

'구다카 이야기를 갑자기 꺼내면 애가 힘들어할까 봐 안 했는데, 도무지 아무 반응이 없네.'

곤은 안달이 났다.

나중에 란은 "당분간 구다카 이야기는 하지 말자고 셋이서 정했어요."라고 했다. 그래서 하는 수 없이 텔레비전 속의 가수나 게임 이야기, 축구 이야기를 화제로 꺼냈는데, 유스케는 여전히 무관심했고, 상대조차 안 했다.

그러는 사이에 유스케의 어머니가 식사 준비를 끝냈다. "얘들아, 밥 먹자." 하는 순간 유스케는 입을 꾹 다물고 계단을 올라 2층 자기 방에 틀어박히고 말았다.

"큰일났다!"

아이들은 몹시 초조했다. '이대로 방에서 안 나오면 어쩌지?' 란과 노노카는 신경이 쓰여 밥이 목으로 넘어가지 않았다. 대담무쌍한 곤 혼자 차린 음식을 죄다 먹어 치우고, 유스케의 말고기 회까지 제 입으로 날름 가져갔다.

식사를 마쳤을 때쯤 유스케가 내려왔다. 아이들은 안도의 한숨을 내쉬었다. 유스케가 말고기 회를 찾았다.

"내 회는 어디 있어?"

"곤이 다 먹었어."

발끈한 유스케가 어머니를 향해 "빨리 내 놔!" 하고 명령하듯 말했다. 센터에서는 무엇이든 제 손으로 하는데, 집에서는 부모를 하인 부리듯 부려먹는다. 유스케의 누나도 마찬가지다. 누나는 한술 더 떠, 상전이 따로 없다. 그런데도 부모님은 찍소리도 못한다. 왜일까?

아이들이 소파로 옮겨 앉았다. 유스케는 그저 묵묵히 먹고는 다시 텔레비전 앞에 웅크리고 앉아 화면을 응시했다. 묵언수행하는 승려 같았다.

"텔레비전 재미있어?" 노노카가 물었다. 재미가 있다 없다 말도 없이 또 가만히 있기만 했다. 이날따라 노노카는 맨발로 천방지축 뛰어 놀던 때와는 한참 달랐다. 마치 거짓말처럼 얌전하고 말이 없었다.

아이들은 쩔쩔맸다. 한 발짝 다가가면 유스케는 슬그머니 달아난다. 그렇다고 이대로 물러설 수도 없다.

란이 벌떡 일어섰다. 곤과 노노카의 얼굴을 차례로 바라보더니 유스케 옆에 털썩 앉았다.

"야, 왜 그래? 잘 지냈냐?"

어깨를 툭 치더니 유스케 옆에서 똑같은 자세로 웅크리고 앉았다. 유스케는 귀찮아 죽겠다는 표정으로 란을 곁눈질했다.

"오, 저 가수 알아?"

란은 생각나는 모든 것을 쏟아내었다. 말을 걸었다가 혼잣말을 하기도 했다. 어쨌든 무슨 말이라도 하면 어떤 반응이든 하지 않을까? 거의 자포자기였다.

란이 가만히 유스케의 옆얼굴을 바라보았다. 웃겨 줄 셈이었다. 유스케는 란의 시선이 신경 쓰여 힐끗힐끗 란 쪽을 돌아보았다.

그리고 처음으로 웃었다.

란도 웃었다.

노노카도 웃었다.

곤도 웃었다.

"텔레비전 재미있다." 란이 말했다.

유스케는 "어." 하고 조그맣게 대답했다.

이 짧은 대화로 세 아이는 얼음이 한꺼번에 녹아내린 기분이었다.

곤이 옆에서 "잘 지냈냐?"라고 하자, 유스케는 "그냥 뭐."라고 중얼 거렸다.

곤이 몸을 내밀며, "2학기에 뭐 했어?" 하자, 유스케가 "밖에서 놀 았어."라고 답했다. 곤은 유스케의 창백한 얼굴을 보고 '아마 방에 처 박혀 게임만 했겠지.'라고 짐작했지만 입 밖에 내지는 않았다.

"식사 후에 근처 온천에 갔어요. 거기서 게임을 한 모양인데, 그때 부터 분위기가 좋았나 봐요. 집에 와서는 트럼프를 하더라고요. 동네 친구하고도 안 놀았으니, 친구들과 어울리는 게 꽤 오랜만이었지요. 아주 신이 났었어요."

유스케의 아버지가 당시를 떠올리며 말했다.

트럼프를 제안한 사람은 유스케의 누나였다. 유스케를 뺀 네 명이 '부호 게임'에 푹 빠져 얼마 뒤부터는 "오!" "앗싸!" "당했다"를 외치 면서 떠들썩했다. 더 이상 외면하기 힘들어진 유스케가 항복을 하고 슬며시 누나 옆에 앉았다.

'나도 끼워 줘.' 하는 표정으로 우물쭈물 신호를 보냈다.

관심 없는 척하더니 1시간여 뒤에 최고로 신이 난 것은 유스케였다.

"다들 지쳤는데 유스케 혼자 하자고 난리를 쳐서 새벽 3시까지 붙들려 있었어요." 노노카가 말했다.

곤은 지겨워하는데, 유스케 혼자 의욕이 넘쳤다.

"유스케가 이때 아니면 언제 노냐면서 재우질 않았어요. 나는 잠도 못 자고 구마모토까지 왔는데, 그래서 너무 힘들어서 자고 싶은데, 걔 혼자 흥분해서 엄청 시끄러운 거예요. 그러다가 란이랑 저랑 지쳐서 잠이 들었어요. 누나도 잤다고 하고, 노노카도 끝에 가서는 '둘이 하면 재미없잖아.' 하고 잤대요."

우린 널 기다릴 거야

다음 날은 늦은 아침을 먹었다. 수면부족으로 비몽사몽하던 아이들이 겨우 잠에서 깼다.

"오늘은 뭐 하지?"

란이 천천히 말했다.

유스케가, "어디 가고 싶은데?"라고 물었다.

"어디든 괜찮은데, 디즈니랜드 같은 데면 좋겠어."

"그럼, 미쓰이 그린랜드 갈래?"

'미쓰이 그린랜드'는 롤러코스터가 있는 놀이동산이다. 여름방학 때 노노카가 왔을 때도 이곳에 가서 놀았다.

그러나 유스케는 별로 내키지 않아 했다.

"우리끼리 가면 시시하잖아. 유스케, 네가 안내해."

곤이 저기압이다.

"노노카가 있으니까 괜찮아." 유스케가 거절했다.

인내심이 한계에 다다른 곤은 "우리가 구마모토까지 왔으니까 네가 안내해." 하면서 거의 끌다시피 해서 유스케를 데리고 나갔다.

유스케 어머니가 차로 데려다 주고 그 다음부터는 아이들 넷이 놀러 다녔다. 급류타기를 하면서 소리를 지르고, 좌충우돌 범퍼카를 운전하면서 식은땀을 흘렸으며, 귀신의 집에 들어가 오들오들 떨었다. 최고 경사 85도 롤러코스터를 타고는 시원한 환희를 느꼈다. 그 중에서도 아이들이 가장 열광한 것은 슈팅 게임이었다.

처음에는 불만이 가득한 얼굴로 마지못해 놀던 유스케는 차츰 웃는 얼굴을 회복했다. 이때도 아이들은 유스케를 배려해 구다카 이야기는 입에 올리지 않았다.

구다카 이야기를 꺼낸 것은 저녁 식사를 마치고 다시 유스케의 집에 모여 앉았을 때였다.

"영상 편지 봤니?" 곤이 물었다.

유스케는 "아니, 안 봤어."라고 답했다.

"구다카에 왜 안 왔어?" 곤이 다시 직설적으로 물었다.

유스케는 대답하지 못했다.

"괴로웠니?"

곤답지 않은 부드러운 목소리였다. 곤은 '한 대 때려 줄' 요량으로 구마모토에 왔으나, 더는 그런 마음이 들지 않았다.

유스케는 고개를 가로저었다.

"괴롭다고 할까, 지쳤었어. 1학기에는 학교 가서도 착한 아이처럼 공부했고, 애들도 착한데, 나는 뭐랄까 그래서 더 지친 것 같아."

기운은 없었지만 처음으로 정돈된 말로 답했다.

"근데 너, 여름방학 때 도쿄에서는 구다카에 온다고 했잖아."

"응, 그때는 가려고 했어."

"근데, 왜 안 왔는데?"

"여름방학이 끝나가니까 가기 싫더라. 구다카 생활에는 많이 적응했었는데, 그래도 역시 힘들었거든. 집에서는 시간에 쫓기지 않는데, 거기서는 자기 전까지 일정이 빡빡해서, 늘 바쁘고 여유가 없잖아. 여름방학 때 너희랑 놀 때 너무 재미있어서, 그걸 떠올리면 점점 더 가기 싫더라고."

"나는 널 기다렸어."

"미안해."

"공부는 어쩌게?"

"모르겠어."

"하지만 유스케, 잘 있어서 다행이야."

노노카가 처음으로 쾌활한 목소리로 말했다.

그 다음부터 곤이 가을에 도쿠야 아버지와 할아버지를 따라 앞바다로 나갔던 일을 자랑했다. 해저 수십 미터 아래에는 하얀 모래와 초록 해조류가 줄무늬를 이루는데, 얼마나 아름다운지 눈이 번쩍 뜨이고, 넋이 나간다는 이야기를 손짓 발짓을 섞어가며 열심히 설명했다.

노노카는 2학기에 사카타가 요트에 태워 준 이야기를 했다. 바닷바람이 얼마나 상쾌한지, 큰 파도가 일면 얼마나 짜릿한지를 표현했다. "롤러코스터보다 훨씬 재미있어."라면서.

란은 배드민턴에 몰두하고 있고, 올해 1월에 열리는 대회에서는 반드시 우승하고 싶다고 했다(실제로 그토록 간절히 원하던 첫 승리를 거두고 란은 울었다).

다시 곤의 이야기가 이어졌다. 달리기를 못했던 자기가 도쿠야의 도움으로 3천 미터 완주에 성공했다며 열변을 토했다.

지역 육상대회에서는 포환던지기에 출전했고, 역전 마라톤에서 히로토, 나오야, 요이치, 란, 2학기에 전학 온 신고까지 합세해 다섯 명이 출전해 총 21팀 중 20위였다고도 했다.

"역전 마라톤에 유스케가 있었으면, 순위가 더 높았을 텐데."

억울하다는 곤의 말에 유스케는 기쁜 표정이었다.

아이들은 온 힘을 다해 재미있게 이야기했다. 그 어떤 이야기도 열네 살이 아니면 얻지 못할 경험이었다. 그러나 유스케의 표정만으로는 그것을 어떻게 받아들였는지 알 수 없다.

"구다카에 놀러 와. 재미있잖아." 노노카가 말했다.

곤이 "3학기에 올 거지?" 하자, 유스케는 자신 없는 얼굴로 "모르겠어."라고만 답했다.

"왜?"

"구다카는 재미있었고, 여기서는 딱히 할 일도 없고, 지루한데……."

유스케의 중얼거림에 "그럼 오면 되겠네." 하면서 곤이 안달했다.

"또 지칠까 봐 불안해."

"아직 3학기가 있어. 3학기는 짧으니까 괜찮을 거야. 나도 응원하고, 다들 도와 줄 거라 믿어. 1학기밖에 안 남았으니까 힘내 보지 않을래?"

곤은 열의를 다했지만 유스케는 아직 난처한 표정이었다.

"아직 몰라. 어쩌면 안 갈 수도 있고." 곤도 마침내, "네 의지니까, 어쩔 수 없다." 하며 한발 물러섰다.

그러나 란은 다짐하듯 말했다. "꼭 와야 돼." 애써 가볍게 말한다는 것이 외려 이상하리만치 신묘하고 영험해 보이기까지 했다. 유스케는 대답하지 않았다.

창피해서 그런가 생각한 란은, "우린 널 기다릴 거야."라고 거듭 말했다.

"네가 오면 훨씬 더 즐거울 텐데." 노노카가 웃는 얼굴로 거들었다.

그날 밤도 트럼프를 한 다음, 유스케가 꺼내 온 보드게임을 마저 하고 놀았다. 1시간쯤 지나 세 아이는 앉은 채로 꾸벅꾸벅 졸기 시작했다. 이날 역시 유스케 혼자 의욕이 넘쳐서, "절대 안 재울 테다!" 하며 억지로 게임에 끌어들이고 흐뭇해했다.

구다카에 갈게

다음 날 아침 1월 4일에 노노카의 어머니가 데리러 왔다.

배웅하는 가족 속에 유스케는 없었다. 자기 방에서 꼼짝도 하지 않았다. 어머니가 몇 번이나 부르러 갔는데, "졸려." 하면서 가라앉아 있었다.

"다들 가니까 서운한가 보네요." 어머니가 대신 변명했다. 유스케는 사실, '이제 어젯밤처럼 즐겁게 놀지 못하겠구나.' 하는 생각에 저혼자 삐쳐서 잠을 잤다.

"여러 가지로 고맙습니다."

"또 놀러 올게요."

씩씩하게 돌아서는 친구들의 뒷모습을 유스케는 2층 창문에서 몰래 지켜보았다.

아소 산을 꼭 보고 싶다는 아이들의 바람대로 돌아가는 길은 구마모토에서 아소의 산기슭을 거쳐 오이타를 통과하고, 거기서부터 마쓰야마를 경유해 오사카로 가는 페리를 탔다.

"유스케 괜찮네."

"그렇게 멀쩡한데 왜 못 오는 걸까?"

"우리가 가길 잘한 걸까? 불안하네."

"우리 때문에 오히려 더 오기 싫어하면 어떡하지?"

돌아가는 차 안에서 아이들은 그런 대화를 주고받았다.

유스케 어머니가 노노카 어머니에게 메시지를 보낸 것은 다음 날이었다. 와 줘서 고맙다는 인사말 다음에 이렇게 쓰여 있었다.

"유스케가 구다카로 돌아갑니다."

이날에 대해 유스케의 어머니가 말했다.

"마지막 밤에는 친구들과 함께 자는 게 어떠냐고 했어요. 근데 자기는 여기서 잔다며 혼자 소파에서 자더라고요. 그때부터 이상했어요. 다음 날 배웅도 안 하고, 아이들이 돌아간 뒤에는 자기 방에서 나오지도 않아요. 그러더니, 그 다음 날에 갑자기 '엄마, 나 구다카로 갈 테니까 준비해 줘.' 하는 겁니다.

아무 준비 없이 들은 말이라, 쟤가 뭐래? 하는 식으로 멍하니 있었어요. 그러다 정신을 차리고, 이 기회를 놓치면 영 끝이다 싶어서 서둘렀어요."

유스케는 돌아갈 결심을 한 이유를 이렇게 설명했다.

"친구들이 와서 즐거웠어요. 다들 재미있는 얘기도 해 줬고요. 거기가 그렇게 재미있나? 그럼 돌아갈까? 그런 생각이 들었어요."

이때 내가 물었다. "만약 친구들이 안 찾아갔더라면 어떻게 했겠니?"

"아마 구다카에 다시는 안 갔겠죠."

곤이 나하 공항에 도착한 것은 전체 소집일인 1월 8일이었다. 이날은 각지에서 오키나와로 돌아오는 아이들을 사카모토를 위시한 스태프들이 공항에서 맞이했다. 일고여덟 명 정도 모였을까? 우치무라가 아이들을 향해 말했다.

"좋은 소식이 있습니다. 유스케가 섬에서 기다리고 있어요."

그 순간 아이들은 서로의 얼굴을 마주보며, 잠시 뜸을 들이다가, 일제히 환호성을 질렀다.

"아자!"

"유스케의 기나긴 여름방학이 드디어 끝났네요."

"축하 파티해요. 우리!"

지나가는 관광객들이 무슨 일인가 싶어 돌아보는데, 아이들은 전혀 개의치 않고 환호했다. 유스케를 복귀시킨 세 명의 아이들이 일약 스타가 되었다. 노노카와 란이 "유스케가 오라고 해서 간 거야."라고

서글서글한 태도를 보인 데 반해, 곤은 "이게 다 내 덕분이야."를 연
발해 아이들의 빈축을 샀다.

그런 이유로 학교에 갈까?

아이들이 모두 침대로 돌아간 후, 센터의 작은 사무실에서 나는 다
시 사카모토와 마주앉았다.

유스케의 등교 거부에 대한 사카모토의 견해를 듣고 싶었다. 사카
모토의 말대로 유스케는 남의 주목을 받아야 만족하는 아이다. 바꿔
말하면 영웅이 되고 싶은 것이다. 그런데 이상하다. 집안으로만 파고
들면 아무도 주목할 수 없지 않은가? 영웅이 되고 싶은 아이가 어째
서 제 방에 틀어박히는지 묻자 사카모토는 신기하고 말 것도 없다고
했다.

"주목받으려면 나름대로 노력이 필요합니다. 오델로 게임을 연달
아 하는 기획력, 퍼포먼스, 그것도 아니면 반에서 10등인 성적을 5
등 이내로 끌어올린다거나, 남의 주목을 받는다는 건 굉장히 힘든 일
이죠. 진짜 속마음은 그러고 싶은 건데, 반대의 상황이 될까 봐 두려
워요. 그걸 미리 걱정하는 겁니다. 싸워 보기도 전에 '아, 안 할래.' 하
고 도망쳐요. 비참하기 싫다, 지는 건 무섭다, 이런 마음에 싸우기 전
에 미리 포기해요. 유스케도 마찬가지입니다. 사실은 주목받고 싶은
데, 역량이 안 되니까 도피하고, 그게 집에서 꼼짝도 안 하는 행동으

로 나타나요. 아주 괴롭지요.

유스케 가족은 희한해요. 가족 순위가 있다는데요, 1위가 누나, 2위가 자기, 그 아래가 아빠, 꼴찌가 엄마래요. 부모님이 지나치게 무른 편이라 오히려 가족 간에 중요한 것이 결핍된 거죠. 아이들을 더 엄하게 키워야 한다고 봅니다. 분명 훌륭하신 부모님인데, 자신감이 없는 게 아쉬워요."

등교 거부는 그런 부모를 향한 메시지라고 사카모토는 말한다.

"아이는 부모를 바꾸기 위해서 문제 행동을 일으킨다고 봅니다. 이대로는 안 된다는 아이의 메시지죠. 유스케가 그 전형적인 예가 아닐까 생각해요. 그것을 부모님이 순순히 받아들이고 학습하지 않으면, 아이는 몇 번이고 문제 행동을 일으킵니다. 유스케의 부모님이 잘하신 건, 진지하게 제대로 아이의 문제와 마주하려고 한 점이에요. 그저 부모가 편한 대로 구워삶거나, 또는 지배하는 부모 밑에서 아이는 영영 변하지 않습니다. 부모부터가 변하려는 의지가 없으면 아이의 괴로움이 상당합니다."

구다카 섬에서 유스케가 학교에 잘 다녔던 이유는 센터에 있으면 게임도 못하고, 청소 같은 자잘한 일을 해야 하므로, 차라리 학교에 가는 게 편하기 때문이라고 했다. 한심해 보일 만큼 단순한 이유에 어이가 없어, 고작 그런 이유로 학교에 간다고? 했는데, 곰곰이 다시 생각하니, 등교 거부를 하는 아이에게 청소를 시키고, 게임기를 빼앗는 부모가 없다는 점을 생각하면 의외로 이런 단순한 이유가 지극히 마땅한 것도 같다.

가난한 시절에는 학교에 가는 것이 오히려 큰 즐거움이었다. 이를 뒤집어 보면 지금의 풍요로운 사회에서는 집 안의 모든 것이 지나치게 충족되고, 부모의 권위가 사라진 것이 등교 거부라는 선택지를 만들었다고 볼 수 있다.

8장 겐지처럼 살고 싶어

도쿠진 항에서 완만한 언덕을 끝까지 올라 오른쪽으로 돌면, 레스토랑 '도쿠진' 건물이 보인다. 그 앞쪽에 있는 밭에서 흰 연기가 피어오른 것은 설이 지난 지 얼마 안 된 어느 날이었다. 오후 2시경이었는데 구다카 섬을 향해 가던 페리에서도 보였다니 상당한 양의 연기였던 모양이다. 이 화재로 밭에 무성했던 마른 풀이 다 탔다.

5교시 수업 중이던 구다카 초중학교에 화재 소식이 전해지자 교사들은 일제히 수업을 중단하고 학생들과 양동이를 들고 소화 작업에 나섰다. 마침 근처에서 밭일을 하던 아주머니들과 관광객까지 합세해 10분 만에 불은 진화되었는데, 우연히 방송국 헬리콥터가 상공을 날다 화재 현장을 취재해 저녁 뉴스에 보도되었다. 게다가 다음 날에는 지역 신문 '류큐 신보' 1면에 〈화재 현장 '달려라 달려!' 양동이 릴레이, 50명이 하나가 되어 진화〉라는 표제어로 크게 보도되었다.

불이 꺼지고 얼마 지난 뒤 사카모토가 화재 현장 앞에 섰다. 그것을 본 우치무라가, "어머, 범인이 스스로 현장 검증 왔나 봐." 하며 깔깔댔다. 그런 이야기를 면전에서 아무렇지 않게 할 수 있는 사람은 그녀밖에 없을 것이다.

사실 화재 원인을 제공한 사람이 사카모토였다. 상당히 고령화된 섬 주민은 잡초가 무성한 밭을 돌볼 여력이 없다. 그러다 보니 사카모토에게 밭을 맡기는 경우가 많은데, 그날도 부탁받은 밭에서 잡초를 뽑고 마른 풀에 불을 붙여 태우는 중이었다. 그런데 바람에 휘날려 생각지도 않게 불이 번지고 말았다.

불이 진화된 후, 나는 정말 구다카답다고 느꼈다. 불을 낸 사카모토를 그 누구도 질책하지 않는 것이다.

"섬사람이 되는 의식을 안 해서 그렇다는 둥, 2003년에 스태프가 사망한 사건과 관련해 고인이 저승에 가지 못하고 이승에서 떠도는 게 아니냐는 둥, 이런저런 말도 들었어요. 어떤 분은 꿈속에서 그 밭을 깨끗하게 정리해야 한다는 계시를 받았는데, 그 꿈을 꾼 직후에 사카모토 씨가 밭을 태웠다고 하더라고요.

그래서 사카모토 씨가 '그럼 내가 그 밭을 깨끗하게 한 거나 마찬가지네요?' 했더니, '응, 깨끗해졌네.' 하더래요. 아무도 잘못을 탓하지 않아요."

나도 현장 근처에서 식당을 운영하는 할머니에게 들은 말이 있다.

"땅에는 각각의 신이 있는데, 마침 그 밭의 신과 사카모토의 궁합이 안 좋았던 게야."

물론 피해가 없기도 했지만, 다른 이를 비난하지 않는 부분이 실로 구다카답다. 이것이 이 섬의 배려와 매력이다.

<u>겐지가 되고 싶어</u>

사카모토는 1960년에 4남 1녀 중 차남으로 요코하마에서 태어났다. 아버지는 면을 수입 판매하는 가게를 운영했는데, 꽤 힘들었는지 사카모토에게는 '엄청 가난했던' 기억밖에 없다.

사카모토는 성적이 좋았다. 근처 국립대학도 어렵지 않게 들어갈 수 있는 정도였지만, 그는 식량부족 해결에 관심이 있어서 류큐 대학 농학부에 입학했다.

"식량 부족은 경제의 불균형, 인구의 불균형이 문제라고 생각했는데, 아무래도 잘못 생각한 게 아닐까 싶었어요. 불균형을 만들어 내는 사회적 기반, 즉 자본주의라고 하는 사회구조에 문제가 있다는 생각이 들었죠.

애초부터 식량이 부족한 사회를 왜 만드는 것인지, 그에 대한 의문과 해답을 찾지 않으면, 식량을 아무리 늘려 생산해도 의미가 없어 보였어요. 처음에 과소 지역의 재생에 뜻을 두었는데, 그 다음 단계로 넘어가지 못하고 어림짐작만 하고 있었습니다."

이것이 나중에 유학센터를 설립하는 밑바탕이 되었다.

사카모토는 사실 그때까지만 해도 산촌 유학이라는 단어조차 몰랐다. 다만 시골, 교육, 농업을 연결짓고 있었는데, 오래 된 신문을 정리하다 우연히 '산촌 유학'에 대한 기사를 접했다. '이미 하고 있는 사람이 있구나.'라는 생각에 이곳저곳의 자료를 모아 견학을 했다. 그 무렵 일본에서 처음으로 산촌 유학을 시작한 '기르는 모임'에 마음이 끌렸다.

'기르는 모임'의 이사장인 아오키 다카야스는 저서《아이들의 삶과 자연 체험》중에서 '산촌 유학이란, 도시의 아이들이 부모 품을 떠나 나가노 현 신슈의 시골 마을로 1, 2년 단위로 이주해 현지 학교에 다니면서 전담 지도 교사와 함께 다양한 자연 체험, 노동 체험을 하는 제도'라 밝혔다.

초등학교 교사였던 아오키가 1968년에 나가노 현 야사카무라에서 자연 체험 활동을 시작한 것이 '기르는 모임'의 시초다. 현재 직영 시설은 3군데이며 전국 각지에 지도 교사를 파견하고 있다. 사카모토는 아오키 이사장을 오키나와에 초청해 포럼을 열기도 했다.

사카모토는 미야자와 겐지에게 처음부터 관심이 있었던 것은 아니었다. '겐지 학교발도로프 교육을 도입한 프리스쿨 설립자 도리야마 도시코가 출연한 텔레비전 프로그램을 보고, 이에 매료되었다.

"무슨 일이 있어도 만나야겠다는 생각에 당시 이와테에 계시던 겐지 학교 설립자 도리야마 씨를 찾아갔어요. 그 후로도 오키나와에서 몇 번이나 도리야마 씨의 워크숍을 열었지요. 어덜트 칠드런에 관한 주제가 많았어요. 도리야마 씨는 그런 증상이 있는 사람들에게 아무리 논리적으로 가르쳐 봤자 잠재의식이나 성장 과정에 있었던 트라우마, 억압된 부분이 반드시 표출된다고 했습니다. 어떤 일이 있었고, 그것이 어떤 의미를 가지는지, 눈에 보이지 않는 부분을 말로 설명해 주는 것이죠. 눈이 번쩍 뜨였어요."

"눈에 보이지 않는 부분을 말로 설명한다는 것이 무슨 뜻인지요?"

"가령, 아이가 말을 걸면, '무슨 소리야? 나 바빠.' 하고 거절하는 엄마가 적지 않아요. 그 엄마도 할머니에게 같은 취급을 당했던 거죠. 그것을 아이가 고스란히 답습하고, 어른이 되어서 같은 일을 되풀이합니다. 이제 그만 과거에 짊어졌던 그 짐을 내려놓고, 새로 태어나자는 취지를 일러 주는 거예요.

실제로 워크숍에서 아이의 문제 행동은 곧 부모의 문제인 경우를 많이 보았습니다. 엄마가 빡빡한 마음을 버리면 아이들이 예뻐져요. 자식은 부모를 기르려고 문제 행동을 일으키는 거라 느꼈습니다.”

1997년에 있었던 ‘고베 어린이 연쇄상해살인 사건^{14세 중학생이 초등학생 2명을 살해하고 3명에게 중경상을 입힌 사건}’을 보면서 사카모토는 민족의 기반인 ‘가족’이 와르르 무너져 내리는 절망감이 들었다.

사카모토는 도리야마의 워크숍을 통해 자신이 가야 할 목적지를 찾았고, ‘자신의 세계를 넓혀 가는’ 사카모토에게 도리야마는 존경심을 가졌다.

사카모토는 도리야마의 워크숍을 통해 ‘원ONE^{okinawa Nature Experience} 네트워크’ 같은 전통 놀이와 자연 체험만으로는 등교 거부나 은둔형 외톨이 문제가 해결되지 않는다는 사실을 깨닫기 시작했다.

문제의 근원이 부모이기 때문에 부모가 사고방식이나 삶의 방식을 고치지 않는 한 절대 해결할 수 없다고 믿었다.

도리야마의 활동은 사카모토에게 강한 영향을 끼쳤지만, 도리야마는 단순히 프리스쿨의 형식을 취하는 데 반해 사카모토는 ‘전국에 몇만 개나 되는 공교육이 함께 변하지 않으면 미래가 없다’는 생각에 변함이 없었다.

1997년 사카모토는 초등학교 5학년에 올라가는 아들을 나가노 현의 ‘기르는 모임’으로 유학 보냈다. 초등학교 5학년이 유학 적기라는

말을 들은 탓도 있지만 '아들을 먼저 시켜 보지 않고는 내가 이 일을
계속할 자격이 없다.'고 생각했다. '사카모토가 뭘 알겠어?'라는 말을
듣지 않기 위해서라도 실험이 필요했다.

시업식에는 아내가 동반했다. 다녀온 아내는 '왜 이런 힘든 일을 내
게 시키느냐?'며 3주 동안이나 사카모토를 외면했다. 1년이나 아이를
떼어놓아야 하는 부모 입장에서는 심장이 찢어지는 고통일 것이다.

구다카 섬을 만나다

2007년 7월, 사카모토는 '원 네트워크' 회의 차 구다카를 찾았다.
이미 두 번의 캠프를 통해 얼굴을 익힌 사람도 많았다. 섬에서는 관
광숙박 시설인 '교류관'을 한창 건설 중이었다.

구청 관계자들에게 "제게 시설을 좀 빌려 주십시오."라고 했다. 함
께 있던 학부모 모임 회장 후쿠지 도모모리가 이유를 물었다.

사카모토는 마흔 살 전에 산촌 유학을 시작하고 싶다는 뜻을 설명
했다. 후쿠지가 그 자리에서 동의해 주었다.

"구다카 섬에서 산촌 유학을 하세요."

구다카 섬은 1980년대 들어 인구가 줄었고, 1990년대에는 거의 매
년 폐교 문제가 거론되었다. 폐교를 막기 위해 이미 다른 곳으로 이
주한 사람들도 나서서 친척 아이를 보내거나, 아이를 데리고 섬으로
다시 돌아오는 사람도 있었지만 대부분은 무관심했다.

이 해 초등학생은 10명 정도, 중학생은 2명, 그나마 다음해에는 1명으로 줄어들 예정이었다. 그 한 명의 중학생이 후쿠지의 아들이다. 후쿠지 역시 아들이 혼자 남는다면 본섬에 있는 학교로 전학시킬 생각이었다. 그렇게 되면 구다카 중학교는 당연히 폐교된다.

비용이 많이 드는 벽지 학교는 폐교시키는 것이 행정 당국의 기본 방침이었다. 오키나와 개발청은 뱃시간을 앞당기고 마지막 배편을 늦추면 구다카 중학교는 폐교되더라도 후쿠지의 아들은 본섬으로 통학이 가능하다고 설명했다. 그러나 현실은 녹록치 않을 것이 뻔했다.

섬에서 아이들의 모습을 볼 수 없다면 섬의 미래 또한 없는 것이나 매한가지다. 섬에서 나고 자란 사람들에게는 몹시도 허전하고 아쉬운 일이다.

"구다카 섬 사람들이 바란다면 저는 좋습니다."

사카모토가 말했다. 발동이 걸린 사카모토는 활력이 생겼다.

"모르는 애들이 들어와서 섬을 망치면 어쩌려고?" 하고 반대하는 주민들의 설득은 후쿠지가 도맡았다. 학부모 모임과 구청장이 모여 머리를 맞댄 끝에 산촌 유학을 받아들였다. 1년 동안이라는 시간적 제한을 두었으나, 건설이 한창인 교류관을 이용하기로 결정했다. 구다카 중학교가 폐교되기 직전이었다.

아내는 반대했다. 오키나와 본섬에서 하던 장사를 저버리고 구다카 섬에 갈 수는 없었다. 별거에도 동의할 수 없었다. 그러나 희망에 부푼 남편의 얼굴을 외면할 수 없어, 결국 허락하고 말았다.

보조금 없이 시작하려면 손익분기점이 9명이다. 사카모토는 만약 7명을 채우지 못하면 포기할 생각이었다. '기르는 모임'의 아오키 이

사장도 아직 조건이 갖추어 지지 않았으니 좀 더 기다려 보는 것이 어떠냐고 충고했다.

"이사장님, 저는 10년을 기다렸습니다. 이제는 더 이상 물러설 수 없습니다."

사카모토는 단호했다. 4월까지 9명의 아이들을 모집해야 했다. 사카모토는 서둘렀다. 모집 방법도 몰랐으며, 시간조차 여유가 없었다. 우선 중학교 3학년에 올라가는 아들부터 집어넣었다. 아내는 한 번 떼어 놓았던 아들을 또 떨어뜨려야 하느냐며, 맹렬히 반대했다. 그러나 아내는 결국 사카모토의 뜻에 항복하고 말았다.

입학식 전까지 사방으로 뛰어다니고, 도리야마의 도움을 받아 남자아이 8명, 여자아이 6명, 모두 14명이라는 생각지도 못한 큰살림이 차려졌다.

세상이 위험하다

기타지마 사부로의 노래가 흘러나온다. 센터 부엌에서 우치무라 다마코가 노랫소리에 맞춰 머리를 흔들며 저녁 준비를 하고 있다. 머리에 두른 하치마키천을 꼬아 머리에 두르는 띠가 아주 잘 어울린다. 방금 축제에서 가마라도 짊어지고 온 듯한 모양새다. 우치무라는 기타지마 사부로의 열렬한 팬이다. 오키나와 민요도, 레게음악도, J-POP도 관심 밖이고, 오직 기타지마다.

아이들이 '다마 언니'라 부르며 따르는 우치무라 다마코는 도쿄 아오야마에서 나고 자란 도쿄 토박이다.

'보너스를 달라.'며 사카모토와 담판을 짓고는 태연하게 "어차피 돈은 필요하잖아요." 하는 사람이며, 쥐꼬리 만한 월급을 타면서도 자기 실수로 망가뜨린 것은 사비를 털어 깔끔하게 새로 사다 놓는 모습이 또한 도쿄사람답다. '센터' 설립 초기에 학생을 모집하기도 전에 먼저 일하겠다고 찾아온 사람도 그녀였다.

사카모토가 "학생이 안 모이면 일이 없으니까 지금은 안 되겠네요."라고 했더니, "전단지를 돌릴게요." 하면서 무작정 찾아왔다.

우치무라는 센터에서 일하게 된 계기에 대해 이렇게 말했다.

"밭일을 하면서 바다에서 놀고, 아이들과 함께 살지 않으실래요? 하는 모집 광고를 보았어요. 짧은 문장이지만 내가 하고 싶었던 일이 다 들어 있었지요. 사카모토 씨가 그리고 있는 이미지가 제 머릿속에 쏙 들어왔어요."

우치무라는 어떤 일이든 직접 몸으로 부딪치는 사람이다.

"애들은 하루가 다르니까, 안 쉬어도 돼요." 하면서 24시간 쉬지도 않고 아이들의 모든 것을 끌어안았다. 그렇게 2, 3년이 지나자 정신적 피로를 감당하지 못하고 녹초가 되었다. 아이들에게 시어머니처럼 잔소리를 해 대는 사람도 그녀요, 아이들이 진심을 털어놓을 수 있는 사람도 그녀다. 우치무라에 대한 아이들과 부모, 그리고 섬사람의 신뢰는 절대적이어서 사카모토에게 하기 어려운 이야기도 그녀에게만은 쉽게 풀어 놓는다.

"애들아, 좀 도와 줘."

소리가 잘 울리는 부엌에서 짜랑짜랑한 우치무라의 목소리가 들린다. 센터에서 사카모토가 '아빠'라면 우치무라는 '엄마' 같은 존재다.

"왜 유학센터를 만들었어요?"

다시 한 번 직접적인 이유를 물었다.

"세상이 위험하니까요."

농담이 아닌 진지한 표정이었다.

"병든 이 사회가 10년 뒤에도 20년 뒤에도 계속 되리라 보시나요? 앞으로는 정말 살기 힘든 세상이 될 겁니다. 그때 당황하지 않고, 다 같이 어떻게든 헤쳐 나갈 수 있는 사람들이 이곳에서 자란다고 생각하면 기분이 좋습니다."

사카모토가 말을 이었다.

"아이들이 여기서 평범하게 할머니들과 밭을 일구고, 그 아이들이 나이를 먹어도 밭이 여전히 있으며, 아이들이 또 돕는 세상, 그런 것들이 일본에 필요하다고 봅니다."

구다카 섬 유학센터는 아오키 다카야스의 '기르는 모임'처럼 일부러 학교에서 먼 산속에 학교를 지어 1시간 이상을 걸어서 통학시킬 수도 없고, '겐지 학교'처럼 학부모 모임을 빈번하게 가질 수도 없다. 고기잡이나 운동회 때 맞춰 고작해야 1년에 네다섯 번이 전부다.

구다카 섬은 본토에서 한참 떨어졌고, 그리고 작다.

사카모토는 그런 문제점에 대해 이렇게 말했다. "이렇게 먼 데서 제가 그런 부분을 고치고자 메스를 들이댄다면, 낫기는커녕 아물지 않은 상처를 벌리는 셈이 됩니다."

그래서 전화나 편지로만 아이에게 어떤 문제가 있는지 전달하는 정도로 그친다. 그리고 여러 다양한 상황을 고려하면 미온적이긴 하지만 그것이 가장 좋은 방법이라는 것이 사카모토의 생각이다.

하지만 앞서 말했듯이 이곳은 보조금이 없는 만큼 수업료가 비싸다. 사카모토는 그 정도의 비용을 부담하는 만큼 문제가 있는 아이가 찾아오리라 일정 부분 각오했었다. 하지만 막상 뚜껑을 열어보니 1기생은 무려 80퍼센트가 등교거부아였다.

행정 기관에서는 등교 거부 문제에 깊은 관심을 보이며, 등교 거부에 대한 대책을 내세울 경우 예산 지원이 가능하다고 했다. 그러나 사카모토는 '적극적으로 등교 거부를 내세울 마음'이 없었다. 어디까지나 '앞으로의 세상을 짊어질 인재를 키운다.'는 이념을 고집했다. 이렇게 해서 구다카 섬 유학센터는 이념과 현실의 크나큰 괴리를 고스란히 안은 채 2001년 문을 열었다.

등교거부아만 모여서 시작하다

1기생 중에서 섬사람들이 가장 예뻐한 아이가 히로토를 많이 닮은 개구쟁이 료였다. 훗날 히로토를 센터에 소개한 것도 료다.

료는 중학교 1학년부터 2학년까지 2년 동안 학교에 가지 않았다. 료는 과민성 대장 증상으로 자주 화장실을 갔었다. 그게 싫어서 '하루만 쉬려고 했던 것이 어느덧 2년이 흘렀다.'고 했다. 열네 살 생일에는 학교에 가고 싶어서 센터를 찾아왔는데, 섬의 흙을 디디는 순간, "바로 여기야." 하면서 학교를 둘러보기도 전에 결정했다. 구다카에 와서는 '어떤 보이지 않는 힘'에 이끌려 자연스럽게 학교에 다녔다. 하루도 쉬지 않았다.

료의 부모는 아이가 어렸을 때 이혼했다. 아이는 아버지의 얼굴을 모른다. 아버지가 자신을 버렸다는 생각에 처음에는 아버지와 비슷한 나이의 사카모토와도 거리를 두었다.

그러던 어느 날, 사카모토를 찾아왔다.

"오늘부터 아빠라고 불러도 돼요?"라고 했다. 사카모토는 당황해서 아들 앞에서 어떤 답을 해야 좋을지 망설였다. 료는 "말도 안 되죠?" 하고 얼버무리면서 가 버렸다. 사카모토는 이 일을 어제 일처럼 생생하게 기억한다.

상태가 심각한 아이도 있었다. 다카오다. 다카오는 학교를 거부하고 가끔 교장실에서 교장과 마주 앉아 바둑이나 장기를 두었다. 시업식이 2, 3주가량 지났을 때, 교육위원회에 등교 거부 사실을 보고해야만 했던 교장은 침대에서 잠을 자던 다카오를 닦달해 교복을 입히고 현관까지 데려갔다. 거기까지는 괜찮았는데, 신발을 신으려고 허리를 굽히는 순간 아이가 꼼짝도 안 했다. 실랑이 끝에 교장은 노발대발했고, 다른 교사들이 쫓아오면서 한바탕 소동이 일었다. 섬사람들이 이 광경을 보고는 처음으로 등교 거부의 실태를 이해하게 되었다.

아이들은 다카오를 어떻게든 밖으로 끌어내려 갖은 수를 썼지만 허사였다. 이때 료가, "다카오, 야구 좋아하지? 우리 둘이 야구부를 만들자."라는 말을 꺼냈다.

그리고 단 둘이 야구부를 만들었다.

"내가 주장이고, 다카오 네가 부주장이야."

부원이 두 명인 야구부에 야구 경험자 코치가 다섯이나 되었다.

수업 마칠 무렵이면 "야구부 연습하자." 하고 데리러 오는 친구를 기다리며 다카오는 글러브를 손에 미리 들고 서성였다.

"그게 두 아이도 즐겁고, 성장의 기쁨도 함께 느꼈을 겁니다."

사카모토가 말했다.

도모야도 등교 거부로 수업을 못 따라가는 바람에 고등학교에 떨어졌다. 중학교 3학년으로 다시 들어오기 위해 구다카를 찾아왔다. 집에서는 이불을 싸매고 들어앉아 지냈는데, 억지로 데리고 나가려는 선생님에게 반항하다 벽에 구멍을 낸 적도 있었다.

얼마 뒤, "도모야는 어쩌고 있나요?" 하고 엄마가 전화를 했다. 사카모토가 "아, 건강하게 학교에 잘 다니고 있습니다."라고 하자, 엄마는 "정말인가요?" 하면서 수화기를 붙들고 펑펑 눈물을 쏟았다. 2004년 4기생 때 도모야는 사카모토 밑에서 스태프로 일했다.

미호는 귀엽고 애교 많은 아이다. 그러나 정서 불안이 있어서 시시각각 변했다. 생글생글 웃다가도 갑자기 침울해졌다. 그때마다 우치무라는 밤을 새워 아이를 다독였다.

미호는 "싫어"라는 말을 못했다. 남에게 싫다는 말을 못하면 인간관계를 제대로 맺을 수가 없다. 걱정이 된 아이들이 "안 돼, 싫어"라는 말을 하도록 연습을 시켰다.

저녁을 먹고 나면, "이제 숙제를 보여 달라고 할 거야. 너는 싫다고 말해 봐." 하고 단단히 일러 둔 뒤에 숙제를 빌려 달라고 했다. 그런데 미호는 도저히 못하겠다며 고개를 저었다. 연습이라고 아무리 타

일러도 결국 실패했다.

그랬던 미호가 수학여행 직전에는 "수학여행 안 갈래. 집에 갈 거야." 하더니 짐을 쌌다. 함께 여행을 가고 싶었던 료가 밤늦도록 설득했는데, 미호는 뿌리치고 집으로 가고 말았다. 아이들은 수학여행지인 구마모토로 예정대로 출발했다.

그러더니 여행 이틀째 날 느닷없이 미호가 아이들 앞에 나타났다. 료가 기뻐 어쩔 줄 몰랐다. 료는 구다카로 돌아오는 날까지 들떠 있었다.

모유루는 센터에서 가장 특이했다. 우선 채소는 전혀 먹지 않는다. 음식을 남겨서는 안 되는 센터의 금지 사항에 맞춰 우치무라는 채소를 다른 아이의 3분의 1밖에 주지 않았다. 그마저도 먹지 못하고 끝내는 스스로 당근이나 오이 따위를 잘게 칼질해 보리차로 삼켜 버렸다.

가쿠는 오키나와 현에서 손꼽히는 성적이었는데, 제 스스로 "귀엽지 않은 아이였어."라고 할 정도로 비뚤어져 있었다.

부모의 이혼 뒤, '어쩐지 부모님이랑 같이 살면 안 될 것 같은' 생각에 구다카를 찾아왔다. 내면의 결핍을 채우지 못했는지, "국수를 3kg인가, 장난이 아닌 양을 먹었다."고 우치무라가 귀띔했다.

어른을 향한 불신이 심했으며, 초등학생 때 교사에게 도둑 취급을 당했던 트라우마가 있어서, 교사에 대한 반발 역시 보통이 아니었다. 물론 사카모토에게도 자주 덤벼들었다. 그러면서도 어린 아이들에게는 다정했다.

가쿠에게 상당한 애정이 있었던 사카모토는 졸업식 때 아이를 끌어안고 소리 내어 엉엉 울었다.

가쿠는 지난 섬 생활을 떠올리며,

"섬에 있으면 내 인생이 새로 시작되는 기분이었어요. 언제까지 불평하며 살 순 없다는 생각이 들더라고요."

완전히 독기 빠진 순한 얼굴로 당시를 회상하며 말했다.

이들을 한데 모은 것이 아빠와는 달리 성격이 밝은 사카모토 아들 다쓰로였다. 우치무라는 다쓰로가 "다마 누나는 스태프 일이 처음인 것 같지 않아. 아까운 인재란 말이야."라고 한 말을 아직 기억한다.

이들 14명 중에는 등교 거부 역사 10년의 '최고 강적'도 있었지만, 다카오를 뺀 나머지 11명은 센터에 들어오고부터 별 탈 없이 학교에 다녔다. 다카오가 아무리 심해도 절반 이상은 등교했으니, 등교 거부를 하는 아이를 가진 부모 입장에서는 말짱한 얼굴로 학교에 다니게 해 주는 구다카 섬 유학센터가 마치 '마법의 집' 같았다.

1기생은 사카모토에게도 우치무라에게도 첫 경험이다. 암흑 속을 헤매는 것처럼 얼이 나간 아이들과 마주해야 했다. 한밤중에 사라진 아이들을 찾아 교사들을 동원해 찾아다니기도 했고, 방과 후에는 아이들을 매일 바다에 데려 갔다. 밤이면 또 밤대로 우치무라는 아이들의 하소연을 들어 주었다. 수면 시간이 서너 시간밖에 안 되는 고된 날들이었는데도 우치무라는 '그렇게 즐거울 수가 없었다.'고 했다.

숙소로 사용한 교류관은 1년 계약이었다. 1년 동안의 시범 운영으로 시작한 것이나 마찬가지다. 아이들이 문제를 일으키면 언제 어느 때 폐지해야 할지 알 수 없었다. 사카모토와 관계자들은 마음 편히 쉴 수 없었고, 24시간을 꼬박 채워 일을 했다.

'1기생은 1년이라는 제한된 시간 동안 달리는 단거리 선수'였다고 사카모토는 표현했다.

센터 안에서는 여러 문제가 발생했지만 다행이 섬사람에게 좋은 평을 얻은 덕에 구다카 섬 유학센터는 이후로도 계속 유지할 수 있었다.

도미의 사고사

첫 해의 3학기가 종반을 향해 가고 있을 무렵 우치무라의 어머니가 갑자기 쓰러져 일을 계속할 수 없게 되었다. 그런데 우연히도 그의 사직을 앞두고 '구다카 섬에서 살고 싶다'며 찾아 온 여성이 있었다. 도미타 미에코였다. 아이들은 그녀를 보통 '도미'라고 불렀다. 겁이 많고 자신감이 없으며, 약간 미덥지 못한 부분도 있었는데, 도미는 그런 스스로를 혐오하고 있었다.

아침 해를 보겠다며 해안까지 가서는 그대로 해변에서 잠들어 버리고, 입원한 할머니 병문안을 가서 할머니 침대에서 잠을 잤다. 그러나 아이들이 쓰는 비속어를 허물없이 흉내 내는 털털함에 미워할래야 미워할 수 없었다.

1년이 지나자 도미타는 센터 생활에 안정을 찾았다. 그녀에게 종종 짜증을 느끼던 아이들도 괜찮아졌고, 사카모토도 믿음직스러워했다.

이와는 별도로 빈번하게 발생하는 아이들의 문제 행동에 사카모토는 골머리를 앓았다. 2년째 들어 다양한 문제가 터지면서 심신이 편할 날이 없었다. 거식과 과식을 번갈아 반복하는 아이, 손목을 그은 아이, 갑자기 사라지는 아이, 도둑질을 하거나 한밤중에 놀러 다니는 아이가 속출했다.

3년째가 되었을 때 총 인원 14명 중 무려 8명이 흡연으로 속을 썩였다. 야단을 치고 담배를 빼앗아도 막을 수가 없었다. 사카모토는 '이 일을 계속하는 의미가 있기는 한가?' 고민했다.

"문제아들을 데려다 학교와 지역에 민폐를 끼치고, 그만두겠다는 아이를 억지로 끌어다 앉혀 또다시 엄격한 생활을 시키다니. 대체 뭘 하는 건지 싶었어요. 나아지기는커녕 날이 갈수록 힘든데, 의미 없는 짓을 하는 게 아닌가, 그런 생각을 하고 있는데…….."

도미가 물에 빠져 죽고 말았다. 그의 나이 향년 25세였다.

사카모토는 도미의 사후에 발간한 유고·추도 문집 '니라하라^{오키} 나와에서 말하는 이상향, 유토피아 여행'에 2003년 10월 11일에 일어난 사고에 대해 다음과 같이 적었다. 조금 길지만 가능한 한 정확하게 인용하려 한다.

점심을 먹고 나니 오랜만에 비가 그치고 하늘이 개었다. 섬 아이들이 놀러 왔다. 내가 바다에 가자고 제안해 9명의 아이들과 도미와 함께 바다에 가게 되었다. (생략)

(우바마 해변에) 도착해 보니 바로 앞바다는 물이 발목 정도까지밖에 차지 않아 물놀이를 할 수 있는 상태가 아니었다. 물가에서 놀려고 했던 예상이 빗나갔다. 최근 들어 도미가 시작한 공작을 돕기 위해 모래밭에서 유리 조약돌을 주우려 했는데, 아이들은 거침없이 점점 바다 쪽으로 들어갔다. 나

도 뒤쫓아 들어갔다. 파도가 높은 이안류까지는 100미터 정도였다. 중간 지점에 다다르자 겨우 무릎 높이까지 찼다. 나는 이제 그만 들어가자고 했지만 다른 한 명이 조금 더 들어가자고 해서 괜찮겠지 싶어서 앞으로 5미터 나아갔다. 이안류로 부서진 파도가 이 주변에서는 가슴 높이 정도의 파도가 된다. 거기서 한 줄로 나란히 서서 다가오는 파도를 부딪고 놀았다. 조금도 위험하게 느껴지지 않았다. 아이들도 모두 파도를 즐기고 있었다. 도미는 그 때 가장 북쪽에 있었고 K와 함께였다.

나는 물살만 신경 쓰고 있었다. 상황에 따라서 이안류 내의 물이 강물처럼 북쪽을 향해 흘러가는 것을 몇 번인가 경험했다. 하지만 그 때 그럴 만한 기색은 전혀 없었다. 몇 번인가 큰 파도가 왔다. 몸이 번쩍 떠오를 정도였다. 그 파도가 지나가고 뒤를 돌아 해변의 상황을 보니 옆으로 이동했음을 확인할 수 있었다. 하지만 그것은 북쪽이 아니라 남쪽이었다. 무슨 일이 일어났는지 이해할 수 없었지만 아무튼 나는 곧 바로 큰 소리로 모두에게 돌아가라고 외쳤다.

그러던 차에 또 큰 파도가 왔다. 몸이 붕 떠올라서 순식간에 남쪽으로 수십 미터 밀려갔다. 발밑의 바다색이 바뀌었다. 이안류 바깥으로 나왔다. 나는 나보다 남쪽에 있던 2명을 찾아 쫓아갔다. 우선 T를 잡았다. 손을 잡고 있으면 오히려 수영할 수 없어서 잡아끌어서 이동시켰다. 얕은 곳이 바로 코앞에 보였다. 나는 T를 격려한 다음, 그보다 수영을 잘 못하는 S에게 쫓아갔다. S는 10미터나 더 휩쓸려갔다. S의 수영 실력으로 보아 이런 상황이라면 헤엄치기보다 그냥 떠 있는 것이 최선이었다. 나는 그의 가랑이 사이로 왼손을 넣어 허리춤을 잡아 끌어안고, 한 손으로 헤엄쳤다. 열심히 앞으로 나가려는데 정면으로 물살이 몰려오더니 뒤에서는 큰 파도가 덮쳤다. 바로 앞에

암초가 있는데, 한 걸음 나아가면 다시 한 걸음 되물리는 통에 도무지 닿지 않았다.

문득 고개를 들었다. 다들 어떻게 되었을까? 무사히 돌아갔을까? 어림도 없었다. 모두 북쪽 방향에서 죽을힘을 다해 헤엄치고 있었다. 나는 이제 어쩔 수 없다고 생각했다. 상황이 심각하게 나빴다. 여러 가지 생각이 머리를 스쳤다. 물속을 들여다보니, 바로 앞에 얕은 물이 보였다. 하지만 아무래도 다가갈 수가 없었다. 코앞까지 갔다가도 파도에 밀려 되돌아왔다.

도중에 두 번 큰 파도에 휩쓸렸다. 2미터 정도 잠겼던 것 같다. 이때 만약 S가 정신을 놓으면 그대로 끝날 상황이었겠지만, 그도 숨을 멈추고 필사적으로 참고 있었다. 그런데 누군가 뒤에서 등을 밀었다. 분명 자신을 버리고 S와 나를 구하려고 한 행동이다. (나중에 K2라는 것을 알았다.)

그런 상태가 어느 정도나 계속되었는지, 15분? 20분? 그쯤이라고 느꼈지만, 어쩌면 그보다 훨씬 더 길지도 더 짧을지도 모른다. 갑자기, 정말로 갑자기 발밑에 땅이 있었다. 나는 S를 끌어 올리고는 곧 바로 그 곳에서 벗어났다. 물살이 멈춘 것 같았다. 모두가 차례차례 올라왔다. 걱정했던 T, 유일하게 유학생이 아니었던 A, 그리고 가장 수영을 못하는 K도 남쪽 방향에서 걸어왔다. 하지만 아무리 봐도 한 명이 부족했다.

수영을 아주 잘하는 도미가 물에 빠질 리가 없다고 생각했다. 도미보다 조건이 나빴던 나와 다른 아이들이 무사했기 때문에 추호도 의심하지 않았다. 큰 소리로 도미의 이름을 불렀다. 그런데 어디에도 없었다. 나는 S를 육지에 데려다 주고 나서 차로 사람을 부르러 갔다. 어부에게 배를 빌릴 수밖에 없다고 생각했다. (생략)

아무렇지 않게 도미가 기다리고 있기를 빌고 또 빌었다. 그러나 사태는 바

도미의 시신이 발견된 것은 다음 날이었다.

아이들이 '제 몸 만한 파도와 부딪쳤다 해변에 떨어져서 깔깔거리는' 일은 흔히 있었다. 다소 위험성은 있지만 몸 속 깊이 잠들어 있던 감각들이 눈을 뜨는 느낌과도 같은 것이다. 그럴 때의 아이들은 생동감이 넘치고 활기차다. 가능하다면 말려야 하지만 아이들이 원하는 놀이와 학습을 마음껏 즐기게 해 주고 싶다. 사카모토의 마음은 그랬다. 하지만 그것이 스태프의 죽음이라는 최악의 사태를 초래했다.

이제 와 원인에 대해 왈가왈부한들 아무 소용없지만 얕은 물에도 분명 강한 물살이 존재한다는 것을 몰랐던 사카모토의 책임이기도 했다.

"도미의 장례식을 치른 후, 섬사람들에게 사죄를 하고, 엄한 꾸중도 들었습니다. 이 일을 계속할지에 대해서는 그때 판단하려고 했는데, 아무도 그만두라고 호통을 치는 분은 없었어요. 그렇다면 도미를 위해서라도 계속 해야 한다고 믿었습니다. 그렇게 결심한 이상은 이제 이 일을 끝까지 완수하는 것이 제 사명이라고 생각합니다."

9장 아직 변신 중

시끌벅적하던 설이 지나면 곧 졸업식이다. '최강 선배' 다쓰노리, 히로토, 요이치, 나오야도 이 해에 졸업한다. 이 날 졸업식은 감동이었다. 란이 졸업식 분위기를 한껏 띄워 주었다.

졸업식 때는 '졸업하는 선배에게 바치는 송사'를 낭독한다. 인원이 적어 후배가 졸업하는 선배의 이름을 한 명씩 호명하며 추억담을 발표하는데, 보통은 '○○선배, 배드민턴을 가르쳐 주셔서 고맙습니다. 고등학교에 가서도 열심히 하세요.' 정도의 평범한 내용이지만, 당사자들은 가슴이 벅차오르기 마련이다.

초등학생부터 순서대로 '졸업하는 선배에게 바치는 송사'를 마친 뒤, 중학교 2학년 차례가 되자 란이 연체동물 같은 몸을 흐느적이며 등장했다. 교사들이 보기에는 장난이라도 치는 듯이 보였지만, 정작 란은 진지했다. 눈을 지그시 감고 "나오야 선배는……" 하더니 감격에 겨워 한동안 말을 잇지 못했다.

무슨 말인가 하려고 입을 달싹이는데, 도무지 알아들을 수가 없다. 혀가 말을 안 듣는 모양이었다. 그러다 그만 꺼이꺼이 목 놓아 울고 말았다. 어리둥절하게 쳐다보던 사람들은 슬며시 웃음이 나왔다. 단상 위의 란은 열심히 표현하려고 애를 썼다.

선배 중에서도 특히 란을 잘 돌보아 주었던 것이 나오야였다.

"나오야는 어부의 아들인데, 운동 실력도 뛰어나고, 차분하지만 리더다운 아우라가 있어서 배드민턴부, 육상부 할 것 없이 모두 그 아이가 이끌었어요.”라고 사카모토가 입에 침이 마르도록 칭찬한 듬직한 아이다.

반대로 란은 협동심이 부족하고, 운동 신경 장애를 의심할 만큼 운동에는 소질이 없었다. 그런데도 나오야는 불평불만 한마디 없이 늘 “잘 해 보자.”며 란의 어깨를 두드렸다.

란 역시 늘 “나오야 선배, 나오야 선배.” 하면서 곁에서 떨어지지 않았다. 란은 나오야를 동경했다. 그런데 란이 나오야만 따랐던 것은 아니다.

“히로토 선배는 분위기 메이커예요. 장난도 잘 치고 운동도 잘해서 동아리 활동에 관한 상의도 많이 했어요. 나오야 선배는 평소에는 쿨한 성격인데, 뒤에서는 뭐든 야무지고, 요이치 선배는 항상 다정하고요. 다쓰노리 선배는 제 복식 파트너였어요. 저는 선배들을 다 좋아했어요. 그래서 졸업식 때 눈물이 나더라고요.”

란은 처음보다 훨씬 어른스러워졌다. 그러고 나서 란이 한 말은 참 기분 좋은 이야기였다.

“구다카에서는 누구나 먼저 저를 챙겨주었어요. ‘어떠니? 괜찮아?’ 하고요.”

섬에 오기 전까지 누가 란을 그토록 배려하고 아꼈을까? 그런 선배가 어디 있기나 했을까? 란을 특히 감격케 한 것은 그들이 단 한 번도 ‘너는 한국사람’이라는 말을 한 적이 없다는 점이다. 란의 눈물은 그들의 그런 배려에 대한 답이었을 것이다. 란의 마음을 아이들도 알았는지 한참 동안 아무도 웃지 않았다.

돌아온 1기생

그리고 며칠 후에 기념할 만한 행사가 하나 더 있었다. 2001년에 구다카 섬 유학센터가 개설된 해의 아이들, 즉 1기생의 성인식이 열린 것이다.

후쿠지가 먼저 졸업생을 부르자고 제안했다. 후쿠지의 장남 역시 1기생과 동기라 올해 성인식을 치른다.

"1기생들이 올해 스무 살이지? 섬에서 축하 파티를 열어 주면 좋겠는데."

사카모토는 의외의 제안에 싱글벙글했다. 이렇게 해서 졸업식 후에 센터 1기생의 성인식을 하게 되었다. 장소는 교류관 홀이었다.

단상에 올라 한 사람, 한 사람 인사를 하는데, 그 중에서도 유독 열렬한 환영을 받은 아이는 희한하게 무대 체질인 료였다. 료에 대한 섬사람들의 인상은 꽤 좋았던 모양이다.

"료입니다." 그 한마디에 엄청난 박수가 쏟아졌다.

"지금 메이오 대학에서 부족하지만 야구를 계속하고 있습니다. 올해에는 1군에 들어가느냐, 마느냐 하는 갈림길에 섰습니다. 팬 여러분의 성원이 필요합니다. 열심히 하겠습니다. 응원해 주세요."

"누가 팬인데?" 농담이 오갔다. 료는 진지한 얼굴로 답했다.

"사카모토 선생님과 다마 누나를 위해 빅리그와 계약해서 구다카에 1억 엔을 가져 오고 싶습니다."

"그거면 센터 하나를 더 짓겠네." 모두 크게 웃었다.

1기생 14명 중 12명이 등교 거부를 했다는 사실이 좀처럼 와 닿지 않았다. 그 아이들 중 끝까지 등교가 불가능한 아이가 있었다는 점도 믿기지 않는다. 불안 증세로 매일 밤 눈물 바람이었던 일도 이제 먼 옛날 일이 되었다.

기껏 해야 40분 정도의 행사였지만 객석은 환호성과 웃음과 박수로 열기가 뜨거웠다. 그리고 5년 전의 그들을 떠올리며 눈물을 글썽이는 주민도 있었다. 갖은 정성으로 그들을 돌보았던 우치무라는 흐르는 눈물을 주체하지 못했고, 무대에 오른 사카모토는 목이 메여 한동안 말을 잇지 못했다.

"감격스럽습니다. 처음에는 아이들이 아무리 가꾸어도 자라지 않는 것처럼 느꼈습니다. 사막에 물주는 것처럼요. 시간이 흘러야 비로소 알게 되는 일이었어요. 아, 쓸데없는 게 아니었구나, 뿌린 씨앗은 자라게 마련이구나.

아이들이 이렇게나 성장했으니, 감개무량하지요. 저희뿐만 아니라 섬 안에 우리의 추억을 공유하는 사람이 많다는 사실도 꽝장히 기뻤습니다."

행사에 함께한 유스케와 소마의 부모도 감격에 겨워 흐느꼈다. 몇년 후면 우리 아들도 저곳에 설 수 있다는 생각에 가슴이 벅차 눈물이 멈추지 않았다.

<h1 style="text-align:center">곤의 변신</h1>

졸업식이 끝나면 신학기가 시작된다. 곤과 소마는 3학년이 되었다. 예년처럼 아이들은 고기잡이 체험을 하고 바다에 뛰어 들고, 중학 체육 연맹의 지역 배드민턴 대회에 출전했다. 눈 깜짝할 사이에 1학기가 지나갔다.

"곤은 열심히 하는 것 같다. 아침 5시 반에 일어나 달리기를 하더구나. 오늘 아침에는 몸이 안 좋아서 좀 쉬겠거니 했는데, 학교에 갔지? 작년하고는 영 딴 사람이 된 것 같네. 체형도 예전에는 러닝셔츠 입혀 놓으면 영락없는 배불뚝이였는데, 1년 만에 날렵하고 멋져졌다. 할 만큼 했다고 자신감을 가져도 좋겠다."

1학기가 거의 끝날 무렵 사카모토는 아이들이 모두 모인 자리에서 한 사람 한 사람의 지난 모습과 성장에 대해 이야기했다. 1년 동안 가장 많이 변한 곤의 이야기부터 시작했다.

확실히 곤은 변했다. 겉모습부터가 날씬해졌다. 지난 1년 동안 분명 13킬로그램 이상이 빠져 보인다. 집에 있을 때보다 훨씬 더 많이 먹는데도 그렇다. 그만큼 몸을 움직이기 때문일 것이다. 몸매가 변한 아이는 곤뿐 아니지만, 특히 곤은 누가 봐도 한눈에 알아볼 정도로 훌륭해졌다.

몇 달 전 이야기로 돌아가면, 2학년 2학기에 곤은 학생회장 후보에 올랐다가 '뇌물'이 발각되는 바람에 낙선한 허술한 '사건'을 일으켜 더욱 더 주목을 받았다.

피식 웃음이 나오는 이 사건에 대해서 사카모토는 '구다카 유학 통신'에 다음과 같이 적었다.

실은, 중학교 학생회장 입후보자 중 한 사람이 선거위반으로 검거되었습니다. 혐의는 '뇌물'입니다. 아침에 선거 활동을 벌이며 악수를 가장해 슬쩍 사탕을 건네더니, '잘 부탁해요.'라고 한 것입니다. 사탕을 받은 요이치 선배(뇌물 수수 거절)가 선거관리위원회에 이 사실을 보고해 사건이 드러나게 되었습니다. 사태를 심각하게 생각한 학교와 유학센터는 혐의가 분명해지자 피고의 '유학 기간 연장(현재 옐로카드 누적에 따라 원칙대로라면 귀가 조치가 확실하나, 주변 사람들의 온정으로 체류 중)'을 재고하게 되었습니다. 그러나 사건의 당사자는 "당연히 사실이 아닙니다."라면서 반성의 기미를 보이지 않았습니다. 내가 학교 측과 대화하는 자리에서 이 보고를 받았을 때에는, 너무나도 명백한 선거 위반이라는 점이 인지되었으며, 당시 곤이 했을 행동이 머릿속에 생생히 그려져, 신중하지 못하게도 그만 눈물 나게 웃어 버리고 말았습니다. 함께 있던 선생님들 역시도 박장대소했는데, 선거 결과는 물론 낙선입니다.

최고 연장자인 3학년이 되고부터 선배로서의 중압감을 느낀 곤은 칠칠치 못한 성격과 이와는 다른 성실성이 극단으로 치달았다.

다카히로가 구다카 섬에 온 것은 학생회장 선거가 끝난 지 며칠 후이다. 다카히로는 센터에 오자마자 곤과 그의 친구들에게 경악할 소리를 해댔다.

"너희 도둑질 안 하냐?"

순간적으로 대답이 궁했던 곤은 다카히로의 멱살을 잡더니,

"웃기지 마. 이 섬에서 그런 일은 절대 생각도 하지 마라." 하며 눈을 부라렸다. 그 후로 다카히로는 부하처럼 곤의 뒤를 따라다녔다.

곤이 처음 구다카에 왔을 때, 양아치같이 눈썹을 싹 밀고 나타난 아이를 받아 주어야 할지 말아야 할지 사카모토는 고민했다. 하지만 돌아가는 페리에서 곤은 섬 주민 할아버지가 감자를 쌓는 것을 보고는 시키지도 않았는데, 스스로 나서서 도왔다. 그 모습 하나에 사카모토는 아이를 받아들였다고 했다.

그 후로도 줄곧 양아치처럼 뻗대던 곤은 그런 다카히로와도 적잖은 파장이 일었을 것이다. 그러나 곤은 양아치 같은 면이 있기는 해도 근본은 성실하고 정의감이 있다. 그런 반면 일상생활에서는 자주 '사건'을 일으켰다.

2학년 때의 담임 오가와의 이야기를 들었다.

"3학년이 되고부터 질이 나빠졌어요. 배드민턴에 미쳐서 쉬는 시간이며 급식 준비 시간이며 가리지 않고 맘대로 체육관에 들어가서 연습을 하는 겁니다. 밥 먹는 시간을 줄여서 배드민턴을 하는 건 좋다 쳐도, 잔뜩 어질러 놓고도 뒷정리가 없어요. 자료실에서 뭘 꺼내고도 그냥 내버려 두고요. 그러니 선생님들이 자주 야단을 했지요."

배드민턴을 둘러싼 문제가 일상적으로 일어났다. 그때마다 부모 대신인 사카모토가 학교에 불려갔고, 당연히 센터에 돌아오면 설교를 늘어놓았다. 그런데 아이는 고분고분하게 듣지 않았다.

"학교에서 혼났는데 왜 센터에 와서까지 혼나야 하는데요?"라고

성질을 부리는 것이다. 캠프 차 본섬에 갔을 때는 설거지를 하지 않았다는 이유로 혼을 내는 사카모토에게 반기를 들었다. 외려 더 바락바락 대들어서, 까딱 하면 주먹다짐으로까지 번질 뻔했다.

사카모토가 "어디 한번 해 보게?"라고 하자 "하라면 못할 줄 알고요?"라며 거친 소리를 주거니 받거니 했다.

같은 날 섬 졸업생이 곤에게 향수를 끼얹었었는데, 냄새에 민감한 아오바가 고생을 했다. "제발 부탁이니까 가까이 오지 마."라고 애원을 하는데, 그러면 그럴수록 더 가까이 다가가 "내 잘못이 아니라 선배 때문이거든." 하며 깐죽거렸다.

사카모토가 "가서 옷 갈아입어."라고 해도 "옷이 없는데 어떻게 갈아입어요?"라면서 꼼짝도 하지 않는다. 물론 옷이 없다는 건 거짓말이다.

"그렇게 미운 짓만 골라하면 재미있냐?"

사카모토가 곤에게 경고한다. 그래도 딴청을 부린다.

"몰라요."

"뭐라고? 한번 해 볼 테야?"

"그렇게 원한다면 한번 해 볼까요?"

원래 적당히 타협할 생각이었던 터라 주먹다짐까지 가지는 않았다. 혼자 중얼중얼하더니, 어느 틈엔가 설거지를 하고, 옷을 갈아입고 있었다.

코미디 같은 갖가지 소동을 벌이면서도 곤은 한편으로 착실히 성장하고 있었다.

1학기 종업식이 있기 며칠 전 나는 바닷가에서 아침 해를 보려고 숙소인 교류관을 나섰는데 눈앞에서 곤이 뛰고 있었다. 누가 강요하지 않아도 제 스스로 새벽 5시면 일어나 뛰는 모양이었다.

"언제부터 알아서 뛰었니?"

"3학년 되고 나서부터요."

"이제 달리기가 좋아졌니?"

"아뇨. 지금도 달리기는 싫은데요, 배드민턴을 잘 치고 싶어서요."

새벽에 5킬로미터를 달리고, 학교에서 3킬로미터 뛰고, 그리고 어두워질 때까지 배드민턴 연습을 한다고 했다.

종업식을 마치면 아이들은 부모가 있는 고향으로 돌아간다. 헤어질 때 곤에게 "여름방학을 어떻게 보내는지 메일로 알려 줘."라고 부탁했다.

옆에서 지켜보던 사카모토는 "저 녀석 분명히 메일 보내야 한다는 사실도 잊을걸요."라면서 웃었는데, 아마 나도 기대하지는 않았던 것 같다. 그리고 실제로 곤에게서 메일은 오지 않았다.

드디어 여름방학이 끝나고 2학기가 시작되기 직전에 아이들이 돌아왔다. 그때 사카모토가 곤에게 "이제 조금 있으면 오쿠노 씨가 오실 거야."라고 말했다. 그러자 곤은, "아, 깜박하고 메일 안 보냈다."라고 작은 소리로 외쳤다고 한다. 돌아서면 잊어버리는 곤이 메일에 대해 기억하는 것만으로도 놀라웠다.

이때부터 곤의 건망증이 약간씩 좋아지기 시작했다. 덜 잊어버리게 되자 아이들과의 다툼도 줄었고, 옐로카드 역시 지난해의 4분의 1로 급격히 줄었다. 놀라운 일이었다.

우치무라를 비롯한 주변 사람들은 "옐로카드 기준이 완화되어서 그런 거야."라며 놀렸는데, 곤의 노력이 이룬 결과라고 아이들은 엄지손가락을 치켜세웠다.

"선배들이 떠나고 애들한테 '열심히 하자'고 격려하면서, 내가 엉터리면 모양새가 영 안 좋아 보이잖아요. 모범을 보여야 한다고 생각했어요."

깜박하는 습관을 고치게 된 이유를 곤은 그렇게 말했다.

분명 곤의 노력도 있었지만, 게임기도 텔레비전도 없이 시계처럼 정확히 움직이는 심플한 생활 덕에 자주 잊어버리는 자기 자신을 인정하게 된 점이 가장 큰 변화라는 생각이 들었다. 자기 모습을 객관적으로 되돌아보게 되고, '돌아서면 잊어버린다'는 말을 듣는 자신이 부끄러워졌을 것이다. 곤이 확실히 변하고 있었다.

사카모토는 곤의 성장에 대한 감상을 피력한 후에 란에 관해서는 이렇게 말했다.

"란은 영어검정시험 3급에서 떨어지고 몹시 안타까워했다. 1점 차이였다는구나. 하지만 중간고사와 기말고사 점수를 보면 아쉬워할 점수는 아니다. 그런데도 그저 안타까운 마음만 가졌던 것 같다. 그게 란답기도 하지만 그게 또 란의 안 좋은 부분이기도 하단다. 조금 더 감정을 조절해야 한다. 편찮으신 어머니를 간호하고 돌아왔을 때도 태도가 나빴는데, 여러 힘든 일이 있었다는 점을 감안해도, 그렇게 흔들리면 다른 사람은 아주 힘들어. 우울해하지 말고. 그리고 가장 너다울 수 있는 부분을 발견하기를 바란다."

란은 영어검정시험에서 2회 연속으로 떨어지고는 분에 못 이겨 불

합격 통지서를 갈기갈기 찢어 학교 쓰레기통에 버렸다. 그마저도 쓰레기통에 골인이 안 되자 반 친구에게 시키다가 담임교사에게 들켜버렸다.

야단을 듣고 반성할 줄 알았더니, 란은 적반하장으로 오히려 더 성질을 내면서 "시끄러워요!" 하고 담임에게 덤벼들었다. 덕분에 더 크게 혼쭐이 났다.

감정 조절을 못해 타인에게 불쾌감을 끼치는 점은 곤도 마찬가지다. 다정함도 있고, 열정도 있지만 자신의 말과 행동이 다른 사람의 기분을 상하게 할 수도 있다는 사실을 몰랐다. 두 아이의 큰 과제였다.

노노카의 전학

1학기 종업식 후에 노노카의 송별회가 있었다. 고향에 있는 학교로 전학을 가게 된 것이다. 소문이 섬 주민들 사이에 퍼지자 마을 어르신들은 노노카 모녀를 볼 때마다 안타까운 마음으로 "이 아이는 섬의 보물이니까 잘 생각해 봐."라고 하는 바람에 그때마다 노노카 어머니는 송구스러워했다.

노노카 어머니는 송별회 인사에서 딸이 구다카를 떠나는 것에 대해 '내가 맘대로 정한 일'이라고 했다.

"1년 반 동안 신세를 많이 졌습니다. 솔직히 말해서 딸아이 없이는 너무 외로워서 견딜 수가 없었어요. 남편이 죽었을 때 저는 눈물로

세월을 보냈는데, 노노카가 위로해 줘서 살았거든요. 울고 있는 저를 언제나 웃는 얼굴로 다독였어요. 이 아이가 집에 없으면 제가 금방이라도 무너질 것만 같았어요.

그래서 제가 이번에 제 맘대로 딸아이를 데려갑니다. 아이에게는 자립하라고 하면서도 사실 자립은 제가 해야지요. 알면서도 그게 안 되네요."

어머니는 애초에 유학은 1년 동안만이라고 못 박아 두었었다. 그래도 어머니는 꽤 고민했다고 했다.

"중학생 때는 싸우더라도 함께 있는 것이 좋다고 생각했어요. 어떤 이유든 간에 아이를 혼자 두는 건 부모의 직무유기라고 할까? 책임을 모조리 팽개치는 게 아닐까 해서요. 아이의 사춘기며, 반항기를 함께 극복하는 것이 육아의 가장 중요한 부분이잖아요. 그런데도 집을 확 떠나게 했으니, 무책임한 부모처럼 느껴졌어요. 딸이 가고 싶다고 해도 못 가게 말려야 하는 건 아닐까? 계속 고민했습니다."

하지만 섬 생활에 만족하는 딸 때문에 3학년에 올라갈 때도 힘들게 묵인했다. 그러다 6월쯤부터는 딸이 아예 오키나와의 고등학교에 진학하고 싶다는 말을 꺼내자 더는 견디기 힘들었다. 남편을 잃은 뒤 다 포기하고 싶은 상태에서 딸에게 의지했던 어머니는 딸만 바라보게 되었고, 지금 그 딸이 어머니의 품을 떠나려고 한다. 어머니는 초조했다. 딸의 의지를 꺾으려면 집으로 데려가야 한다. 그것이 '내 맘대로 정한 일'이라는 말에 숨은 뜻이었다.

물론 금전적인 사정도 있다. 1년분의 학비와 고기잡이 체험, 학습 발표회에 갈 교통비를 포함하면 최소한 1년에 120만 엔이 든다. 이

돈을 모자 가정에서 부담하기란 결코 쉽지 않았을 것이다.

그리고 란도 떠났다

매회 종업식이 끝나면 사카모토는 아이들 전원을 차에 태워서 공항까지 바래다준다. 행선지가 제각각이라서 출발 시간도 다르지만 우선 공항에 데리고 가서 순서대로 배웅하는 것이다. 기다려야 하는 아이들은 공항 매점에서 선물을 산다. 란의 1년 아래 여자 후배 아유는 대량의 선물을 사서 란을 시켜 들게 했다. 란은 많은 양의 상자를 힘겹게 안아 들고 마치 집사처럼 뒤를 쫓아 걸었다.

란과 아유는 사귀던 사이지만 분명 2달 전쯤에 헤어졌다. 아직 사귀고 있나 싶어서 란에게 물었더니 이렇게 설명해 주었다.

아유에게 "나랑 사귀자. 대답해 줄래?"라고 먼저 고백한 때가 2학년 2학기였는데 사람 애만 태우고 반년이 지나도 답이 없었다. 당시 란의 어머니가 병으로 쓰러져 간병을 위해 간사이로 돌아가 있었는데, 그 동안에 란은 어려서 헤어진 아버지를 만났다.

아버지는 암 수술로 비쩍 마르고 몹시 쇠약해져서 겉으로 보기에도 이제 얼마 안 남았다는 느낌이 들었다고 했다. 이런 상황이라면 구다카에서 졸업을 못할 수도 있다는 생각에 불안하고 초조해진 란이 아유를 불러서 이야기를 했다.

"우리 아빠, 대장암인데 돌아가실지도 몰라. 이제 기다리기 힘들어.

거절해도 괜찮으니까 대답해 주지 않을래?"

그랬더니, 아유는 단박에 란을 차 버렸다.

그런데 지금 란에게 짐을 들리고 있다. 사카모토는 아유에 대해서 "큰 문제는 없지만 이너 차일드어린 시절의 동기와 감정이 커서도 고스란히 남아 있는 현상 부분과 악녀 같은 심성이 공존하는 몇 가지 얼굴을 가지고 있어요. 무서운 아이입니다."라고 했으니, 그도 그럴 법했다.

아유도 특이한 성장 과정을 거친 아이다. 모자 가정에서 자랐는데, 어머니는 활동적인 커리어우먼이었고, 집에는 거의 없었다. 그래서 거의 할머니 손에 자랐다. 할머니는 도를 넘는 사랑을 퍼부었다. 넘어질세라 미리 손을 써 두었고, 무엇이든 해 주었다. 숙제까지 할머니가 도맡아 했기 때문에 아유에게 문제를 푸는 능력 따위는 없다. 생각도 불가능했고, 무엇을 느끼지도 못했다. 공부는 아예 손을 놓아야 했다. 할머니의 영향이 큰 것 같다며 사카모토가 알려 주었다.

"웃어넘기면 될 일도 엄청나게 화를 내는 경우가 있어요. 주먹을 쥐고 때리는 시늉을 하기도 합니다. 할머니가 손녀를 혼내는 방법이에요. 그럴 때는 말투도 평소 말투가 아니라 아주 포악해요. 깜짝 놀랐습니다. 할머니와 어머니의 인간관계를 그대로 답습하고 있어요. 어머니가 지금 은둔형 외톨이 상태라던데, 열쇠는 할머니가 쥐고 있는 것 같아요."

내가 구다카에 머물렀던 시기에 아유는 채 반도 있지 않았다. 응석받이에 저 하고 싶은 대로만 살았기 때문에 센터 생활을 못 견디고 돌아간 것이다. 겨울방학에 집으로 귀가해서는 차일피일 미루며 복귀하지 않았다. 그래도 섬 생활이 재미는 있는지 얼마 지나면 돌아오곤 했었다.

나중에는 무슨 문제였는지 모르지만 졸업식 직전에 공황 상태가 되어서 섬을 탈출했다. 다시 데려 오긴 했으나 결국 짐을 챙겨 또 다시 가 버렸다. 후에 언니와 둘이 함께 돌아와 혼자만의 졸업식을 했다고 한다.

란의 이야기로 돌아가자면, 아유의 짐꾼 노릇을 하던 란은 한 달이 지난 후, 노노카에 이어 구다카 섬을 떠나게 되었다.

여름방학이던 어느 날, 란은 반 친구들에게 전화를 걸어, "엄마가 구다카 섬에 있으면 좋은 학교에 못 가니까 그만두래."라면서 울었다. 그 때문에 란이 구다카 섬을 떠난다는 소문이 눈 깜짝할 사이에 퍼졌다.

란이 전화로 사정을 설명하려고 하자 사카모토가 란에게 이렇게 일러 주었다.

"여러 사람의 신세를 졌는데 이건 좀 아니잖아."

불과 1년 몇 개월이지만 한 지붕 아래서 가족처럼 살았던 친구들이다. 어떤 이유로든 간에 아무 말도 없이 떠나는 것은 아이들도 용납하기 어려울 터. 여기서 도망치면 란 본인에게도 좋을 것이 없다고 판단했다. 의리가 있고, 인정이 많은 란도 그것이 온당하다고 생각했던 모양이다. 8월 31일에 본인 입으로 구다카 섬을 떠나는 이유를 설명하기 위해 찾아왔다.

저녁을 먹은 뒤 아이들 앞에 섰다.

"여름방학에 간사이에 갔을 때, 학원이 재미있고, 공부도 엄청 잘되었어요. 성적도 올랐습니다. 내 실력에 어려울지도 모르지만, 이대로 지금처럼 열심히 해서 좋은 고등학교에 가고, 좋은 대학에 가고 싶어요. 여기서는 공부가 안 되니까, 고향에 있는 학교로 돌아가서 공부할 생각입니다."

기린처럼 묵묵히 공부 잘하고 있는 아이도 있다 보니, 대부분은 석연치 않은 얼굴로 받아들이지 못하는 눈치였다.

사카모토가 그 이야기를 듣고 나서 란에게 물었다.

"그렇게 말하면, 안녕 하면 끝이지. 네 진짜 마음은 그게 아니잖아. 진심을 말해야지."

란은 바닥을 내려다보며 끄덕였다. 하지만 아무리 기다려도 입도 벙긋하지 않았다. 하는 수 없이, 다음 날 같은 시간에 다시 한 번 이야기를 듣기로 하고 자리를 마쳤다.

이 날은 곤과 사카모토의 생일 파티가 예정되어 있었다. 아이들은 '더는 칙칙한 분위기가 싫다.'고 했다. 기린이 "달뜨는 거 보러 가자."라는 말을 꺼냈다. 태풍 때 밀려온 나무들이 산더미처럼 쌓인 바닷가에서 경단을 생일 케이크 삼고, 손전등을 비추며 축하 파티를 했다.

파티는 마치 밤에 펼치는 꽃놀이처럼 화려했지만 란은 홀로 잠자코 있었다.

우치무라는 이미 란의 퇴장을 인정한 듯이 보이는 사카모토의 태도에 불만을 가지고 이렇게 말했다.

"그때 란은 사카모토 씨와 엄청 이야기하고 싶어 했어요. 간사이에 돌아간다 아니다는 둘째 치고, 왜 사카모토 씨가 란과 이야기하려 들지 않았는지 지금도 애석합니다. 란은 많은 문제들을 혼자 끌어안고 불안정한 상태였는데, 기댈 곳이라고는 센터밖에 없잖아요. 란한테 좀 더 최선을 다해 주길 바랐어요."

하지만 사카모토의 생각은 달랐다.

"란이 돌아가는 건, 아버지 때문이거나 엄마가 원인이거나 또는 본인의 문제입니다만, 저는 현실에서의 문제보다, 그렇게 할 수밖에 없는 이유가 아이에게 내재되어 있었다고 봅니다. 이곳에서 잘 지낼 수 있는 조건은 부모와 아이의 관계가 확실하게 정립되어 있고, 그리고 탯줄이 끊어진 상태, 다시 말해 자립한 상태여야 한다는 얘기입니다. 란은 그 조건들을 하나도 갖추지 못한 것이죠. 그러니 매우 불안정합니다. 불안정하니까 여기 있을 수 없고, 그렇다면 되돌아갈 수밖에요."

란이 거짓말을 하면서까지 집에 가고자 했던 것이 사실이고, 사카모토도 더는 말릴 수 없었던 것일지도 모른다.

둘째 날 밤에 테이블 앞에 앉은 란은 아이들의 시선에 눈만 깜박이고 있었다. 평소의 란이라면 생각도 할 수 없을 만큼 더듬거리면서 말을 했다.

"여름방학에 아빠를 만났어요. 오랜만에 엄마도 같이요."

꺼질 듯한 목소리였다.

"엄마 말로는 아빠가 너무 약해져서 이제 살날이 얼마 남지 않았대요. 앞으로 몇 달도 못 버틴대요. 나는 너무 충격을 받아서…… 내가 정신을 차려서 얼른 부모님을 편하게 해 주고 싶은 생각이 들었어요. 그래서 좋은 고등학교에 가고, 좋은 대학에 들어가고, 또 좋은 회사에 취직해서 월급 10만 엔 이상 받아야 한다고 생각했어요. 그래서 집에……"

마지막까지 말을 잇지 못하고 엎드려 흐느꼈다.

월급 10만 엔이라는 말에 '와, 멋지다.' 하는 아이도 있었고, "란은 부모님을 엄청 생각하는구나." 하고 눈물짓는 아이도 있었다.

"네가 그런 고민을 안고 있었구나. 우리는 앞으로도 친구잖아. 힘 내." 아이들은 란을 격려했다.

예전에 몇 번인가 가명의 편지가 란 앞으로 배달된 적이 있었다. 란 아버지의 편지였음을 사카모토는 알고 있었지만, 굳이 묻지는 않 았다. 왜 답장을 빨리 안 하느냐며 전화를 걸어 호통을 치기도 했었 다. 사카모토가 "아빠 만났니?"라고 물었더니, "만났는데요, 엄마한 테는 비밀이에요."라고 했었다.

"아버지 일이 크구나."라는 사카모토의 말에 란은 울면서 고개를 끄덕였다.

우주인을 졸업하다

사카모토가 란을 붙들어 줄 수도 있었다. 이에 대해 사카모토는,

"말리지 않는 건, 그게 설령 도망치는 것이라 해도 본인 스스로가 결정한 일이고, 게다가 자신을 괴롭혔던 학교로 돌아간다는 의지가 대견해서 말릴 일이 아니라고 생각했습니다."라고 했다.

란은 아버지 얼굴을 모르고 자랐다. 어렸을 때 부모가 이혼했기 때 문이다. 그런데 초등학교 6학년 때에 우연히 다시 만났다고 했다. 그

러한 아버지를 생각하는 마음이 보통이 아니었다.

간사이에 돌아간 후, 란은 그때의 마음에 대해 이렇게 덧붙였다.

"아빠하고 만난 적이 없었는데, 생활보호대상자라는 얘기를 듣고 구청으로 찾아 다녔어요. 초등학교 6학년 때쯤이었던 것 같아요. 가끔 만나기도 하고 구다카에 있을 때는 전화로 연락했어요. 센터 전화를 쓸 수는 없으니까 항구의 공중전화로 걸었는데, 매월 3천 엔 정도 들더라고요. 용돈을 전부 전화비로 썼어요. 그런데 계속 전화가 안 되는 거예요. 걱정이 돼서 아빠를 찾아가 봤더니 쓰러지셨더라고요. 암이 벌써…….

여름방학에 아빠가 열쇠를 주시면서, '나한테 만약 무슨 일이 생기면 네 엄마한테 전화할 테니까 와 달라.'고 하셔서…… 그런 말을 들으니 불안하고…… 그게 가장 큰 이유였어요. 좋은 고등학교에 가고 싶다는 건 고민에 고민을 거듭한 핑계였고요.

구다카를 그만둘 결심을 했을 때, 밤에 달을 보면서 계속 울었어요. 사실은 그만둘 마음이 전혀 없었거든요. 구다카에 미련이 가득했어요. 하지만 아빠하고는 함께 산 적이 없으니까 너무 걱정이 되어서……."

말문이 막힌 란은 "잘 설명하기 힘들지만……" 하더니 한숨을 쉬었다.

란이 구다카를 떠난 2년 뒤, 란의 어머니는 아들이 그렇게 변하리라고는 생각도 못했다면서 내 앞에서 눈물을 흘렸다.

"한국 본가에 가서도 란은 편식이 심했어요. 좋아하는 건 먹지만, 싫어하는 건 입에도 대지 않았지요. 생선은 가시가 붙어 있으면 안 먹고, 고기는 뼈에 붙은 것만 먹고요. 때에 따라서는 살코기만 먹기도 해야 하는데, 그땐 참 난감해요. 무조건 안 먹는 거예요. 할머니는 란이 안 먹고 죽을까 봐 한 입이라도 먹으라고, 제발 부탁이니까 먹으라고 애걸복걸했어요. 근데 지금은 뭐든지 다 먹어요. 농담을 해서 웃게 만들고요. 이모 등이며 어깨며 주물러 주기도 하고요. 할머니는 란이 많이 변했다고 울면서 기뻐했어요.”

란은 이미 ‘우주인’이 아니었다.

처음으로 자기주장을 하다

“미야라 선생님이 소마한테 이런 이야기를 했답니다. ‘소마, 조금 더 노력해서 더 좋은 학교를 목표로 하는 게 어떠니?’ 그랬더니 고개를 한 번 갸우뚱하고는 ‘솔직히 그럴 생각이 없습니다.’ 하더래요. 그 상황에서 ‘그럴 생각 없다’는 소마가 대단해요.

근데 아마 저도 괴로울 거예요. 실력이 있고 자신감이 있고 또 힘이 있다면 괜찮겠지요. 힘도 없는 주제에 남의 말을 안 들으면 무너지잖아요. 좀 더 솔직하게 마음의 문을 열고, 또 시야를 넓혀서, 다양한 것들을 받아들여야 한다고 봅니다.”

사카모토는 소마에 대해서 이렇게 말했다.

여전히 남의 말을 듣지 않는다. 그러나 들으려고 노력하는 점은 커다란 변화다. 한꺼번에 변하기는 어렵지만 조금씩이나마 확실히 변하고는 있다.

바닷가에서 쓰레기 줍는 일도 3학년이 되고 나서는 거의 하지 않았다. 이것도 사람들과 어울리게 되면서 생긴 결과다. 그러나 쓰레기를 줍지는 않아도 해변에 서서 "쓰레기를 못 주워서 슬프네요."라며 웅얼웅얼하기도 했다. "아직 애착이 있거든요."라고 소마가 말했다.

하지만 7월 초순에 구다카 섬을 강타한 대형 태풍이 소마의 '기지'를 완전히 쓸어버린 뒤에 쓰레기 줍기에 대한 미련도 함께 쓸려 나갔다. 그리고 얼마간 시간이 흐른 후에 소마는, "1학년 때 광인, 2학년 때 별종, 3학년 때 겨우 인간이 되었습니다."라고 말했다.

소마의 변화를 눈앞에서 실감한 사람은 어머니였다.

"3학년 여름에 돌아왔을 때, '어머나, 세상에!' 하면서 놀랐어요. 스스로를 통제하지요, 해야 할 일을 알지요, 주변 정리도 깔끔하게 하지요.

반항하느라 바쁘고, 다른 사람을 어떻게 대해야 하는지 몰라서 당장 코앞에 닥친 일만 해도 벅찬 아이였어요. 그렇게 정신 사납던 애가 정돈이 되고, 자, 어디 한번 해 볼까? 하는 것 같더라고요. 아이가 진짜 원하는 게 뭘까 싶었는데, 이제 제대로 사람이 된 것 같아요.

학원에 보냈더니 아침 5시에 일어나 공부를 하더라고요. 게다가 제가 일을 마치고 올 때까지요. 등을 꼿꼿이 펴고 단정한 자세로 말이죠. 그런 모습 정말 처음 봤어요."

소마의 아버지는 아들이 풀어야 할 숙제가 인간관계라는 사카모토의 말을 수차례 듣고 생각이 많았다고 했다. 그러면서 '나도 인간관계에 서툴다.'라는 사실을 깨달았다. 아버지부터가 자기 할 말만 했으며, 상대방의 말에 귀를 기울이지 않았던 것이다. 타인의 이야기를 들으려는 노력을 거듭했더니 '일이 늘었다.'며 아주 기뻐했다.

소마의 변화 중에서 단연 으뜸은 진로를 스스로 결정한 일이다. 이는 동시에 부모에 대한 최초의 반항이기도 했다.

소마는 오키나와의 고등학교에 진학하기를 희망했는데 어머니는 지금까지 소마 없이 허전하게 지냈으니 집 근처 고등학교에 가기를 바랐다. 소마는 부모의 바람을 외면할 수 없어 자신의 생각을 접고, 부모가 원하는 대로 졸업 후에는 집으로 돌아갈 생각이었다. 그러나 2학기가 끝날 무렵이 되자, 소마는 인상을 쓰며 생각에 빠지는 일이 잦았다. 끝내 12월 학습 발표회를 보러 온 부모님에게 답답한 속내를 털어놓았다.

먼저 학교를 찾아 온 아버지에게 고향에 있는 고등학교가 아니라 오키나와의 고등학교에 진학하고 싶다는 이야기를 꺼냈다. 그 후에 한 발 늦게 온 어머니를 도쿠진 항 옆에 있는 공원으로 데려가 담담하게 말했다.

"이대로 돌아가면 저는 다시 예전처럼 될 것 같아요. 오키나와가 저를 변화시켜 주었잖아요. 여기 오키나와의 고등학교에 가서 좋은 모습으로 살고 싶어요. 엄마, 아빠, 부탁이에요. 오키나와의 고등학교에 보내 주세요. 유스케도 같은 학교에 가긴 하는데, 친구 때문에 가려는 게 아니에요. 제가 가고 싶어요."

소마는 눈물을 뚝뚝 흘렸다. 처음으로 자기주장을 하는 아들을 바라보며 부모는 눈시울이 뜨거워졌다.

구다카에서 쌓아 온 것들이 사라질 것만 같은 기분이 들었다고 소마는 고백했다. 어머니에게 그 말을 하기까지 며칠 동안 위통을 앓았고, 15년 인생에서 그토록 고민한 적이 없었다고도 했다. 사카모토는 소마가 성장했음을 느꼈다.

유스케의 기타

아이들 중에서도 가장 이목을 끈 인물은 뭐니 뭐니 해도 유스케다.

"유스케는 3학기에 돌아와서도 내내 불안정해서 다시 벽에 부딪히지나 않을까 노심초사했다. 그래서 내가 말했다. 혼자 있는 시간을 만들어라. 혼자 지낼 수 있게 노력해라. 유스케는 지금까지 혼자를 못 견디고 늘 누군가와 같이 있었잖아. 근데 지금은 혼자 있게 해 줄래? 하면서 기타도 치고 공부도 하더구나. 유스케도 성장을 이루어 냈다고 본다."

사카모토의 말에 유스케는 천천히 일어섰다. 그리고 '이제 여기 노 노카는 없다.'고 속으로 생각했다.

아이들의 휘파람 소리와 놀림이 뒤섞였다.

"2학기는 아직 경험하지 않아서……" 유스케는 부끄러워했다.

"경험하고 싶어요."

중학생이 되고 난 뒤, 아직 한 번도 2학기를 경험하지 못했다. 아이들은 한바탕 깔깔대고는 박수를 쳐 주며 격려했다.

구다카 섬에 복귀하긴 했지만 2학년 3학기는 꽤 불안정해서 교사

들은 '만약 봄방학에 집으로 돌아갔으면 다시 안 왔을 것 같다.'고 생
각할 정도였다. 유스케 본인도 이대로 3학년에 진급한다 하더라도 학
교에 계속 다닐 자신이 없었다.

사카모토는 그 이유를 알고 있었다. 항상 사람의 시선을 끌지 않으
면 견딜 수 없는 아이의 성향 때문이었다. 주목 받지 못하면 심하게
위축된다. "왜 나를 안 봐 주는데?" 하며 공황 상태에 빠지는 일이 허
다했다. 보다 못한 사카모토가 어느 날 유스케를 불러서 말했다.

"여기 있어도 맘 붙일 데가 없어서 힘들지?"

"네."

"그럼 내년에도 여기에 남을지 말지 고민이겠네?"

"네, 망설여져요."

"어떻게 할래?"

"어떻게 하면 좋아요, 선생님?"

유스케가 자신에게 날아온 질문을 되받아치자 사카모토는 이렇게
대답했다.

"여기 있는 게 괴롭다고 집에 가서 다시 방에 틀어박혀 지낼래? 그
럼 너도 괴롭고, 가족도 괴로울 텐데. 억지로 학교에 갈 건 아니라고
봐. 만약 학교에 안 갈 거면 여행을 가든가, 농사 공부를 하든가, 뭘
하든 쉬지 말고 해라. 응원하마. 만약 아무것도 결정한 바가 없으면
여기 1년 더 있으면서 무엇을 하고 싶은지 찾도록 하렴."

"근데 자신이 없어요."

"하루 20분이면 돼. 혼자 있는 시간을 가져 봐."

유스케는 "네."라고 대답을 하긴 했지만, 혼자 있기가 상당히 힘들

었는지 친구들 대신 "다마, 다마." 하면서 우치무라를 쫓아 다녔다.

우치무라가 야단을 하면, 이번에는 퉁소를 불었다. 하지만 실력이 형편없어서 아이들이 "아, 시끄러워." 하고 구박했다. 그래서 시작한 것이 기타였다. 마침 이때 단기 아르바이트 스태프가 있었는데, 그 여자 스태프가 기타 연주를 가르쳐 주었다. 다행이 적성에 맞았던지 혼자 연습하는 시간이 늘었다.

주목받고 싶어 안달하는 데 반해 그에 걸맞은 재능이 없어 이러지도 저러지도 못하던 차에 기타 하나로 자기표현이 가능해졌다. 게다가 아이들이 "와, 잘한다." 하고 칭찬해 주니 점점 더 기타에 빠져들었다.

사카모토가 혼자 있는 시간을 가지라 한 이유는, 혼자가 되어 나는 무엇인지, 무엇을 해야 하는지 깊이 생각하라는 뜻이었다. 생각함으로써 내재된 '중심'을 키우고, 〈'이게 나예요.'라고 내세울 수 있는 진짜 자아를 형성〉하기 위함이다. 중심이 없으면 〈타인의 문제를 자신의 문제라고 착각하거나 무의식적으로 타인을 지배하려 들기 때문 'BOOK CLUB KAI autumn 2009 vol.75'에서 인용함〉에 진실된 인간관계가 불가능하다고 했다.

그 '중심'의 존재가 무엇인지 내가 물었다.

"나는 이러이러한 인간이다. 이런 것이 가능하다를 나타내는 소위 말해 '정책'입니다. 중심이 없는 아이는 대등한 관계를 만들 수 없고, 제대로 된 애정 표현조차 불가능합니다. 예를 들어, 마마보이나 파파걸처럼 자주적 중심이 없는 사람은 부모가 자신의 영역에 들어오면 스스로를 완전히 지키지 못하고 매사 의존하게 되며, 여성의 경우라면 남자한테 휘둘리다 버림받지요."

기타를 접하고부터 혼자 있을 수 있게 된 유스케는 빠르게 안정을 찾았다. 게다가 집중력과 향상력이 높아져 자신감이 생겼다. 가장 먼저 그것은 성적으로 나타났다. 눈이 휘둥그레질 만큼 성적이 쑥쑥 올랐다. 그러자 신기하게도 전처럼 사람을 끌어 모으려 애쓰지 않아도 저절로 주변에 사람이 모여 들었다.

3학년 1학기가 끝나갈 무렵, 유스케는 매우 안정되어 있었다.

다음 목표는 아빠다

그리고 3학년 2학기가 되었다. 유스케의 목표는 3천 미터 달리기에서 아빠를 이기는 것이었다.

이 해 여름방학부터 아이들은 부모와 함께 처음으로 달리기 연습을 했다. 연습장은 각자의 고향 운동장이었다. 연습을 시작하기 전에 아버지 앞에서 유스케는, "아빠를 이기겠어."라고 선언했다.

유스케는 초반에 과하게 힘을 쏟다 후반 들어 속도가 떨어지는 편이다. 페이스 조절을 잘못하면 어김없이 아버지에게 추월당했다. 연습 초기에는 이런 계산에 당황했는데, 아버지의 특별훈련 덕분에 나중에는 가뿐히 이기게 되었다. 섬에 돌아와서는 "내가 아빠보다 훨씬 빨랐어." 하며 자랑했다.

전년도 3천 미터 달리기에서 1위를 했던 전적으로 보아, 아버지를 이긴다는 것은 유스케가 거의 1위에 근접했다는 뜻이 된다.

운동회는 9월 16일이었지만 아이들이 구다카 섬에 돌아온 다음 날인 9월 1일, 3천 미터 달리기 시합을 펼쳤다. 이 때 유스케가 아버지와의 경쟁에서 이겨 1위로 골인했다. 그 후로도 연습을 게을리하지 않았다.

그런데 어찌된 일인지 좀체 그런 일이 없던 유스케가 심한 감기로 고열을 앓았다. 그리고 회복이 되지 않은 몸으로 운동회를 맞이하게 되었다.

고대해 마지않던 3천 미터 달리기가 시작되었다. 유스케 부자, 사카타, 신고 등이 한 덩어리가 되어 맹렬히 질주했다.

이때만큼은 섬사람들도 엄청난 성원을 보낸다.

"힘내! 우리가 응원할게!"

그 중에서도 특히 우치무라의 응원은 뜨겁다. 주민의 응원도 열광적이다.

"곤, 파이팅! 파이팅!"

운동장을 나간 선수들은 도쿠진 항과 센터 앞을 지나 섬의 북단을 향하는데, 도중에 있는 섬의 중앙 지점에서 반환점을 돌아 다시 운동장으로 돌아온다.

유스케는 잠시 신고와 어깨를 나란히 하고 달렸다. 언뜻 보아서는 컨디션이 나쁘지 않은 것 같았다. 그 뒤를 바로 아버지가 달린다.

그런데 센터 주변의 완만한 언덕에 이르러 급격히 속도가 떨어지기 시작했다. 몹시 숨을 헐떡이는 것으로 보아 산소가 부족한 모양이었다.

아들의 고통을 뒤에 있는 아버지도 눈치챘다. 아버지는 걱정하는 표정으로 옆에 붙어 나란히 뛰었다. 유스케는 곁눈질로 "먼저 가!"라고 말했다.

아버지는 알았다며, "힘내."라는 한마디를 하고 아들을 앞질러 나갔다. 선수로서의 아버지의 눈이 아들의 상태를 정확하게 짚었다.

"뒤에서 봤을 때 컨디션이 좋으면 몸의 중심이 흔들리지 않아요. 힘들어하는 사람은 중심이 흔들립니다. 보폭이 일정하지 않으니까 휘청거리고 허리는 앞으로 구부러지고, 똑바로 설 수 없어요. 그 때 유스케는 허리를 앞으로 굽히고, 턱을 들어 올려서 아주 최악의 상태였어요. 제 뒤에서 뛰고 있었는데 발소리나 내뱉는 숨소리로 판단했을 때 이미 저를 쫓아올 수 없다는 것을 알았습니다."

뒤에서는 선배인 다쓰노리가 발이 느린 남동생에게 "안 힘드니?" "그 상태로 갈 수 있겠어?" 하고 살피면서 동생에 맞춰 속도를 떨어트렸다.

나는 유스케 아버지에게, 어째서 다쓰노리가 동생에게 하듯이 아들과 함께 달리지 않았는지를 물었다. 그러자 "처음부터 그럴 생각은 없었어요."라고 잘라 말했다.

"어차피 혼자 하는 싸움이에요. 뒤에서 부모가 아무리 힘내라 해도 전혀 기쁠 게 없어요."

감기로 열이 나면 심장박동수가 올라가고, 몸이 뜻대로 움직이지 않는다. 그러니 포기할 수밖에 없다고 아버지는 선수답게 말했다.

센터에서 동쪽 해안으로 향하는 길에 유스케는 당장이라도 쓰러질 듯했다. 사카모토가 쫓아가서 "걸어도 돼. 쓰러지지 마라." 하고 걱정했다. 유스케는 평소대로 "네, 알겠어요."라고 꿋꿋하게 답했다.

"유스케 아빠, 대단하다!"

환호하는 사람들 속으로 유스케의 아버지가 2위와 큰 차이를 벌리며 유유히 골인했다. 2위는 신고, 3위는 사카타였다. 곤이 꼴찌일 줄 알았는데, 놀랍게도 함께 달린 곤의 아버지를 앞질러 들어왔다. 유스케는 금방이라도 넘어질 듯 아슬아슬하게 골인 지점에 들어섰다. 신고가 유스케에게 수건을 건넸다. 연습 때 유스케에게 뒤졌던 신고는 실전에서 이긴 것이 퍽 기쁜 모양이었다. 유스케의 기분은 아랑곳없이 헤벌쭉 웃으며 수다를 떨었다. 유스케가 한숨 돌리기를 기다려 나는 말을 걸었다.

"열은 내렸는데, 콧물도 나고, 머리도 아프고, 몸이 여기저기 쑤셔서 힘들었어요." 유스케는 힘없이 말했다.

"아빠가 그러시는데, 아프고 나면 처음에는 되게 편하지만, 시간이 좀 지나면 확 하고 온댔어요. 일주일 전부터 서서히 연습을 줄이고 실전에 나갔으면 좋았을 텐데. 센터까지는 아빠랑 똑같이 뛰었는데 그때부터 기력이 뚝 떨어지는 바람에……. 다음에는 아빠를 꼭 이길 거예요."

유스케는 아버지에게 다시 선전포고를 했다. 아버지는 아들의 도전장이 기쁘기만 하다. 1년 전이라면 상상도 할 수 없었던 운동회를 하고, 한 발 더 나아가 아들이 아버지를 넘어서려 하고 있다. 아버지는 눈물을 훔치며 믿을 수 없다는 말을 몇 번이고 되풀이했다.

이제 9월 말이면 지역 육상 대회가 있다. 유스케는 3천 미터에 출전하기로 했다. 운동장만 달리는 3천 미터 달리기는 처음이다. 인터

벌 트레이닝 경험도 없었다. 경기 진행을 어떻게 해야 좋을지, 페이스 조절을 어떻게 하는 것이 좋을지 아버지에게 전화를 걸어 조언을 구했다. 아버지는 신중하게 생각하고는 "처음에는 뒤에서 뛰어도 되니까 뒤쳐지지만 말고 가다가 마지막 세 바퀴에 승부를 걸어."

자랑할 만한 기록은 내지 못했지만, 마치 아버지와 아들의 2인 3각 같은 3천 미터 달리기에서 유스케는 마지막 바퀴 때 두 사람이나 차례로 제치는 최고의 경주를 보여 주었다.

"1년 반 만에 바뀌어도 너무 바뀌었어요. 구다카 섬에 안 왔다면 지금도 방에 틀어박혀 있었겠죠. 고맙고 또 고맙습니다. 말로 표현할 수 없을 정도로 감사합니다."

아버지가 활짝 웃으면서 말했다.

10장
부모가 변하면 아이도 변한다

졸업식이 끝나고, 곤과 아이들이 구다카 섬을 떠나기 며칠 전날 밤, 아이들과 학부모들이 센터의 홀에 모여 각자 가슴 속에 담아온 생각들을 털어놓았다. 그 중에서 곤의 어머니가 가장 깊은 인상을 남겼다.

“여태껏 제가 아이의 결점을 외면해 왔구나, 하는 반성을 하고 있습니다. 어떻게 보면 좋은 점만 보며 키웠다고 할까요?”

여기까지 말했을 때였다.

“좋은 점이 있기는 있습니까?”

갑자기 뒤쪽에서 야유가 쏟아졌다. 딱히 비난은 아니었다. 워낙 편한 성격이라, 이런 말도 아무렇지 않게 할 수 있었다.

곤의 어머니는 전혀 당황하지 않고 싱긋 웃더니 망설임 없이 “네!” 하고 대답했다. 그리고 잠시 후 이어서 말했다.

“저는 운동을 못 하면 노력해서 할 수 있게끔 하기보다, 다른 것을 열심히 하면 된다는 주의였어요. 그래서 좋은 면은 가르쳐 키워 주고, 나쁜 면은 개의치 않아도 된다는 생각으로 길렀습니다. 아마 계속 그렇게 길렀다면 아들은 지금도 달리기를 못하겠죠.

우리 아이는 남에게 피해를 주든 말든 전혀 신경 안 썼는데, 이곳에 와서 실컷 야단을 맞고서야 본인이 분위기 파악을 못한다는 점을 깨달은 모양이에요. 이제야 제 아들이 성장했구나, 싶은 생각이 듭니다. 이렇게 폐를 많이 끼친 아이도 없었겠지만, 그런 만큼 이렇게 성장한 아이도 없지 않나 자부합니다.”

“부모자식은 똑같다더니.” 누군가가 한 말에 웃음바다가 되었다.

“또 한 가지, 저는 연구자로서 지금까지 발달장애 아동과 관련된 일을 해 왔습니다. 그런데 여기에도 ADHD^{주의력결핍 · 과잉행동장애}나 아스퍼거 증후군 진단을 받을 만한 아이가 있었습니다. 아스퍼거 증후군 아동은 사람들과 관계 맺기가 어렵고, 아스퍼거 증후군에는 아스퍼거 증후군 특유의 문화가 있기 때문에 억지로 사람들 속으로 끌어들일 필요가 없다고 합니다. 하지만 이곳에서는 그런 아이들도 사람들과 관계를 맺고 살아갈 수 있게 됩니다. 사람들과의 관계를 통해 아이들이 변화하는 모습을 보고, 저는 놀란 동시에 연구자로서 많은 반성을 했습니다. 사람이 변할 수 있다는 점을 깨닫게 해 주셔서 감사합니다.”

이 말을 들은 나는 힘찬 박수를 보내고 싶었다. 아들이 센터 설립 이래 최고의 문제아로 꼽히는데도 전혀 흔들리지 않고 ‘아이의 좋은 점만 보며 키웠다.’고 당당히 말하는 곤의 어머니에게, 그리고 ‘사람은 변할 수 있다.’고 연구자로서 다른 부모들 앞에서 확실히 말해 준 것에 대해서 말이다.

일반적으로 발달장애는 뇌의 기능장애이기 때문에 완치되지 않는다고 한다. 하지만 사카모토는 ‘ADHD나 아스퍼거 증후군을 뇌의 기질적 문제로 보는 이들도 있으나, 가족이나 가정의 문제로 생각하지 않으면 해결 방법이 없다.’고 잘라 말했다. 어떤 문제아든 환경만 잘 갖추어 주면 반드시 변할 수 있다는 확신이 느껴진다. 그리고 곤의 어머니가 이를 대변해 준 것 같기도 했다.

<u>사람은 사람에 의해 사람이 된다</u>

센터의 아이들은 각기 다른 이유로 이 섬에 왔다. 부모로부터 도망쳐 오는 아이도 있고, 등교 거부에서 탈피해 어떻게든 학교에 다니고 싶어서 오는 아이도 있다. 아토피를 치료하기 위해 오는 아이도 적지 않다. 하지만 가장 큰 이유는 변하고 싶다는 소망이다.

다에카는 자신의 단점을 확실히 인식하고 고치고자 하는 바람을 가졌다.

"저는 입이 걸고, 불평불만이 많습니다. 생각나는 대로 바로 말해서 남에게 상처를 입히는 데다, 배려할 줄 모르고요. 성격이 나쁜 거죠. 이 섬에 온 것은 이런 성격을 고치고 싶어서예요."

곤이나 소마는 센터에서 생활하면서 자신이 남들과 다르다는 것을 깨닫고 차차 바꾸려는 마음을 갖게 되었다.

그리고 결과적으로 많은 아이들은 변화한다. 1년 만에 변하기는 힘들지만, 2년이면 대부분 변화에 성공한다. 특히 열네 살에서 열다섯 살 사이에 일어나는 변화는 극적이다. 마치 곤충이 허물을 벗듯 변해가는 모습은 감동적이기까지 하다.

그렇다면 무엇이 아이들을 변하게 하는 것일까? 몇 가지 원인이 있겠지만, 그 중 하나는 '섬이 변하게 한다.'는 것이다.

사카모토는 "아이들은 섬사람들이 말을 걸어주는 것이 고맙다고 합니다. 안색을 살피고 기운이 없어 보일 때는 '기운이 없구나.' 하고 헤아려 주는 겁니다. 그런 여유가 이 섬에 있습니다."라고 했다.

실제로 이 섬사람들은 길에서 아이들을 만나면 그냥 지나치지 않고 꼭 말을 건다. 아이들은 "안녕"이라는 인사 한마디에 섬과의 강한 결속을 느끼고, "고마워"라는 말로 자신이 누구에게든 도움이 되고 있음을 느낀다. 그 무엇보다 기쁜 순간이다.

사카모토에게 자주 야단을 들은 아이는 곤인데, 거꾸로 섬사람들은 곤을 예뻐했다. 터덜터덜 걸어가고 있으면, "너 또 사카모토 선생님한테 혼났구나. 곤, 잠깐 우리 집에 오렴." 하는 것이다. 아이들에 대한 이런 태도는 예로부터 섬사람 모두가 한마음으로 아이들을 키워 온 섬의 관습이었다. 아이들 수가 적은 탓도 있지만, 섬에서는 동갑끼리만 노는 일은 없다. 나이가 위인 아이들이 어린 아이들을 보살펴 가며 노는 것이 일반적이어서, 함께 노는 가운데 자연스럽게 사회성을 익힌다.

아이들을 섬 전체가 보살피는 것은 어부로 살아온 지혜일 것이다. 일찍이 구다카 섬의 어부는 보통 아마미 군도 부근까지 나가서 고기를 잡았다. 장시간에 걸쳐 고기를 잡다 보니 현지에서 장가를 들어 그 사이에서 태어난 아이를 데리고 돌아오기도 했으며, 수리 부근에서 아이를 양육할 수 없는 가정의 아이를 섬으로 데려 와 아마미오 섬에서 고기잡이를 시키기도 했다.

이 섬에서는 섬 밖에서 아이가 오는 것이 당연한 일이고, 섬의 번영을 위해서라도 아이를 소중히 키워야 한다는 의식이 강하기 때문에, 내 자식, 남의 자식 가릴 것 없이 섬 전체가 보살피는 것이 지극히 당연한 것이었다. 그래서 센터에 있는 본토 아이들에게 별다른 이질감이 없었던 것이다. 기운이 없어 보이면 다정하게 말을 걸어 주고, 잘못을 저지르면 친부모 이상으로 야단쳤다.

"예전에는 좋았다고 하지만, 예전부터 모든 부모가 중심을 잘 잡았던 것은 아닙니다. 사리분별을 잘 하고 교양이 있는 그런 부모가 마을에 한 명이라도 있으면 다행이었을 겁니다. 모두 어딘가에 결함이 있습니다. 하지만 사람이 여럿이어서 서로 부족한 점을 메워도 주고, 중화도 시켜 주고 했던 것이 아닐까요? 우리 아빠가 불같은 성격인데 이웃집 아저씨가 온화해서 보완이 되는 것처럼요. 지역 전체가 아이들을 키운 것이죠. 그것이 지금 이 섬에 남아 있다고 생각합니다."

사카모토가 말했다. 섬 안에 타인을 배려하고 생각하는 생활습관이 깊이 뿌리내리고 있었다.

"사람과의 절차탁마切磋琢磨가 없으면 사람은 사람이 될 수 없습니다. 사람을 사람으로 키우지 않는 사회에 미래는 없지요."라고 사카모토는 말했다.

이 섬에는 사람을 키우는 사회가 있다는 생각이 든다. 사람은 사람에 의해 사람이 되는 것이다.

심플한 생활이 답이다

생활양식에 따라서도 아이는 변한다. 우리의 생활과 센터의 생활이 크게 다른 점은 네 가지가 있다. 첫 번째는 생활하는 모든 시간이 엄수되는 점, 두 번째는 심플한 생활, 세 번째는 식사, 그리고 네 번째는 운동이다.

'아침 6시에 일어나 산책을 다녀와서, 방을 청소하고 아침밥을 먹고 학교에 갑니다. 밤에는 10시에 소등합니다. 토요일과 일요일은 아침 9시에 기상해 청소를 하고 밭에 가서 각자가 기르는 모종을 손질합니다.'

다에카가 작문에 쓴 내용처럼, 센터에서는 이러한 생활양식을 반드시 지켜야 한다. 본래 밤에는 통금시간이 엄격하지만, 아침이라면 6시 이전에 일어나도 상관이 없다. 아침 시간 활용은 아이들의 자유다. 다에카와 몇몇 아이들은 새벽 4시에 일어나서 남자아이와 데이트를 했다는 일화도 있다.

아침식사는 7시부터이고, 식사를 마치고 나면 학교에 간다. 방과 후에 놀더라도 저녁식사 시간인 7시까지는 센터에 돌아온다. 식사 후에 모임이 있는 날도 더러 있지만, 어차피 소등이 10시이므로 그때까지가 공부하는 시간이다. 시간이 부족할 때는 사카모토의 허가를 받아 11시까지 자습실에서 공부를 한다. 하지만 아침이 더 편하다며 5시에 일어나서 공부를 하는 아이도 적잖이 있었다. 하루하루의 일정이 빡빡하고 꽤 바쁜 것이다.

게다가 집단생활에서 오는 피로감으로 '여름방학 전에는 한계에 달하게 된다.'는 아이가 많은데, 곤에게 "잘 견디는구나."라고 했더니, "뭘요. 정들면 고향이죠."라며 아무렇지 않은 듯 말했다. 이것이 아이들 특유의 적응력일지 모르겠다.

규칙적인 생활이 자율신경에 영향을 끼친다는 논문도 있지만, 사카모토는 그보다는 아이들이 인간다운 생활을 하길 바랐을 뿐이다.

심플한 생활이란, 휴대전화는 물론 텔레비전도 게임기도 없으며,

밖에 나가도 편의점이나 오락실이 없는 생활을 말한다. 심플한 생활은 스스로를 반성하게 하고 한 차원 높은 삶으로 이끌어 준다.

헨리 데이비드 소로는 《월든, 숲 속의 생활》에서 심플한 생활은 살아가는 데 있어서 중요한 것에만 시선을 향하게 하고 내면의 재능을 일깨워 준다고 썼다. 구다카 섬의 심플한 생활에 의해 곤과 아이들의 내면에도 이것과 비슷한 화학반응이 일어났다 해도 전혀 이상할 것이 없다.

휴대전화나 게임기는 아이들의 가능성을 엄청나게 빼앗아 왔다고 생각한다. 유스케가 기타를 시작했을 때 사카모토는 "더 많은 것들을 할 수 있는 아이였는데 게임기가 모든 것을 앗아가 버렸다."고 개탄했다. 게임에 의존함으로써 숨겨진 재능을 꽃피우지 못하고 끝나버린 아이들이 얼마나 많을까? 그것은 휴대전화도 마찬가지일 것이다.

아이들 사이에서는 메시지가 오면 2, 3분 안에 답신을 보내야 하는 일종의 룰이 있어서, 이를 지키지 않으면 단체 메시지 그룹에서 제외된다고 한다. 메시지에 의해 생겨난 가상의 인간관계에서 나만 제외당할지 모르는 공포가 존재한다.

정도의 차이는 있겠지만, 어느 가을에 있었던 아키하바라 살인 사건의 가해자 가토 도모히로가 느꼈던 비슷한 공포를 지금의 아이들이 떠안고 있는 것이다. 현실에서는 외톨이에 지나지 않은데, 고작 메시지 하나로 다른 사람과 이어져 있는 것이라 착각하며, 가상공간의 따돌림이 현실사회의 따돌림이 되어 버리는 것이다.

또한, 휴대전화나 게임기가 없으면 사람과 접할 시간이 많아진다. 집단 속에서 타인과 부대끼며 상대를 거울삼아 자신의 모습을 직시하기도 한다. 돌아서면 잊는다는 곤이 순식간에 좋아진 것은 센터에서 아이들과 함께 생활했기 때문이다.

곤의 어머니는 나에게 이런 말을 했다.

"처음 구다카 섬에 갔을 때, 곤은 주위 사람들과 잘 지낼 수 없을 것 같으니 입학이 어렵겠다는 사카모토 씨의 말을 듣고 충격을 받았습니다. 하지만 주위에 있는 비슷한 친구들을 통해 아이가 객관적으로 자신을 돌아볼 수 있었고, 무엇이 주위 사람들에게 폐를 끼치는 것인지 깨달았다고 생각해요. 아이들은 인간관계 속에서 변할 수밖에 없는 것 같아요. 휴대전화니 게임기니 하는 것들을 모두 빼앗아버리면 되지 않느냐고 쉽게 생각할 수 있지만, 물질이 풍요로운 시대에 그것을 참으라고 강요하기가 부모로서 너무나 어려운 일입니다. 그렇기 때문에 바로 이런 환경이 필요한 것이죠."

심플한 생활에 의해, 자신의 내면을 들여다보고 서로 몸을 부대끼며 대화를 나누고 사람과 소통할 수밖에 없는 환경, 그 속에서 아이들은 변화를 이루는 것이다.

첨가물 없는 채소 중심의 식생활

식사는 확연하게 아이들을 변화시킨다. 구다카 섬에 오는 아이들은 마음의 문제뿐 아니라 몸에도 문제를 가지고 있는 경우가 많다. 한 예로, 다에카는 알레르기 체질이다. "아토피 때문에 얼굴이 새빨

갖고 핏자국투성이었어요. 그리고 평범한 식사를 할 수 없었어요. 밀가루, 빵, 우유, 메밀가루, 거의 다 먹을 수 없었죠." 아버지의 이야기만 들어도 어느 정도로 상태가 심각했는지 짐작이 갔다.

기린의 남동생 도라도 알레르기로 인해 얼굴에 변형이 왔었다. 란도 여드름 때문에 피부가 달 표면 같았다. 그들에게 공통된 점은 정크푸드나 주스 종류를 아주 좋아한다는 것이다. 그러던 것이 이 섬에서 반 년 정도 지내면, 우선 여드름이 사라지고 1년 지나면 다에카 같은 아이는 못 먹던 음식을 먹을 수 있게 되며 아토피 증상을 더는 신경 쓰지 않을 만큼 호전된다. 물론 식사가 전부는 아니지만 큰 관련이 있는 것 같다.

센터의 식사는 소박하다. 채소 중심의 국 한 가지, 채소 반찬 두 가지인데, 양념을 사용할 때 기본적으로 백설탕은 쓰지 않고 기름도 될수 있는 한 줄인다. 여기서는 백설탕 대신 가격은 비싸지만 발효음료로 단맛을 내고 있다. 부득이하게 사용해야 할 때는 오키나와의 사탕수수를 원료로 정제하지 않은 설탕을 사용한다. 본래 섬에 있는 밭에서는 철저히 무농약으로 채소를 재배하지만, 구입했을 시 반드시 유기농일 수는 없다. 초기에는 무농약, 무첨가, 무설탕을 고집했지만, 최근에는 상당히 느슨해졌다고 사카모토는 말했다.

"100퍼센트 무첨가 식사는 사회와 완전히 격리된 생활이 아니면 어렵습니다. 너무 엄격히 제한하면 아이들의 가정이나 주위 사람들의 이해를 구하기 어렵고, 아이들이 몰래 숨어서 사 먹게 됩니다. 그래서 최근에는 제과용으로 과립설탕을 구비해 놓고 있습니다."

물론 양념으로는 백설탕을 일절 사용하지 않는다. 또한 기본적으로 캔 주스나 콜라 같은 탄산음료를 전혀 마시지 않는다. 사카모토는 센터의 아이들이 감기에 잘 걸리지 않는 것은 캔 주스를 마시지 않기 때문이라고 했다.

정크푸드는 물론 먹이지 않는다. 스낵 과자는 최대한 피한다. 아이들의 부모가 보내거나 아이가 스스로 몰래 사 먹기 때문에 완벽하게 차단하지는 못하지만, 센터에서는 금한다.

이러한 식사에 대한 사고방식은 사카모토의 체험에서 기인한다.

"대학 시절에 몸에 이상이 생겨 과민성 대장염 진단을 받았는데, 농가에서 첨가물을 섭취하지 않고 현미밥과 채식을 했더니 잔병치레 없는 아주 건강한 몸이 되었어요."

이런 식생활을 부활시킨 것은 아이들의 식습관이 붕괴되고 있음을 깨달았기 때문이다.

마요네즈를 싫어하는 아이는 고사하고, 채소를 못 먹는 아이가 흔하다. 고야쓴맛이 강한 박과의 오키나와 채소. 우리말 여주, 큰실말, 참외는 먹으면 토할 것 같다고 하고, 파 종류는 전혀 먹으려 하지 않는 아이가 절반이나 된다. 신고는 채소는 생리적으로 맞지 않았다고 할 만큼 싫어했다. 다카히로 역시 채소를 먹으면 마치 못 먹을 것이라도 먹은 것처럼 꼭 토해 내곤 했다.

사카모토는 한 아이에게 채소를 더 먹으라고 했다가 깜짝 놀란 적이 있다.

"마요네즈를 못 먹는 것과 채소를 못 먹는 것이 무슨 차이가 있어요? 저는 채소를 안 먹어도 살 수 있어요."라는 대답이 돌아왔다.

"부모에게 강제력이 없기 때문입니다. 싫어하는 것을 억지로 먹일

수가 없는 것이지요."

이러한 사카모토의 지적은 아마도 대부분의 가정에 해당될 것이다.

센터에서는 음식을 남기는 행위를 철저히 금하고 있고, 모두가 같은 것을 먹기 때문에 싫어하는 것이라도 먹지 않을 수 없다. 처음에는 아이들끼리 싫어하는 음식을 교환해서 어떻게든 남기지 않으려고 하지만, 언젠가는 모두 먹게 된다. 다카히로도 신고도 직접 채소를 기르기 시작하면서 한 달 후에는 아무렇지 않게 채소를 먹게 되었다.

구다카 섬에 와서 몇 달 정도 지나면 아이들은 감기에 걸리지 않는 튼튼한 체질이 된다. 부주의로 감기에 걸리는 아이도 있지만, 그럴 때도 진료소에서 감기약을 처방 받지는 않는다.

"감기에 걸리거나 컨디션이 나쁘면 식사 제한을 합니다. 우선 설탕, 고기, 기름을 못 먹게 합니다. 그리고 무첨가 음식을 먹도록 합니다. 그렇게 되면 밥, 김, 소금, 매실 절임, 낫토 같은 것들밖에 먹지 못하니, 완전한 사찰 음식이 되는 거죠."

감기에 걸리더라도 이틀 연속으로 쉬는 아이는 없다고 했다.

이런 식생활을 계속하다가 갑자기 콜라를 마시거나 아이스크림을 많이 먹으면 어떻게 될까? 실제로 그런 경우가 종종 있어서 그때마다 센터는 시끄러웠다.

"미술 선생님이 반 아이들에게 열심히 잘했다며 콜라를 사준 거예요. 괜한 짓을 했구나 싶더니만 아니나 다를까, 아이들이 배가 아프다고 저녁밥을 못 먹었어요. 또 어떤 아버지가 와서 달리기를 한 아이들에게 캔 주스를 사 주었어요. 딱 한 캔이었지만 아이들은 역시 저녁밥을 먹지 못했죠. 섬 주민에게 책을 빌려주었더니 센터의 아이들이 측은하다며 화과자를 두 상자나 주었어요. 화과자를 먹다 보면 메슥거리고 하니, 단 음식이 좋지 않다는 것을 몸으로 알게 됩니다.

전형적인 예는 태풍으로 정전됐을 때예요. 정전이 되면 어차피 아이스크림이 녹아 버린다며 가게 주인이 아이스크림을 엄청나게 많이 줘요. 신고가 신이 나서 4개를 먹고는 열이 40도까지 올라서 눈물을 뚝뚝 흘렸어요. 저도 좀 걱정했지만, 다음날 아침 깨우려고 했더니 침대에 누워서 '어제는 큰일 날 뻔 했어요.' 하면서 웃더군요. 그런 것을 직접 보면, 아이들은 아무 말 하지 않아도 알아서 자제하게 됩니다."

첨가물 없는 채소 중심의 식생활이 아이들의 몸을 건강하게 만들어 주는 것이다. 아토피 역시 이와 밀접한 관련이 있다.

운동이 마음을 단련한다

식사와 함께 운동도 여기서는 강제다. 사카모토는 센터를 개설하기 전부터 등교 거부 아이들에게는 몸을 움직이는 것이 필요하다고 생각하고 있었다.

"열네 살, 열다섯 살이라는 나이는 반드시 운동을 해야 하는 시기입니다. 저는 운동을 잘 못했지만, 십 몇 년 동안 축구를 해 온 덕분에 골격이 갖추어졌지요. 근육이나 위장 같은 내장 기능을 강화하면 평생의 재산이 됩니다. 유스케는 이 섬에 왔을 당시 근육이 없어서 물렁물렁했어요. 등교 거부를 했던 아이는 100퍼센트 몸을 움직이지 않습니다. 몸을 만드는 것은 아이들 삶의 대전제나 마찬가지예요.”

달리기를 못하던 곤도 강제로 시키니까 달리게 되었다. 중학교에서는 드물게 3천 미터 달리기를 아이들에게 의무화한 것도 그 때문이다.

달리기뿐 아니라, 다이빙과 같이 일상 속에서 유산소 운동과 무산소 운동을 반복하는 놀이를 의도적으로 시키는 것도 물론 그렇다. 식사와 운동으로 아토피나 비만으로 고생하는 아이들은 확실히 호전된다.

센터의 생활이란, 말하자면 고도 경제 성장 시대로 진입하기 전의 일본인의 생활, 바로 그것이다. ‘學배울 학’이라는 글자의 의미가 ‘아이를 틀에 끼워 넣고 채찍을 휘두르는 것’이라는 말을 들은 적이 있는데, 아이들을 틀에 끼워 넣듯이 해서 단련시켜 나가는 사카모토의 방법에서, 지금은 사라져 버린 옛 지혜가 느껴진다. 센터의 생활에는 그러한 흔적이 도처에 있는 듯하다.

아이들을 변화시키는 가장 큰 원동력은 ‘가장’으로서 한 치의 흔들림이 없는 사카모토다.

지금까지도 언급해 왔지만, 센터를 찾아오는 아이들의 대부분은 극히 일부를 제외하고 운동을 잘 못한다. 그 전형적인 예가 곤이다.

“그건 지옥이었어요.” 지금도 곤은 이렇게 말한다. 열네 살, 열다섯 살의 아이들은 에너지가 남아도는 것이 당연함에도, 곤에게는 몸을 움직이는 것이 고통인 것이다. 그래서 달리는 척을 하거나 혹은 달리지 않고 넘어가려고 이런 저런 핑계를 대며 도망치려 한다. 정도의 차이는 있지만, 이는 노노카나 다에카도 마찬가지였다. 육상대회를 회피하고자 매니저를 하겠다고 자처했던 아이들이다.

사카모토는 그것을 딱 잘라 거절한다. 그래서 운동회나 역전 마라톤 대회가 다가오면 반드시 사카모토와 트러블이 발생했다.

"아이들은 올해도 또 저와 전쟁입니다."

매년 그 시기가 되면 사카모토는 쓴웃음을 짓는다.

매일 몸을 움직이고, 식사를 남기지 않으며, 신발이나 세탁물과 같은 개인물품을 정리하고, 아침에는 기상 시간을 정확히 지키는, 일상의 기본적인 일에 사카모토는 절대로 타협하지 않는다. 특례 역시 인정하지 않는다. 그래서 제아무리 운동을 싫어하는 아이라도 달리지 않을 수 없게 만든다.

결과적으로 억지로 달리게 됨으로써 아이들은, '내가 달릴 수 있구나, 달리면 역전 마라톤 대회에도 출전할 수 있겠구나.' 하고 달릴 수 있는 자신을 발견하게 된다.

사카모토는 이러한 원칙에 전혀 흔들리지 않는다. 그러니 아이들은 사카모토에게 불평을 하면서도 사카모토를 신뢰하게 된다. 그렇게 사카모토에게 대들던 곤이 구다카 섬을 떠난 후에도 "사카모토 선생님은 부모님 같은 존재였어요."라고 말하는 것은 사카모토가 곤에게 타협하지 않았기 때문이다. 소마는 사카모토에게 반발을 일삼았어도 결국에는 "너, 사카모토교 신자 아니냐?"라는 놀림을 받을 정도로 그를 따랐다.

그렇기 때문에 아이들이 변하는 것이다.

<u>부모의 문제가 곧 아이의 문제다</u>

변하려 애써도 변하지 못 하는 아이도 있다.

아이나라는 여자아이는 몸집이 작고 얼굴이 귀여운데도 남자아이들조차 벌벌 떨었다.

12월에 학교를 체험하러 왔을 때 어머니가 아이나만 남겨두고 돌아갔더니 내내 울음을 그치지 않을 만큼 엄청난 울보였다. 우치무라가 안고 달래 주느라, 식사 준비를 못 했다고 했다. 그러더니 한 달이 지나자 확 바뀌어 버렸다.

"너는 몸집이 작은데 여자 방에서 가장 영향력이 세구나. 아이들이 그러는데, 네가 화가 나면 아주 무섭다던데, 뒤에서 무슨 말을 할지, 무슨 일을 당할지 모른다고 말이다. 네 마음에 조금만 거슬려도 공격을 퍼붓지? 너는 그렇게 남을 지배하고 있는 거야."

사카모토가 모임 자리에서 아이나에게 이런 말을 할 정도로 아이들은 두려워했다. 물론 아이나 자신도 그런 제 모습을 좋아하지 않았다. 그럼에도 변화에는 실패했다.

아이나에게는 문제가 아주 많았다. 우선 일상생활이 엉망진창이었다. 세탁기 속에 더러워진 옷을 넣어 놓기만 한 채로 놀러 나가거나, 멋대로 남의 가방을 열어 보거나 편지를 읽어서 문제를 일으켰다. 섬의 다른 아이에게 과자 심부름을 시켜 다 먹어 치우고는 센터의 식사를 하지 못한 적도 있다. 배드민턴 경기에 나간 것까지는 좋은데, 잘 치지 못하면 대회장에 야유가 쏟아질 정도로 반항을 일삼았다. 그런 일은 허다하게 많았다. 하지만 이 정도였다면 주변을 질리게 만든 것으로 끝났을지도 모른다.

아이나의 치명적인 문제는 아이들이 무서워할 정도로 심한 말을 퍼붓는 점이었다. 있지도 않은 이야기를 소문으로 퍼뜨려 궁지에 몰아넣는 일도 있었다. 상대가 약하면 특히 더했다. 말을 심하게 하는 것은 상대를 지배하려 들기 때문이라고 사카모토는 진단했다.

반대로, 자신에게 이득이 되는 사람이나 강한 상대에게는 바로 굴복하고 추종한다. 베트남 전쟁에서 돌아온 군인은 일상생활로 돌아와서도 상대가 적군인지 아군인지를 바로 알아봤다고 하는 것처럼, 이 아이도 어릴 때부터 일상이 치열한 전쟁터였을지 모른다.

아이나는 여자아이들에게는 두려움의 대상이 되었는데, 정작 본인은 언제나 남자 선배를 따라다녔다.

한때 대립하던 상대로부터 자신을 지킨답시고 '구다카 연합'이라는 폭주족 비슷한 가공의 조직을 만들기도 했다. 이를 이용해 몹시 간교한 잔꾀를 부렸다가, 섬 어른들 간에 큰 싸움이 벌어질 뻔했다. 나는 아이나의 변화를 꼭 취재하고 싶어서 구다카 섬을 오갔지만, 결국 졸업할 때까지 그 아이는 변하지 않았다.

곤처럼, 혹은 유스케처럼 아이나는 왜 변하지 못했을까? 어디에 문제가 있었던 것일까? 사카모토에게 물으니 이런 말을 했다.

"그 아이가 초등학교 때, 열쇠를 잃어버려서 철사로 열려고 하다가 철사가 안 빠져서 아버지에게 따귀를 두 대나 맞았다고 합니다. 다음 날, 아버지가 소녀 잡지를 사 들고 와서 미안하다고 사과했다는데, 무의식적으로 한 행동이겠지만, 아이를 그렇게 땅에 처박았다가 다시 들어 올리는 것은 아이를 지배해서 의존형 인간으로 만드는 전형적인 방법이지요.

하지만 문제는 어머니일 겁니다. 여름방학에 아이나와 같은 시간에 섬에 돌아온 아이가 있었어요. 같이 버스정류장에서 기다리고 있었는데, 아이나의 엄마가 갑자기 아이나를 발로 차더라는 겁니다. 공공장소에서 자기 아이를 발로 차는 것은 어머니한테 심한 스트레스가 있다는 말이겠죠.

아이나의 어머니는 어렸을 때, 자기 어머니가 아버지에게 맞는 것을 보고 괴로웠다고 하는데, 폭력을 당한 엄마가 자기 아이에게 또 폭력을 휘두르는 가정폭력의 대물림 같습니다.

어머니에게 딸의 문제점을 말씀 드려도 그때는 신경 쓰겠다, 알겠다고 하지만, 나중에는 화가 치미는지 "왜 제가 그런 말을 들어야 하나요?"라며 항의를 해요. 매번 이런 상황이 반복되었죠. 문제의 근원이 어머니인데, 그에 대한 자각이 전혀 없는 겁니다."

아이의 가치관이나 판단기준이라는 것은 나고 자란 환경, 특히 아이가 가장 많은 시간을 가지고 접하는 어머니에 의해 결정된다. 아이는 자신의 어머니를 기준으로 행동규범을 정하기 때문이다. 그런 의미에서 아이에게 어머니는 신과도 같은 절대적 존재다.

그런데 어느 날 문득 그 '기준'이 이상하다는 점에 눈을 뜨는 아이가 있다. 그에 대해 어머니에게 호소한다 한들, 어머니가 단칼에 무시해 버리면 아이는 어떻게 해야 할지 갈피를 잡을 수 없다. 즉, 아이가 변하려고 해도 부모가 둔감하거나 모르는 척 방관하면 아이는 변할 수 없다. 사카모토는 이 말이 하고 싶었던 것이다.

부모의 문제가 곧 아이의 문제다.

여름방학 때 집으로 돌아가는 아이나의 뒷모습을 보며 사카모토가
이렇게 혼잣말을 했다.

"저 아이는 이제 사방이 꽉 막힌 곳으로 돌아가는군요."

11장 불량소년 다쓰노리의 기적

다쓰노리의 별명은 '아버님'이다.

그가 섬에 온 것은 곤과 아이들이 오기 한 해 전이었다. 중학교 2학년인데도 중년 아저씨처럼 배가 불룩하게 나와서, 나도 모르게 '아버님'이라는 말이 툭 튀어나올 것만 같은 몸매였다.

다쓰노리는 과묵했지만 폭주족 같은 복장에 이마의 머리털을 바싹 밀기까지 해서, 불량해 보였다. 남방계의 짙은 이목구비와 눈매, 거기에 퉁퉁하게 살찐 체형은 주위에 위압감을 주기에 충분했다.

겉모습만 보고도 아이들은 뒷걸음질을 쳤는데, 거기에다 A중학교에 다녔다는 말을 듣고 아이들은 벌벌 떨었다. A중학교라고 하면 오키나와에서는 거친 학교의 대명사처럼 여겼고, A중학교의 학생이라는 것만으로도 두려움의 대상이 되었기 때문이다. 아이들의 머릿속에는 A중학교의 학생=불량학생이라는 도식이 각인되어 있었다.

게다가 담배를 너무 피워서인지 마을의 불량학생들처럼 길가에 함부로 침을 뱉었다. 아름다운 섬의 풍경과는 도무지 어울리지 않는 광경을 아이들은 두려운 눈빛으로 멀찍이 물러나서 바라보았다.

그런데 이 '불량소년'은 한마디 말도 하지 않았다. 과묵함으로 주위를 위압하는 것이 아니다. 어머니조차 '무슨 생각을 하고 있는지 모르겠다.'고 푸념할 정도로 과묵했다.

처음에 견학을 왔던 1월, 어머니는 사카모토를 만나 지금까지의 경위를 설명하고 머리 숙여 입학을 부탁했는데, 사카모토는 유스케에게 말한 것처럼 "알겠습니다. 단, 본인의 의사를 확인해야 합니다."라며 어머니를 우선 제지했다. 그리고 다쓰노리를 향해

"이곳에서 잘 생활할 수 있을 것 같니?"라고 물었다. 하지만 그 말이 들리는지 안 들리는지, 한마디도 하지 않았다.

"우리 애가 말수가 적어서요. 오게 되면 적응할 수 있을 거예요."

당황한 어머니가 변명을 했지만, 사카모토는 단호히 말했다.

"어머님은 잠시만 가만히 계십시오. 제가 다쓰노리에게 확인하겠습니다."

하지만 다쓰노리는 마치 조각상처럼 선 채로 꿈쩍도 하지 않았다. 하는 수 없이 어머니는 다쓰노리를 데리고 나하로 돌아갔다.

2월에 다시 찾아왔는데, 이때도 전과 마찬가지로 아무 말도 하지 않았다. 과묵한 것으로 보나 뚱뚱한 것으로 보나, 다쓰노리는 곤과 유스케를 더해서 둘로 나눈 것 같은 아이였다.

3월이 되자 어머니 역시 초조해지기 시작했다. '허락 안 하시려나 보다. 이를 어째?' 하는 마음에 못내 불안했다. 사카모토에게 '이번에는 입학을 허락하실 때까지 꿈쩍 안 할 겁니다.'라고 말할 작정으로 있는데, 갑자기 사카모토에게서 전화가 걸려왔다.

"다쓰노리의 입학을 허가하기로 했습니다. 수속하실 서류를 보내드리겠습니다."

"네? 정말인가요? 본인 확인이 없어도 되나요?"

"어떻게든 이곳 생활에 적응할 수 있을 것 같아서 허가하기로 결정했습니다."

좋아서 어울린 게 아니야

다쓰노리의 전학이 기적처럼 이루어졌다. 나중에 어머니가 입학을 허가한 이유를 묻자, 아이들이 다쓰노리를 멀리 하려고 했는데, 다카 토라는 다소 불량스러운 아이가 "사카모토 선생님, 그 녀석, 입학시 키는 게 어때요?"라고 말했다는 것이다. 다카토는 다쓰노리가 자신과 같은 부류라는 느낌을 받았던 모양이다.

사카모토는 다카토와 함께라면 잘 해나갈 수 있을지도 모른다고 생각했다. 그래서 다쓰노리를 받아주기로 마음먹었다.

다쓰노리는 오키나와에서 태어난 오키나와인이다. 예로부터 오키 나와에서 장사를 해온 집안에서 태어나 유복하게 생활했다. 그런데 어쩌다 구다카 섬에 오게 되었을까?

다쓰노리의 집 근처에 담쟁이덩굴로 뒤덮인 아담한 커피숍이 있 다. 나는 그곳에서 어머니를 만났다. 총명하고 무척 당차 보이는 어 머니는 커피를 한 모금 마시더니, 지난 일을 떠올리며 "그때는 악몽 이었어요."라고 말을 꺼냈다. 한숨이 아니라 미소를 띤 것은 지금의 아들에 만족하는 때문일 것이다.

다쓰노리가 태어난 곳은 지저분한 동네였어요. 저는 아들을 깨끗 한 동네에 있는 초등학교에 보내고 싶어서 이사를 했어요. 그곳은 집 들이 가지런히 늘어서 있었고 한적한 공원도 있어서 아이를 키우기 에는 아주 좋은 환경이었어요.

다쓰노리는 어렸을 때부터 얌전해서 새로운 학교에서 따돌림을 당하지 않을까 오히려 걱정했었죠. 그런 애가 설마 불량 청소년이 될 줄이야…….

이사한 동네에 있는 중학교 아이들이 거칠다는 말을 들은 건 초등학교 3학년 때였어요.

초등학교 4학년까지는 착한 친구들과 어울렸는데, 그 친구들이 중학교 수험 반이 되고, 우리 아들은 공립 A중학교에 들어가는 반으로 가는 바람에 헤어졌죠. 이것이 정말 운명의 갈림길이었어요. 그 일을 계기로 친구가 싹 바뀌었거든요.

하지만 친한 친구가 집에 놀러 오기도 하길래 저는 단순히 친구를 새로 사귀었구나 하고 좋아했지요. 그 친구가 위험한 아이였다는 걸 바보같이 전혀 눈치채지 못했던 거예요.

초등학교 6학년까지는 꽤 좋은 성적이었어요. 그러다가 나락으로 떨어지듯 성적이 뚝 떨어졌어요.

그게 중학생이 되자마자 생긴 일이었어요. 아들이 지갑을 소매치기했다고 경찰서에서 전화가 온 적이 있어요. 그때 문제가 생겼음을 눈치챘어야 했는데, 아무 것도 모르고 저는 '어머나! 얌전한 우리 아들도 이런 일을 저지르는구나.' 하고 그저 놀라기만 했지, 크게 신경도 안 썼어요.

그런데 5월쯤에 친구와 하리^{사바니라고 부르는 전통어선을 이용한 해상 레이스를} 보러 간다며 나가서는 돌아오지 않는 거예요. 저는 무슨 사건에 휘말렸나 해서 대회장으로 찾으러 갔는데, 밤이라서 문이 잠겨 있었어요. 허겁지겁 담임선생님에게 전화를 했더니, 의외로 선생님은 담담했어요. 아마 불량한 친구들과 어울리는 사실을 알고 계셨던 거겠죠. "경찰에 전화하는 게 좋을까요?"라고 물었더니 "아니요, 당분간 상황을 지켜보죠."라고 하시더군요. 안절부절 못하고 기다리고 있는데, 아니나 다를까 그날은 새벽에 돌아왔어요.

"너 대체 어디 있었니?"라고 물었더니, 국제거리를 산책했다는 식으로 말하는 거예요. 화가 머리끝까지 치밀어서 따귀를 때렸던 기억이 납니다.

다쓰노리가 불량한 애들과 배회하는 낌새를 알아챈 게 그때가 처음이었어요. 초등학생 때부터 담배를 피웠던가 봐요. 이미 담배에 중독되어 있었는데, 그것도 모르고 있었어요.

그 애들과 어울리지 말라고 당부했지만, 반이 같으니까 부모가 아무리 닦달을 해도 "너희랑 안 놀아."라고는 못 했겠죠. 그 후로도 어울려 다녔을 거예요.

그 일이 있은 후 일주일 뒤부터는 귀가 시간이 8시에서 9시로, 9시에서 10시로 늦어지더니, 결국은 집에 들어오지 않는 날도 있었어요. '사건'이 빈발한 것도 그때부터예요.

학교에서는 담배를 피웠으니 데리러 오라는 호출을 받았고, 공원에서 도난 자전거를 타고 돌아다녔다며 파출소에서도 연락이 왔어요. 점점 문제가 커진 거죠. 다쓰노리에게 어떻게 된 거냐고 물으니, 화장실에서 담배를 피우고 있었는데 선생님을 발견한 다른 아이들이 자기 주머니에 담배꽁초를 넣고 도망갔다고 하더라고요. 자전거 사건 때도, 신고된 아이는 여러 명인데, 경찰이 왔을 때 우리 애 한 명만 있었고요. 그것도 도난 자전거를 타고 있었다고 하더라고요. 아마도 불량 패거리의 똘마니 노릇을 하고 있었던 모양이에요.

남편은 자식을 끔찍이 여기는 사람이라서 지금껏 아들에게 손 한 번 댄 적이 없었는데, 이때는 욱했나 봐요. 때리는 장면을 동생들에게 안 보여 주려고 다쓰노리를 욕실로 끌고 가서 때렸어요. 남편이 때린 것은 이때뿐이었어요.

또 한 번은 10월의 어느 일요일이었어요. 불량 패거리의 리더한테서 다쓰노리가 쓰러졌다는 전화가 왔어요. 깜짝 놀라서 남편이 바로 구급차를 불러서 병원으로 데리고 갔는데, 집단 폭행이라도 당한 줄 알았더니 글쎄 영양실조였던 거예요. 집에는 거의 들어오지 않았으니 식사 대신 콜라나 마시고 담배를 피워서 그렇게 됐겠죠. 의사 선생님이 이대로 두면 생명이 위험하다고 겁을 주셔서, 이제는 정말 전학을 시키는 수밖에 없다고 생각하고 우선 학교를 휴학시켰어요.

집에 있을 때는 금연 껌으로 담배를 못 피우게 하고, 낮에는 책을 읽혔어요. 외출은 일요일만 허락하고, 남편과 드라이브를 보냈어요. 친척의 조언으로 아침 5시부터 저녁 6시까지 우리 가게 일을 돕게 하고, 밤에는 가정교사를 불러서 공부를 시켰지요.

휴학 중에도 불량 패거리의 리더가 몇 번이나 집에 찾아왔어요. 그때마다 우리 애가 어딘가에 숨길래 '아, 좋아서 같이 어울린 게 아니었구나.' 하는 생각이 들어서 역시 다른 학교로 전학을 시켜는 게 옳겠다 싶었습니다.

너무 멀리는 보내고 싶지 않았어요. 그렇다고 가까운 곳이면 그 불량 패거리가 또 접근할 것 같았고요. 그때 당시 나하 시의 청소년 센터에 일주일에 한 번 다니고 있었는데, '질병에 따른 휴학'으로 처리해 주겠다고 해서 다녔던 곳이에요. 그곳에서 아들을 어떻게 하면 좋을까 상담을 했어요. 그때 처음으로 구다카 섬에 유학센터가 있다는 것을 알게 된 겁니다.

'바로 이거야!'라는 생각이 들었죠. 그게 1월 중순이었어요. 달리 방법이 없었기 때문에 당장 준비를 해서 남편, 아들과 함께 셋이서 구다카 섬으로 향했습니다.

운동도 우직하게

구다카 섬에 처음 왔을 때, 다쓰노리는 사카모토에게 "그 녀석, 입학시키는 게 어때요?"라고 말한 다카토와 잘 어울려서 놀았다. 특히 열중했던 일은 곤처럼 자전거 개조였다. 단지 다른 것이 있다면 곤처럼 중도에 포기하지 않았던 점이다.

다쓰노리는 여전히 과묵했다. 그리고 학업 면에서는 수업을 못 따라갈 정도로 엉망이었다.

성적은 올 '가'나 다름없었다. 특히 영어는 선생님이 무슨 말을 하고 있는지 전혀 모르기 때문에 수업 시간에는 잠만 잤다고 했다.

캐치볼이며, 배드민턴이며, 운동은 아무것도 제대로 하지 못했다. 운동신경 이상을 의심할 정도로 형편없어서, 5월의 수업참관 때 1,500미터를 겨우겨우 완주했다. 그것도 대부분 걸어서였다.

게다가 상당히 중증의 아토피 피부염을 앓고 있었다. 얼굴, 팔, 무릎, 대퇴부, 피부 곳곳이 코끼리 가죽 같았고, 하얀 가루가 날리고 있었다.

이런 다쓰노리를 구제한 것은 그의 우직한 성격이다. 사카모토가 시키는 일은 곤처럼 불평불만을 늘어놓지 않고 묵묵히 해냈다. 곤과 마찬가지로 전혀 달리기를 못했지만, 사카모토가 시키면 이를 악물고 계속 달렸다. 이러한 노력이 두드러지게 나타난 것은 9월에 들어서였다.

운동회가 끝나면 곧 지역 육상대회가 열린다. 사카모토가 아이들과 함께 육상 연습을 하고 있을 때였다. 200미터 트랙 앞에서, 체육 교사가 이렇게 말한 것이다.

"30바퀴 뛰어 볼까?"

반 장난으로 한 말인데, 아이들은 "정말로 뛰는 거예요?" 하더니 싱글싱글 웃으며 교사 주위를 에워쌌다. 자존심을 건드렸다고 생각했을까? 갑자기 투지가 발동한 아이들은 뛰고 싶어 몸이 근질근질해 보였다.

그리하여 사카모토까지 합세해서 달리게 되었는데, 결국 이것이 후에 사카모토가 '교육 인생 최고의 보람'이라고 말할 정도로 큰 감동을 안겨 주었다.

"200미터 트랙을 1분 10초대로 달렸어요. 한동안은 내 뒤에 몇 명인가 따라오고 있었는데 10바퀴, 20바퀴 달리는 사이 점점 떨어져 나갔어요. 마지막으로 서너 바퀴가 남았을 때 뒤를 돌아보니까 다쓰노리밖에 없는 거예요. 주변에서 경기 연습을 하고 있던 아이들은 그것을 보고 '몇 바퀴 안 남았어, 파이팅!' 하며 큰 소리로 응원을 해 주더군요. 한 바퀴 남았을 때 '다쓰노리, 마지막 스퍼트다, 파이팅!'이라고 저도 응원해 주었어요. 다리의 움직임도 나빴고 호흡도 흐트러졌길래 당연히 제가 이길 거라고 생각했는데, 마지막 몇 미터 남겨두고 역전 당하고 말았어요. '이럴 수가, 방심했군.' 이런 생각을 하는 사이에 다쓰노리가 먼저 골인했어요.

이틀 후에 다시 똑같이 했는데, 이때는 제 뒤에 다쓰노리를 포함해서 세 명이 마지막까지 남아 있었어요. 같은 실수를 반복하지 않으려고 이번에는 스퍼트를 일찍 냈는데도, 이번에도 또 다쓰노리에게 역전 당한 거예요. 완벽하게 졌는데, 그게 그렇게 기쁠 수가 없더라고요. 그 해에는 모두 달리기를 한 것이 최대의 수확이라고들 했어요. 아이들은 하기 싫은 일이라도 억지로 시키면, 하는 와중에 깨달아 갑니다."

"계속 연습했더니 그냥 달리게 됐어요." 다쓰노리는 이렇게 퉁명스럽게 말했지만, 불가능하던 것이 가능해진 것이니 그 의미는 자못 컸다. 이로 인해 다쓰노리는 상상조차 못했던 11월의 역전 마라톤 대회에 출전하게 되었다.

구다카 중학교는 육상부가 없는 것이나 다름없는 학교인데, 이 해의 성적은 남자부가 21팀 중 20위를 차지하며 선전했다. 20위를 해놓고 선전했다고 하는 것이 우습게 들릴지 모르지만, 전교생이 고작 20명 중에서 선수를 선발하는 데다 그것도 반년 전까지 달리기를 못했던 아이를 포함해 달리는 것이다. 흰 어깨띠(일정 시간 내에 중계소에 돌아오지 못한 경우, 흰 어깨띠를 두르고 뛴다)만 안 둘러도 잘한 것이라 한들 이상할 것 하나 없었다.

훗날 구다카 섬에서 가장 재미있었던 일이 무엇이냐고 물었더니,

다쓰노리는 제일 먼저 '역전 마라톤 대회'라고 말했다. 그리고 '달리지 못했는데, 친구들과 달릴 수 있게 되어서 즐거웠다.'고 했다. 그에게는 그만큼 감동이었다. 하지만 2학년 때는 아직 이 정도의 변화뿐이었고, 그의 숨은 잠재력은 아직 가슴 깊숙이 가라앉아 있었다.

급격히 변한 것은 3학기 이후였다. 무엇이 다쓰노리를 변화시켰냐고 묻는다면, 그것은 바로 어머니가 변했기 때문이었다. 물론 그것을 증명할 방법은 없다. 하지만 그의 변화 과정의 앞뒤 사정으로 보아, 어머니가 변했기 때문이라고밖에는 달리 설명할 방법이 없다. 그에 대한 어머니의 생각을 다시 한 번 들어보기로 했다.

미안하다, 미안하다

다쓰노리가 중학교 2학년 되던 해 설날에 사카모토 선생님이 제게 《거울의 법칙》이라는 책을 보내셨습니다. 책의 내용은 아들의 따돌림 문제로 정신과 의사에게 상담을 받았더니, 당신에게도 문제가 있는 것이 아닌가, 당신이 바뀌어야 한다는 조언을 듣고, 자신을 바꿨더니 아들이 밝아지고 친구도 생겼다는 이야기인데, 사실은 우리 아이가 구다카 섬에 갈 무렵부터 저와 아들의 관계 역시 그렇지 않았을까 생각하기 시작했습니다.

저 자신도 어머니에게 매를 맞지는 않았지만 폭언에 가까운 야단을 들으며 자랐어요. 저희 어머니는 전쟁고아인데요, 여러 친척집을 전전한 끝에 한 친척 아저씨 집에 정착해서 함께 살게 되었대요. 근데 거기에서 매를 맞고, 숱한 꾸지람을 들으면서 자랐다고 해요.

어머니가 결혼을 하고부터 제 아버지는 일 없이 백수 생활을 했답니다. 게다가 바람을 피우고 돈을 함부로 써서 부부간의 폭력이 끊이지 않았습니다. 집에서는 언제나 말다툼이 일었고 저희 자매는 아버지 욕을 하는 어머니를 보며 자랐습니다. 그러다 보니, 남자의 기를 살려주는 방법을 몰랐고, 또 그것이 당연하다고 생각했어요.

저도 제 아들을 키우면서 두 번 칭찬하면 여덟 번은 기를 죽였어요. 남편이 저에게 말하는 방식을 바꾸라고 한 적이 있지만, 그렇게 자랐기 때문에 그게 당연한 줄 알았어요.

아니요, 아이를 때린 적은 없습니다. 언어폭력이었죠. 우리 애는 근본이 다정하고 성실하고 얌전한 아이였기 때문에 저의 언어폭력을 고스란히 당하고 있었어요. 스트레스가 상당히 쌓여 있었을 거예요.

그런데 구다카에 갈 때마다 사카모토 선생님이 이렇게 말씀하시는 거예요.

"다쓰노리가 순해져서 남들보다 몇 배로 사랑 받고 있어요."

'그래, 우리 아들은 원래 그렇게 착한 아이였지. 그런데 왜 이렇게 된 것일까?' 하는 생각을 하다가 문득 깨달았어요. '모두 내 잘못이구나.' 하고요.

제 어머니는 지금도 불량배들한테 끌려 다녀서 그렇게 됐다고 생각하지만, 저는 우리 애가 저로 인해 자존심에 상처를 입고 자신감을 잃어서 그런 쪽으로 빠졌다고 생각해요. 맞아요. 다쓰노리는 저 때문에 불량학생이 된 거예요.

2학년 겨울방학에 돌아왔을 때, 저는 아이 앞에서 울며 사죄했어요. "미안하다, 미안하다." 몇 번이고 몇 번이고 말했어요.

아이가 제게 뭐라고 했던 것 같은데 그 말도 저에게는 들리지 않았어요. 저를 책망하지도 않고 금방이라도 울 것 같은 표정을 지었지요. 그때 말없이 저를 용서해 준 것이라고 생각합니다.

제 어머니는 지금도, 키워 줬으니 그것만으로도 감사히 여기라고 말하는 사람이라 마음을 터놓고 얘기할 수 없지만, 저는 친한 사람들에게 '환경이 아니라 내가 그렇게 키웠기 때문에 다쓰노리가 희생양이 된 것'이라고 솔직히 말합니다.

40년 넘게 이렇게 살아서 당장이야 못 고치겠지만, 최선을 다해 언어폭력을 고치려고 노력하고 있어요. 남에게 상처 주지 말아야 한다는 생각을 늘 하고 있습니다.

영어에 눈뜨다

어머니가 아들에게 사죄한 약 한 달 후, 이토만 시에서 배드민턴 대회가 열렸다. 이날은 현 내의 강호들이 다 모였는데, 다쓰노리도 이 대회에 출전하게 되었다.

이때 다쓰노리가 다녔던 A중학교의 배드민턴부도 참가했고, 그 중에 초등학교 4학년 때까지 친하게 지내던 친구들도 있었다.

"너, 다쓰노리지?"

“응.”

다쓰노리가 웃음을 띠자, 아이들이 저마다 이렇게 말했다.

“오랜만이다. 너인지 못 알아봤어.”

“다른 데서 온 운동선수인가 했어.”

“너 많이 변했구나.”

1년 전의 다쓰노리와는 인상이 달라도 한참 다른 덕에 그런 대화가 오랫동안 오갔다. 그러고 나서 옛 친구들이 말했다.

“우리 N고등학교에 갈 건데, 너도 와라. 같이 다니자.”

다쓰노리는 웃음으로 대답했다. 그 순간부터 아이는 N고등학교에 가고 싶다는 생각을 간절히 하게 되었고, 구다카 섬에 돌아오자 곧장 사카모토를 찾아가 의논했다.

그러나 이 말을 들은 사카모토는 어떻게 대답해야 좋을지 몰랐다.

“N고등학교는 국제인문과가 유명하고, 특히 영어 수준이 높은 것으로 정평이 나 있습니다. 그런데 다쓰노리는 영어를 전혀 못해요. 한 귀로 듣고 흘리는 수준이었죠. 친했던 옛 친구들과 같은 학교에 다니고 싶은 마음은 알겠는데, 다쓰노리 성적으로는 절대로 무리인 거죠. 그래서 어떻게 단념시켜야 되나, 그 생각만 하고 있었습니다.”

그런데 다쓰노리는 어떻게든 N고등학교에 가고 싶다고 우겼고, 사카모토는 어렵겠다고 생각하면서도 어쩔 수 없이 방법을 일러 주었다.

“그러면 어쨌든 영어를 해결해 보자. 영어는 시간이 걸리니까 당장 시작해야 안 늦어. 우선, 영어검정시험 4급에 합격하는 것을 목표로 해 보자.”

　매일 2쪽 분량의 문제를 공책에 베끼고, 단어를 하나하나 찾아서 전체의 의미를 이해하도록 했다. 다쓰노리는 센터의 자습실에 앉아 묵묵히 단어를 찾았다.

　"음력설이라서 모두 북을 치고 있는데, 다쓰노리 선배는 혼자서 공부를 했어요. 멋있어요. 존경 이상으로 대단해요."

　곤이 이런 말을 할 정도로 다쓰노리는 공부에 몰두했다. 사카모토도 이렇게 말했다.

　"집중력이 대단했어요. 한 달 후에 영어검정시험이 있었는데, 설마 합격은 못 하겠지 하는 생각으로 테스트 삼아 시험을 치게 했더니 합격을 한 겁니다. 3급은 어떻게 하면 좋겠냐고 묻길래, 3급은 스피드와 요령이 필요하다고 설명하고, 영어 선생님과 저, 둘이서 1대1로 가르쳤습니다. 3개월 후에 영어검정시험 3급을 쳤는데 그것도 보란 듯이 합격했습니다."

　이쯤 되면, 죽도록 싫던 영어도 재미있어진다. 9월에 '영어 말하기 콘테스트' 지역 대회가 있었다.

　"영어검정시험에 붙으니까 어찌나 기쁘던지 영어가 더 좋아졌어요. 자, 이제 말하기 콘테스트에 나가 볼까 하는 생각이 들었습니다."

　다쓰노리는 다음 목표를 정하자마자 당장 스피치 내용을 영문으로 썼다. 당시의 구다카 중학교에는 원어민 수준으로 영어를 할 줄 아는 교사가 있어서 그 교사가 다쓰노리의 영작문을 읽고 녹음해 주었다. 녹음 내용을 밤낮으로 들으며, 말할 때의 제스처나 표정 같은 것도 익혔다.

　이런 점에 다쓰노리의 우직함이 잘 나타난다. 다쓰노리는 옆에서 산신을 연주하든 수다를 떨든, 전혀 신경 쓰지 않고 자기 할 일에 열중했다.

스피치의 제목은 'Daikon Day'. 할머니가 밭을 경작하고 다쓰노리는 그 옆에서 채소를 심는다. 다쓰노리는 할머니와 이야기를 하며 매일 정성껏 채소를 기른다. 그런데 태풍으로 이 채소가 전부 죽어 버린다. 할머니는 그렇게 열심히 길렀는데 안됐다며 다쓰노리가 없는 사이에 무 모종을 몰래 심어 놓는다. 그것을 알게 된 다쓰노리가 감동한다는 내용이다.

원래는 가지였는데, 영어 선생님이 무로 하는 것이 좋겠다며 '무의 날'이라는 제목을 붙여 준 것이다.

단상에 올라 손짓 발짓을 해가며 영어로 말하는 다쓰노리의 모습이 너무도 위풍당당해서 사카모토의 눈에는 마치 신 들린 것처럼 보였다고 했다. 그리고 최우수상에 뽑히는 쾌거를 이루었다. 현 대회에서는 근소한 차로 상을 놓쳤지만, 바닥이었던 영어 실력을 불과 1년 만에 이 정도로 끌어올린 것에 모두들 놀라움을 금치 못했다.

영어에 눈을 뜨자, 다른 과목에도 흥미를 느꼈는지 수험공부에 더더욱 매진했다. "2학년 2학기까지는 제가 공부를 더 잘 했어요. 그런데 3학년 1학기부터 추월당했어요."라고 요이치가 말했다. 옆에서 아이들이 놀고 있어도 혼자 묵묵히 공부하는 모습이 마치 철학자 같아 보였다고 했다.

다쓰노리는 불량학생의 길로 들어섰을 때도 우직했지만, 수험공부도 우직하게 했다.

사카모토는 공부벌레가 되어 학업 실력은 높아져도 여유 없는 사람이 되지나 않을까 염려했지만, 그 부분을 히로토와 같은 친구들이 메워 주었다고 했다.

"아이들이 교복 윗도리를 바지 속에 넣고 파랑이나 빨강 같은 화려한 색의 두꺼운 허리띠를 하고 변신놀이를 하는 거예요. 다쓰노리에게 '너는 흰색 레인저야. 나는 파란 레인저다, 빨간 레인저다!' 하면서요. 그 친구들이 다쓰노리를 살렸죠."

묵묵히 공부를 계속한 보람이 있어서, 구다카 섬에 처음 왔을 때는 올 '가'였던 성적이 약 1년 반 뒤 2학기에는 올 '수'가 되어 있었다. 그리고 거의 불가능해 보였던 N고등학교에도 합격했다.

아토피 쾌유의 비결

영어 공부와 함께 아토피 치료도 진행했다. 불량배 친구들과 어울리던 시절에는 매일 싸구려 덮밥만 먹었다고 했다. 나중에는 콜라를 병째 마셔 댔고 그것이 결국 영양실조의 원인이 되었다. 중학교를 휴학하자 이번에는 케이크를 먹어 대기 시작했다. 순식간에 살은 10킬로그램이 늘었고 초등학교 저학년 때부터 계속되던 아토피 증상이 급격히 악화되었다.

"처음 구다카에 왔을 때는 온몸에서 새하얀 가루가 날리고 건조해서 마치 코끼리 피부 같았어요. 긁어서 난 상처가 누런 진물로 범벅이 되고, 그것이 부스럼이 되는 거죠. 점점 퍼지고 있는 것을 보니, 그

때까지 약물 치료로 억제했던 것이 한꺼번에 쫙 퍼진 것 같았어요.”

사카모토는 스테로이드 금단 증세일지도 모른다고 말했다.

첫 1년은 다른 아이들하고 똑같이 먹고 똑같이 운동을 했다. 해수가 좋다는 어머니의 말에 아프다는데도 억지로 바닷물에 담그고는 비명을 질렀다.

“마치 이나바의 하얀 토끼가죽이 벗겨져 아파하는 일본 신화 속의 토끼 같았어요. 바닷물에 들어가면 몸에 불이 붙은 것 같다고 하더군요.”라고 사카모토가 말했다.

도무지 좋아질 기미가 보이지 않았고 매일 밤잠을 이루지 못했다. 몸이 가려우니 당연히 공부에도 집중할 수 없었다. N고등학교를 목표로 하려면 우선 아토피를 치료해서 공부에 집중할 수 있는 환경을 만들어 주는 것이 급선무였다. 그래서 사카모토는 식사 제한으로 아토피를 치료하기로 했다.

사카모토는 식생활이 아토피에 어떠한 영향을 끼치는지 몰랐다. 단, 센터에는 일정한 비율로 아토피를 가진 아이가 들어오는데, 그들 대부분이 식사로 인해 치유되는 것을 보았을 뿐이었다.

아이들의 몸 상태가 좋지 않을 때 주는 건강식을 기본으로 먹이고, 나머지는 개인차에 따라 먹으면 안 되는 식재료를 쓰지 않는 방법이었다.

기본적으로 먹어서는 안 되는 것들은 기름, 백설탕, 카페인, 알코올(첨가물로서의 알코올도 안 되기 때문에 된장, 간장도 잘 확인해야 함)이다. 완숙 토마토나 귤, 사과, 노랗게 익은 파파야 등의 과일은 과당을 대량 함유하고 있기 때문에 이 또한 피해야 할 음식이다.

사용 가능한 기름은 차조기 기름과 올리브유였다. 물론 시판 마요네즈, 드레싱, 포테이토칩과 같은 음식은 먹어서는 안 된다.

"된장이나 간장은 첨가물이 들어 있지 않은 것을 사용했습니다. 단, 무첨가라고 쓰여 있어도 보존료방부제 대신 알코올을 넣은 것이 많습니다. 합성 아미노산도 들어 있지요. 가다랑어, 다시마, 멸치로 국물을 우리지 않을 때는 시판되는 무첨가 천연 조미료를 사용했습니다. 참기름, 샐러드 오일도 안 되고, 낫토도 설탕을 넣어서 발효시킨 것은 못 먹었어요. 처음에는 안 되던 것도 차츰 괜찮아진 것도 있지만, 당류, 기름, 카페인, 알코올은 마지막까지 금지였습니다."

다쓰노리를 위해 이렇게 하루 세 끼를 우치무라를 비롯한 세 명의 스태프가 교대로 만들었다. 기본적으로 조림, 구이, 그리고 면류였다. 이것은 다시 말해, 전통식이다.

"무말랭이나 고야 두부얼렸다가 말린 두부를 자주 사용했습니다. 두부 햄버거, 닭고기 채소 조림, 생선구이 같은 구이나 조림이 많았죠. 낮에도 다쓰노리를 위해 도시락을 만들어서 학교에 보냈습니다."

우치무라는 말했다. 단 한 명을 위해 따로 음식을 만드는 것은 다쓰노리가 처음이었는데, 그만큼 그의 아토피 증상이 심했기 때문이었다.

아토피 개선에는 장을 강화하는 것이 중요하고, 그러기 위해서는 꼭꼭 씹어야 한다. 이런 사실을 알게 된 뒤, 다쓰노리는 다른 아이들의 몇 배씩 씹었다. 그 전까지는 음식을 입에 쑤셔 넣듯 게걸스럽게 먹었는데, 이후로는 묵묵히 오래도록 씹었다. 점심시간에 식사를 시작해 다음 수업이 시작되기 직전까지 먹었는데, 대신 식사의 양은 현격히 줄었다.

배를 차갑게 해서는 안 된다, 내장을 따뜻하게 해야 한다고 말하면, 중학생인데도 창피해 하지 않고 복대를 하고 학교에 다녔다.

"노인네 같은 연지색 스웨터를 입고 하얀 복대를 둘렀어요. 정말 아저씨 같았죠. 어떤 책에서 알레르기를 고치려면 장의 온도를 올려야 한다는 대목을 읽었대요. 그것을 아무 불평 없이 실천하더라고요. 3학년이 되고부터 식사에 대한 생각이 180도 달라진 것 같아요."

배드민턴과 식사 제한으로 불룩하게 나와 있던 배가 탄탄해지고 3학년 중반까지 10킬로그램을 감량했다. 다쓰노리의 말에 의하면, 반년 정도 지나자 가렵지 않게 되었고, 숙면을 취할 수 있게 되었다고 했다. 식사 제한을 1년 정도 계속하고 3학기가 되자, 아토피 증상은 상당히 사라지고 과자류도 먹을 수 있게 되었다.

나는 졸업한 뒤 3년 정도 지나서 다쓰노리를 다시 만났는데, 아토피였다는 것을 전혀 눈치채지 못할 정도로 깨끗한 피부로 돌아와 있었다.

아이의 문제 행동은 부모에게 보내는 메시지

다쓰노리는 구다카 섬에 처음 왔을 때 공부와 운동, 모든 면의 수준이 낮아서 사카모토도 별반 기대하지 않았던 아이다. 그런 아이가 1년째에 변하기 시작해서 2년 지났을 때는 공부도 운동도 상위권인 완전히 다른 사람이 되었다. 사카모토는 눈이 휘둥그레졌다. 유학센터 개설 이래, 가장 크게 변화한 것이 다쓰노리였다.

"다쓰노리 덕분에 우리가 변했습니다. 다쓰노리는 우리의 선생님입니다."

다쓰노리의 부모는 그렇게 말했지만, 나는 다쓰노리가 노력하는 것을 보고 부모가 변했고, 그랬기 때문에 다쓰노리도 온 힘을 다해 변화를 이루어 냈다고 생각한다.

내가 구다카 섬 유학센터의 취재를 시작한 이유는 등교를 거부하던 아이들도 이 섬에서는 정상적으로 학교에 다니게 되는 것이 신기했기 때문이다. 그런데 시간이 지나자, 등교거부아 외에도 변한 아이들이 많다는 것을 알게 되었다. 그리고 반년 정도 지났을 무렵, 사카모토가 이런 말을 했던 기억이 난다.

"변한 아이를 보고 있으면 부모도 변합니다."

예를 들어, 운동회에서 아이와 함께 달리기를 하기 위해 숙소까지 예약해 놓고는 갑자기 취소하고 시내로 술을 마시러 가 버리는 부모. 수료식 후 사카모토가 '모두가 개인 샴푸를 사용해서 쓰레기가 많이 나오니, 하나로 통일했으면 좋겠다.'는 제안을 하자, "다들 개인 샴푸를 쓰겠다고 고집하지 맙시다."라고 동조하더니, 아이와 둘만 있게 되자 "그런 게 가능할 리 없지."라며 아무렇지 않게 말을 바꾸는 부모. 자신의 아이에게 친구를 만들어 달라고 하면서, 섬의 어른들과 어울리려고는 하지 않는 부모. 저녁 식사라도 함께 하자고 아들을 불렀는데 아들이 거절하면, "너 같은 애는 자식도 아니야, 기분 나쁘니까 건드리지 마."라며 화를 내고 돌아가 버리는 부모. 아이가 요구하는 대로 돈이든 물건이든 무조건 보내는 부모. 이들은 무의식중에 돈이나 물건으로 아이를 지배하려 드는 것이다.

특히 많은 경우가 자기 자식의 행위를 직시하려고 하지 않는 부모다. 언젠가 아이들 세 명이 숨어서 담배를 피우다 발각되어 문제가 된 적이 있었다. 그 사실을 각각의 부모에게 연락하자 이렇게 말하는 것이었다.

"우리 애는 천식이 있어서 담배 같은 것을 피울 리가 없습니다."

"우리 애가 담배를 얼마나 싫어했는데요. 뭔가 잘못 아신 것이 아니에요?"

"우리 애는 키가 컸으면 좋겠다고 했어요. 그런 애가 담배를 피울 리가 없어요."

아무리 아이에게 문제가 있음을 지적해도 '우리 애만은 그럴 리 없다'며 납득하지 않았다. 자신이 아이를 그렇게 만들었다는 것을 인정하고 싶지 않은 것이다. 즉, 내 아이를 지키고 싶은 것이 아니라 자신을 지키고 싶은 것이다.

사카모토는 '가족과의 관계 속에 문제 행동의 근원이 있는 경우가 있기 때문에, 그것을 재점검하지 않는 한 문제는 해결되지 않는다.'고 했는데, 그런 부모를 보고 있으면 '그 부모에 그 자식'이라는 생각이 절로 든다. 실제로 부모가 변했을 때 아이가 변하는 모습을 바로 눈앞에서 보고 나면, 그 말이 백 번 옳다는 생각을 하지 않을 수가 없다. 반대로 부모가 변하지 않으면 아이는 그저 괴로울 뿐이다.

아이가 변하고자 노력하고 있으면, 사카모토는 부모에게 아이의 문제가 어디에 있는지를 전한다. 그때 반성해야겠다고 생각하는 부모와, '그만하세요, 나도 몰라요.' 하듯이, 한 귀로 듣고 한 귀로 흘려 버리는 부모가 있다. 사카모토의 말대로 아이의 문제 행동은 부모에 대한 메시지이며, 부모가 그것을 받아들이고 공부하지 않으면 아이는 몇 번이든 문제 행동을 일으킬 것이다. 이 차이는 어디에서 오는 것일까?

언젠가 곤의 어머니는 "어쨌거나 절대적인 사랑을 받고 있다는 느낌이 부족하면 센터 생활은 불가능할 거예요."라고 말한 적이 있다. 확실히 변할 수 있는 아이와 변할 수 없는 아이를 비교해 보면, 부모로부터 사랑을 받고 있는지 아닌지의 여부가 좌우하는 것이 아닐까 하는 생각이 종종 든다.

사카모토는 "슈타이너 교육에서는 아이가 태어나고 처음 7년 동안 부모가 반드시 해야 하는 것은 무조건적인 사랑이라고 합니다. '너는 우주의 중심이요, 태양이란다.'라고 할 정도로 사랑하라고 해요. 아이를 끊임없이 사랑하는 것이 중요합니다."라고 했다. 아이는 부모로부터 사랑받지 못하면 변화할 수 있는 에너지를 만들 수가 없다.

부모의 사랑이라는 것은 내 자식에게 무한한 책임을 지는 일이기도 하다. 아이는 부모로부터 사랑받고 있음을 느끼면 안심하고 변하려는 노력을 하고, 부모는 아이를 사랑하면 아이의 변화를 감지하고 자신도 변하려고 할 것이다. 다쓰노리와 그 어머니처럼 말이다.

12장
마지막 3천 미터 달리기

졸업식 며칠 후에 센터에서는 수료식이 열린다. 졸업식은 학교행사이기 때문에 타 학교의 졸업식과 다를 바 없지만, 수료식은 센터를 제대로 알리기 위해 사카모토가 섬 주민을 손님으로 초대해서 진행하는 독자적인 행사다. 말하자면 센터의 한 해를 총결산하는 메인이벤트이기도 하다.

수료식은 섬의 숙박시설인 교류관의 홀에서 진행되었다.

둥둥둥, 뱃속까지 울릴 듯한 북 소리가 홀 바깥까지 들려왔다. 무대 위에서는 센터 아이들 전원이 큰북 연주에 열심이었다.

연주가 끝나면 아이들이 무대 위에 나란히 서고, 사카모토가 아이들 한 명, 한 명에게 '구다카 섬 유학 수료증'을 건넨다. 졸업하는 아이에게 수료증을 주며 사카모토는 울기도 하고 때로는 웃음을 터뜨리기도 한다. 이를 지켜보는 아이들도 감격의 눈물을 머금는다. 마치 감동적인 영화의 한 장면 같다. 섬 주민들은 객석에서 먹고 마시며 이러한 장면을 바라본다.

"우리 섬이 그렇게 좋아? 그렇게나 애들이 좋아진 거야?"

누군가의 낮은 목소리에, 여기저기서 울음이 터져 나왔다. 곤과 소마, 다에카도 이날은 평소와 달리 얌전히 자신의 차례를 기다리고 있었다.

다시 태어난 곤

　히로토 일행이 졸업할 때, 2학년들에게 "너희들 중에서 누가 다음 리더가 될래?"라고 묻자, "저요!"하고 가장 먼저 손을 든 것이 곤이었다. 히로토는 그 자리에서 "너한테는 절대로 못 맡겨."라고 말했다. 그런데 곤은 "앞으로는 네가 후배들을 이끌어 줘라."라는 소리로 들렸다고 했다.

　히로토는 말도 안 된다며 웃었지만, 곤은 리더가 됐다고 생각하고 있었다. 그래서 3학년의 학습발표회 연습도 맡아서 하려고 했고, 7기생의 앨범 편집도 맡았다(제대로 하지는 못했지만). 한편으로 곤은 아이들 중에서 가장 사고를 많이 쳤다. 계속해서 문제를 일으키는 곤에게 아이들은 질릴 대로 질려 있었다.

　교사 마호에가 곤에 대해 이렇게 말했다.

　"오키나와의 입시는 3월이어서, 다른 지역보다 늦어요. 곤은 시험을 치른 후였지만, 아직 현립 고등학교 시험을 남겨둔 아이들이 있었어요. 그럴 때 배드민턴을 치면 집중이 안 되죠.

　'넌 괜찮지만 아직 시험이 남은 아이가 있잖니.'라고 했더니, '선생님, 왜 화를 내요?' 하는 겁니다. 말이 통하지 않는 거죠. 그래서 제가 또 '왜 넌 이해를 못 하니?'라고 했더니, '선생님은 왜 내 마음을 알아 주지 않는데요?'라고 하더군요. 정말 기가 막혔어요."

　곤은 한때, 동굴탐험에 정신이 팔린 적이 있었다. 산호초로 이루어진 구다카 섬에는 동굴이 많다. '카베르'라고 부르는 아주 큰 동굴이 섬의 북단에 있는데, 높이는 1.5미터 정도이며, 곳곳에 5평 남짓한 평평한 자리가 있고, 암벽 입구로 들어가서 나올 때까지 30분 정도 걸린다. 사리 때는 해변을 걸어서 입구까지 갈 수 있다는 말에 당장 '까칠족'을 대동하고 찾아가는데, 문득 뒤를 돌아보니 사카타가 10미터 정도 떨어져 따라오고 있었다. 곤은 그것이 몹시 신경 쓰였다.

"사카타 선생님, 애들 노는 데 어른이 따라오면 안 되잖아요?"

"네가 사카모토 선생님한테 말을 하지 말았어야지."

"그렇지만……."

"이런 건 말 안 하고 가는 거야."

"아, 근데, 우리끼리만 가면 안 된다고 교장 선생님이 말씀하셨잖아요."

트러블 메이커인 곤에게도 이런 성실한 면이 있었다.

올해 센터 아이들 중에서 가장 크게 변한 것은 곤이었다. 애초부터 상태가 워낙 안 좋았기 때문이기도 했지만, 애벌레가 허물을 벗듯 크게 변한 사실은 아이들도 인정하고 있었다. 약속을 하고도 세 걸음만 걸으면 잊어버리더니, 이제는 3만 걸음을 걸어도 잊어버리지 않게 되었고, 경고 카드가 지난해의 4분의 1 정도로 줄었다. 그뿐이 아니다.

'사람을 넓고 얕게 사귀는 것은 잘하는데, 깊게 사귀는 것은 잘 못한다.'라고 자신을 객관적으로 평가할 줄도 알게 되었다.

그렇게 좋아하던 텔레비전도 지금은 전혀 관심이 없다며 거들떠보지도 않았다. 게임도 예전만큼의 흥미를 못 느낀다.

졸업식 후의 송별회에서 곤이 "구다카에서 2년 동안 충실한 하루하루를 보냈습니다."라고 말한 것은 분명 거짓이 아닐 것이다. 구다카 섬을 마음껏 즐겼다는 표정이었다.

소마의 변신

'3년의 시간을 되돌아보며'라는 제목으로 소마는 작문을 썼다.

중학교 1학년 때 숙제로 '사람과 관계 맺기'를 해야 했다. 그때의 나는 혼자 있는 것이 좋았기 때문에 이 숙제를 하는 것이 조금 힘들었다. 하지만 3학년이 되어서는 그다지 힘들지 않았다.

여전히 타인과의 관계를 온전히 맺지는 못하지만, 관계를 맺는 것이 더는 괴롭지 않았다. 그러자 자아가 모습을 드러냈다. '우리 동네의 고등학교는 싫다, 오키나와에 있는 고등학교에 가고 싶다.'며 어머니에게 자기주장을 한 것이 그렇다. 그리고 규슈로 수학여행을 갔을 때 뭔가 새로운 느낌을 받았는지, 자유로움으로 넘치는 작문을 다음과 같이 남겼다.

수학여행 첫날, 평소와 똑같은 아침을 보내고 수학여행을 떠났다. (중략) 파인애플 농장(정말로 파인애플 향기가 났다)에서 점심을 먹고 나하 공항에서 아소 구마모토 공항으로 출발. (기내에서 백포도 주스를 마셨다. 후회했다) 공항을 나서자 예전에 익숙하던 그 추위가 느껴졌다.

그 후, 엄청난 버스를 타고 아소팜랜드로 이동했다. 각자 돔(대단하다! 멋지대)에 짐을 풀고 저녁을 먹었다. (구내염 때문에 그리 많이는 먹지 못했다.) (유스케의 가족이 왔다.) 그 후 온천욕을 했다. 넓이는 천 평으로 일본에서 가장 넓다고 한다. (일본 제일이라고요! 1등이라고요!) 노천 온천, 형광색 온천 등 여러 가지가 있었다. (목욕 담당 임원이라서 오래 있어야 했다. 현기증이 날 것 같았다.) 온천장을 나와서 회의 때와 학생회에서 주스를 2병 마시고(후회했다. 엄청 후회했다!), 돔으로 돌아가 엽차를 마시고(할아버지 같다고? 좋아한단 말이야!) 잤다.

이틀째 되는 날, 아침 6시에 멍한 머리로 일어났다. 그 후 아침을 먹고 (구내염 너무 아프다) 버스를 타고 (타기 전에 입김이 하얗다는 것을 알았다.) 아소의 외륜산으로 향했다. (가는 도중에 창밖의 경치에 감동해서 몇 번이나 셔터를 눌렀더니 나중에 필름이 부족해서 난감했다.) 산 정상(?)은 무척 춥고 (매점 직원은 따뜻한 편이라고 말했지만), 입김이 하얬다. 주위의 풍경을 그려 보았지만, 추위로 손가락이 곱아서 그릴 수 없었다. (원래 그림을 못 그리니까 그랬을 거라고? 천만에!!) 그 후, 어딘가의 높은 산에 오를 예정이었지만 사정상 그대로 그린랜드로 가게 되었다. (야호!) 그린랜드에서는 슈퍼바이킹(재미있었지만 조금 울렁거렸다), 드래곤리버(재미도 없고 조금 울렁거렸다), 3D룸(이름은 까먹었다), 대관람차(투명한 관람차라서 조마조마했다. 다른 학교 친구들도 보였다), 귀신의 집(몇 명이 모여서 악악거리며 소리를 질렀다) 웨이브스윙거(재미있었지만 조금 울렁거렸다.) 등등 여러 가지를 탔다. (중략)

그 후 기리시마 로얄 호텔로 이동했다. 호텔에서 저녁을 먹고 (입안 염증으로 통증이 스며든다. 스며들어!), 온천을 즐기고(너무 좋아!), 회의와 모든 일정을 마치고 엽차를 마시고(아무 말 마! 좋아한다니까!) 잤다.

그리고 마지막에 이런 시 한 수절을 읊었다.

여행지의
깊숙이 스며드는 추억
구내염
-소마

　마치 몸도 마음도 춤을 추고 있는 듯하다. 이런 자유분방한 소마를 알게 된 것은 처음이다. 졸업식이 있었던 날 밤, 소마는 부모님과 아이들이 자리에 앉기 전에, "후배 여러분, 이곳은 배울 생각이 있다면 천국이지만, 그렇지 않다면 생지옥이 될 겁니다."라고 인사를 했다. 이 말에서 본인의 성공적 변화에 대한 자부심이 느껴졌다. 지금의 소마에게 처음 왔던 당시의 모습은 흔적조차 없었다.

비록 흰 어깨띠 신세지만

　다에카도 큰 변신에 성공한 아이 중 하나다. 다에카는 중학교 1학년 때 구다카 섬에 왔다. 당시에는 곤에 맞먹는 트러블 메이커였다. 그리고 사카모토의 표현에 의하면, '건방지고 말과 태도가 나쁘며, 선배한테도 지지 않으려는 오기의 소유자'였기 때문에, 여자 선배들로부터 무척 미움을 받았다. 게다가 이 섬에 오기 전까지 백 명이나 되는 남자를 찼다는 소리를 제 입으로 떠벌리고 다녔다. 사카모토나 선생님들은 "초등학생이 백 명이나?"라며 웃음을 터뜨렸다.

다에카가 구다카 섬에 온 것도 그러한 성격을 바꾸고 싶었기 때문이다. 부모님이 이혼을 하면서 엄마는 다에카를 남겨두고 집을 나갔고, 나중에는 엄마와 아빠 사이를 오락가락하면서 살았다. 야간에 장사를 하는 엄마 대신 어린 남동생 셋을 보살핀 것이 다에카였다. 강한 척하는 다에카의 뒷모습에는 힘들었던 과거가 그림자를 드리우고 있었는데, 다에카는 이에 대해 한마디도 입 밖에 내지 않았다.

사카모토는 어릴 때 충분히 어린아이답게 자라지 못해 분노가 쌓였다고 했는데, 다에카는 그야말로 분노 덩어리였다. 구다카 섬에 처음 왔을 때는 악다구니를 하며 싸우는 것이 일상이었다.

우치무라가 본 바에 따르면 다시 안 볼 듯이 싸우고서도 다음 날 아침이면 '안녕' 하고 인사를 하는 아이라고 했다. 뒤끝이 없는 성격이었다.

그러나 지기 싫어하는 기질이 지나쳐 한때는 모두를 적으로 여겼다고 했다. 그래서 같은 여자와는 어울리지 않았다. 유일하게 친하게 지냈던 요이치의 여동생이자 동급생인 가나코를 제외하면, 오로지 남자아이들하고만 놀았다. 게다가 사카모토가 잠든 깊은 밤에 센터를 몰래 빠져나가 남자아이들과 데이트하거나 밤낚시를 하면서 속을 썩였다. 사카모토는 다에카가 없어졌다며 온 섬을 헤매고 다니며 찾아야 했다.

2학년 9월에 기린이 들어오자, 다에카는 '사장 따님'인 기린을 괴롭혔다. 센터에서 그것이 문제가 되었을 때, "어차피 내 잘못이니까,

나만 없어지면 되겠네?"라며 적반하장으로 나온 적이 있었다.

이 무렵, 다에카는 온 힘을 다해 자기 자신과의 싸움을 하고 있었다. 성격을 바꾸려고 필사적으로 노력했던 것이다. 그것은 사카모토도 느꼈다.

"1학기 동안은 열심히 참고 있었던 모양이에요. 웬일인지 저나 선생님들이 야단을 치면 눈을 똑바로 뜨고 흘겨보기만 하고 아무 말도 않는 거예요. 참을 만큼 참았는데 이 이상 어쩌라는 거냐며 반발하고 싶었던 거겠죠. 기분이 풀렸을 때 그 이야기를 꺼냈더니, 중학교 3학년이 되고 나서 한 번도 남의 험담을 한 적이 없고 싸움도 안 했다고 하더군요. 노력하고 있구나 하는 생각이 들었습니다."

하지만 뜻대로 되지 않아 자포자기하고 있었다고 했다.

"이대로 있어봤자 뻔하고, 나 자신도 바뀌지 않고, 이곳에 있으면 싸움만 해서 남에게 피해만 줄 뿐이라는 생각에, 몇 번이나 집으로 돌아가려고 했어요."

그렇게 말하면서도 집으로 돌아가 2, 3일 지나면, 빨리 구다카로 가고 싶다고 노래를 불렀다며 다에카 아버지가 웃으며 말했다. 그렇다고 쉬이 변하지도 않았다. 자신의 문제를 직시하려 들지 않고, 연애를 도피처로 삼은 것 같다고 우치무라는 말했다. 그래서 항상 누군가와 어울려 다녔고, 센터에는 잠만 자러 들어오는 생활을 이어갔다. 그런 다에카가 변한 것은 2학기 중반부터다. 변화의 계기는 운동회였을까? 이때 사카모토는 다에카의 노력과 근성을 발견한 것 같았다.

"감기에 걸려서 열이 38도까지 올랐어요. 그런데 릴레이도 두 번이나 뛰고, 3천 미터 달리기에도 참가했어요. 나중에 '열 때문에 힘들었겠지?'라고 위로했더니 '무슨 말씀이세요? 마지막 운동회인데 어떻게 안 나가요?'라는 대답이 돌아왔어요."

이것이 역전 마라톤으로 이어졌던 것 같다고 우치무라는 말했다.

"몰두할 거리를 역전 마라톤에서 찾아낸 거예요. 오로지 마라톤에만 정신을 집중하고 연습했어요. 아빠에게 멋진 모습을 보여주고 싶었던 것일지도 모르죠."

이 역전 마라톤에서 다에카는 마지막 주자를 맡게 되었다. 그런데 시작 직전에 선수 중 한 명이 눈썹을 너무 가늘게 밀었다는 이유로 대회 규정 위반에 걸려 출전이 불가능했다. 이 때문에 큰 소동이 벌어졌다. 구다카 중학교는 후보 선수가 없는 것이나 마찬가지여서, 운동을 못 하는 기린이 출전할 수밖에 없었다.

다에카는 "기린이 뛰면 흰색 어깨띠를 두를 게 뻔하잖아요. 너무해!"라며 듣기 거북한 말을 늘어놓았는데, 아니나 다를까 기린은 5킬로미터 지점에서 흰 어깨띠를 둘러야 했다. 기린은 골인과 동시에 엎드려 울었고, 다에카는 아무 말 없이 뛰었다.

역전 마라톤이라는, 몰두할 수 있는 '거리'를 발견한 덕에 마음이 넉넉해졌는지, 골인 지점에서 돌아온 다에카는 "비록 어깨띠를 하게 됐지만 즐거웠어요."라고 환하게 웃으며 말했다. 그 후 다에카와 기린은 급속도로 친해졌다.

졸업식 후, 다에카는 자신 있게 이렇게 말했다.

"불평불만도 안 하게 되었고, 친구도 잘 사귈 수 있게 되었어요. 구다카에 오지 않았다면 성격도 변하지 않았을 것이고, 내 의지도 갖지 못했을 거예요."

"센터에는 텔레비전도 휴대전화도 쇼핑센터도 없어요. 대신 나 자신과 마주할 수 있었어요. 힘들 때도 있었지만, 섬 주민 여러분이 큰 힘이 되어 주었습니다."

수료식에서 기린은 이렇게 말했다.

기린은 나만의 그림을 그리고 싶다며 이곳에 온 여자아이다. 구다카 섬에 살면서부터는 색감이 달라졌다고 기린 어머니가 말했다. 기린이 구다카 섬에서 그린 그림 중 일부는 우편엽서가 되었고, 지금도 섬의 우체국에서 판매한다.

사카모토는 '감성이 비뚤어져 있는 다른 아이들 속에서, 곤, 신고, 다에카, 아오바, 모두가 올곧은 기린과 궁합이 잘 맞아서 다행이었다.'라고 했다. 기린은 문제를 안고 있는 아이들에게 중화제 같은 존재였다. 실제로 기린이 있음으로 해서 아이들이 차분해지는 효과가 있었다. 노노카가 '동動'의 중화제라면, 조용한 기린은 '정情'의 중화제였다.

소통 능력을 되찾다

아오바는 전에 다니던 중학교에서는 테니스부에 있었지만, 나쁜 아이들에게 휘둘리고 집단 괴롭힘을 당하다가 결국에는 등교 거부를 하게 되었다. 원인은 선배들과의 인간관계였다.

아오바는 센터 견학을 왔을 때 어머니를 대하는 태도가 역대 아이들 중 최고로 나빴다고 했다. 옆으로 고개를 획 돌린 채, 어머니의 얼굴은 쳐다보지도 않았다. 어머니는 우유부단한 성격인 듯, 일일이 딸에게 의논했다. 하지만 아오바는 "뭐가 잘못됐는지 지금도 모르겠어요."라고 했다.

"제가 태어난 후 엄마는 맞벌이를 해서 늘 집에 없었어요. 유치원에는 언제나 할머니가 데리러 와 주었고, 지금도 대화를 하는 상대는 할머니예요. 그래서 엄마를 어떻게 대해야 좋을지 모르겠어요. 제가 중학교에 올라갔을 무렵에 엄마는 일을 그만두었지만, 그때 이혼 이야기가 나와서 다시 파트타임으로 일을 나갔어요."

소마는 "부모가 오래 살면 큰일이니까, 기름진 음식을 먹이는 수밖에 없어."라는 아오바의 말을 듣고, 뭐라 대답해야 좋을지 몰라 곤혹스러웠던 적이 있다고 했다.

운동회 같은 행사에 어머니가 찾아와도 아오바는 말 한마디 나누지 않았다. 이 모녀는 아이들 입에 자주 오르내릴 만큼 사이가 나빴다.

사카모토는 아오바의 어머니에게서 이런 인상을 받았다.

"딱딱하지 않은 훌륭한 어머님이지만, 웃을 때가 아닌데 웃거나 거절할 상황이 아닌데 흥, 하면서 '내버려 둬.'라고 하는 좀 특이한 면이 있었어요. 한번은 제가 '어머니, 지금 웃을 일이 아닙니다.'라고 말한 적이 있는데, 시댁 식구들한테도 그런 말을 들었답니다. 보통에서 상당히 벗어난 어머니였어요."

사카타 역시 '남의 미묘한 감정을 읽지 못하는 어머니'라는 인상이 강했다고 하는데, 사실 이런 면은 아오바도 같았다. 아오바는 남의 감정을 못 읽다 보니, 남이 싫어할 만한 말을 아무렇지 않게 하는 것이다. 그래서 인간관계가 나빠지고 집단 속에서 아오바만 겉도는 경우가 종종 있었다.

"아오바는 자주 유령이 보인다고 했는데, 다른 아이들은 '그 애한테 그런 게 보일 리가 없어. 화젯거리를 만들려고 지어 내는 거야.'라며 믿지 않았어요."라고 사카타가 말했다. 친구들 사이에 믿음을 얻지 못한 것이다. 이렇듯 아오바는 구다카 섬에서도 인간관계로 애를 먹었다. 아오바가 유일하게 관계를 맺을 수 있는 상대는 거절하지 않는 사람이다.

내가 처음 센터에 왔을 때, 맨 처음 다가온 아이가 아오바였다. 이것저것 성가시게 했는데, 그것은 아무것도 모르는 내가 거절할 수 없음을 잘 알기 때문이었다. 사카모토는 "상대방이 곤란에 처해 있을 때는 괜찮지만, 문제가 해결되고 나서도 그러면 귀찮지요."라고 했는데, 아닌 게 아니라 나 역시도 두 번째는 귀찮아져서 거절하고 말았다. 그랬더니 나에게 더는 다가오려고 하지 않았다.

그것을 가장 먼저 간파한 것이 다에카였다.

"아오바는 남들 뒤만 쫓아다니네. 혼자서는 아무것도 못 하는 거 아니야?"

구다카에 온 지 사흘 만에 다에카의 이 말을 듣고 아오바는 겁이 났다고 했다.

거절을 못 하는 사람과 관계를 맺으려는 것은 사람을 사귀는 데에 서툴기 때문이며, 장래 희망으로 애견 미용사를 꼽는 이유도 동물은 사람처럼 불평하지 못하기 때문이다.

그런데 3학년 2학기가 되자, 아오바에게도 변화의 징후가 보이기 시작했다. 우선 소마나 기린 등과 사이좋게 이야기를 주고받았다. '아, 나도 내 이야기를 남에게 할 수 있구나.' 하고 자기 표현이 가능함을 자각했다. 이는 어머니와의 관계에도 이어졌다. 곧 싸우지 않고 대화할 수 있게 되었다.

우치무라도 아오바에게서 '극적인 변화'를 느꼈다.

"항상 몸에 힘이 들어가서는, 남의 눈치만 살피지, 무서워서 긴장하지, 웃어도 가식처럼 보이지, 죽 그랬는데, 이젠 웃는 얼굴이 진심으로 보이는 겁니다. 표정도 완전히 달라졌고요. 그렇게 되기까지 2년이나 걸렸네요."

어머니와 화해한 것은 아니지만, 아오바는 수료식에서 이렇게 말했다.

"엄마, 구다카에 오는 돈을 내 주셔서 감사 드려요."

엄마에 대한 반항

신고는 천진하고 귀엽고, 체구에 비해 언행이 유아스러워 마치 초등학생처럼 보였다. 우치무라는 그런 신고를 자기 자식처럼 예뻐했다. 하지만 부모가 지나치게 애지중지 키웠던 모양인지, 신고는 단체 생활에 잘 적응하지 못하고 언제나 초등학생들과 어울려 놀았다.

"공부하는 중에도 표정이 굉장히 변화무쌍합니다. 울상을 지었다가, 오만상을 찌푸렸다가 하지요. 많은 감정이 복잡하게 떠오르나 봐요."라는 사카모토의 말처럼, 정서적 측면이 매우 불안정했다.

그 배후에 할머니, 어머니와의 관계가 자리하고 있음은 앞서 밝힌 대로다. 사카모토는 어머니에게 쌓인 감정이 틱 장애로 심하게 나타날 때가 있다고 했는데, 그런 신고가 변한 것은 어머니가 권하는 동네의 고등학교가 아니라 오키나와의 K고등학교에 가고 싶다며 반항했을 때부터였다.

"K고등학교가 너한테는 첫 반항 아니니?"

졸업 후 나는 신고에게 물었다.

"네, 그때는 부모님이 가라는 고등학교로 결국 가겠구나 했는데, 시키는 대로 하기가 싫었어요. 검도를 하고 싶었거든요. 오키나와의 K고등학교라면 하고 싶은 걸 할 수 있을지도 모르겠다는 생각에서 결심했어요."

그러나 진짜 속마음은 더 깊은 곳에 있는 모양이었다. 언젠가 사카모토가 신고에게 "K고등학교로 가려는 가장 큰 이유가 뭐야?"라고 물었더니 "돌아가는 게 두려워요."라고 했다.

"뭐가 두려운데?"

"엄마요."

사카모토는 신고의 두려움이 이해가 되어서 "그 얘기 잘했다." 하고 위로해 주었다.

그 무렵부터 신고의 어머니는 아들의 문제행동의 원인이 자신에게 있음을 깨닫기 시작했다고 했다.

"사카모토 선생님이 저한테 '어머님은 저와 이야기할 때는 침착하신데, 어째서 신고와 이야기할 때는 그렇게 다다다다 성질을 내시는 겁니까? 저 같아도 듣고 있으면 짜증이 나겠어요.'라고 말씀하신 적이 있어요. 아들이랑 얘기를 할라치면 신경질이 날 때가 많아서 자꾸 화를 내고 말아요. 하지만 사카모토 선생님의 말씀은 맞는 말이에요. 그래서 가능한 한 마음을 가라앉히고 목소리를 높이지 않으려고 노력했습니다. 그랬더니 그 아이도 자각이 생겨나기 시작했어요."

아이에게 실컷 선택권을 주고는 막상 신고가 선택하면 '그거 말고 이게 낫겠어.' 하면서 자기 식대로 끌고 가는 방식도 지적을 받았다. 신고의 어머니는 '당시에는 충격을 받았는데, 집에 돌아와서 잘 생각해보니 맞는 말이구나.' 하고 반성하게 되었다고 했다.

이는 구다카 중학교를 졸업한 이후의 일이지만, 어머니의 그러한 변화를 느꼈는지, 신고는 순식간에 변화하기 시작했다.

"전에는 옷을 아무렇게나 벗어 놓더니, 지금은 신발을 벗으면 신발장에 넣어 놓고, 차려 준 음식은 남김없이 다 먹어요. 그렇게 되니까 저도 화를 안 내게 되더군요."

신고의 어머니가 싱글벙글 웃으며 말했다.

아이의 변화에 놀라다

"작년 1월에, 친구 세 명이 저를 데리러 와 주었어요. 그때는 애들이 왜 왔나 싶었지만, 지금은 감사하고 있습니다. 세 명 덕분에 이 섬에서 약 2년 동안 생활할 수 있어서 정말로 좋았습니다. 모두 여러분

덕분입니다.”

유스케는 수료식에서 이렇게 인사했다. 확실히 지금의 유스케가 있기까지는 곤과 란, 노노카의 공이 크다. 2년 전만 해도 어려운 사람 앞에서는 한없이 위축되었는데, 그 사이 완벽하게 변했다.

“2년 전에는 살아 있는 사람의 얼굴이 아니었어요. 변한 것은 표정, 특히 눈입니다. 눈이 전과 달라요. 빛나고 있어요. 예전에는 겁먹은 눈빛이었는데, 지금은 생기가 넘쳐요. 자신이 등교거부아였던 것을 본인 입으로 말할 수 있게 된 것도 대단한 성장입니다. 감사하고 또 감사합니다. 구다카에 가지 않았다면 지금도 방에 틀어박혀 지내고 있겠죠. 사카모토 선생님께는 말로 다 표현할 수 없을 정도로 감사하고 있습니다.”

유스케의 아버지는 이렇게 말하고 그만 눈시울을 붉혔다.

과거 등교거부아였던 유스케는 2학년 2학기를 빼고는 한 번도 학교를 쉬지 않았다. 특히 기타를 치기 시작한 이후부터 상당히 변했다. 성적도 ‘미’나 ‘양’이 많았었는데, ‘수’나 ‘우’가 대부분을 차지하게 되었다.

단, 3학년 1학기 때까지는 여전히 불안정했다. 곤과 란에게 놀림을 당해 울고불고 한 적이 있어서 사카모토가 엉겁결에 “너희들, 애를 망칠 셈이냐? 이제 그만 좀 해!”라고 호통을 쳤을 정도다. 그러다가 여름방학을 구마모토에서 지내고 2학기에 돌아오고부터, 확실히 안정되어 있었다. 지난해와 달리 섬에 돌아올 용기를 낸 것만으로도 자신감을 갖게 되었을지 모르겠다.

유스케의 부모가 ‘이제는 안심해도 되겠구나.’라고 생각한 것이 3

학년 2학기였다고 했다.

12월의 지역 예능 축제에서 학부모들이 무대에 올라 Cocco의 'Heaven's hell'이라는 곡을 합창하게 되었다. 이 노래는 오키나와의 바닷속에 투기된 쓰레기를 회수하기 위해 만든 곡이다.

축제 전날 리허설을 했는데, 부모들이 준비를 마쳤을 때 유스케가 스태프와 함께 기타를 들고 나타났다. 그리고 무대 앞에 서더니 교사에게 신호를 보내고 카운트를 세고 나서 연주를 시작했다. 유스케의 기타 선율에 맞춰 학부모들이 노래했다.

사전에 아무 말도 듣지 못한 유스케의 부모는 '세상에!' 하며 깜짝 놀랐다. 어머니는 노래를 부르며 자신도 모르게 눈물을 쏟을 뻔했다.

"사람들 앞에서 무언가를 한 적이 없었어요."

어렸을 때부터 뭔가를 사달라고 한 적이 없었는데, "초록색 옷을 사 줬으면 좋겠어요."라고 자기주장을 하게 된 것도 이 무렵부터이다. 아버지가 가라고 한 동네의 고등학교가 아니라, 오키나와의 고등학교에 진학하고 싶다는 말도 하게 되었다.

수료식 날 밤, 유스케의 아버지는 학부모와 아이들 앞에서 이렇게 인사했다.

"내일이 끝이지만, 저는 아직 끝이 아니라 계속되는 기분입니다."

유스케가 오키나와의 고등학교에 진학하기 때문에 한 말이기도 했지만, 유스케는 그렇게 받아들이지 않았다. 다음 해의 운동회가 있기 때문이다.

"작년의 3천 미터 달리기에서는 아빠한테 졌어요. 졸업해도 구다카 섬에서 달릴 거예요. 다음에는 반드시 아빠를 이겨야죠. 아빠를 이길 때까지는 안 끝나요."

유스케는 고등학생이 되어서도 구다카 섬의 운동회에 참가할 생
각이었다. 고등학생 이상은 일반부나 마찬가지이기 때문에 아버지와
직접 대결하게 된다. 유스케는 구다카 섬의 3천 미터 달리기에서 아
버지에게 이길 때까지 어른이 될 수 없을 것 같은 기분이 들었다.

아들이 등교 거부를 한 덕분에

"아빠, 어떻게 연습을 하면 좋을지 가르쳐 주세요."

유스케가 고등학교 1학년이 된 여름방학, 집에 돌아오자마자 느닷
없이 아버지에게 이렇게 청했다.

중학교 3학년 때 3천 미터 달리기에서 진 것이 꽤나 분했는지, 반
드시 이기겠다는 의지가 눈빛으로 전해졌다고 했다.

두 사람은 근처의 운동장에서 매일같이 달렸다. 보트 동아리에 들
어가 많이 달려서인지, 중학교 때에 비해 월등히 속도가 빨랐다. 하
지만 여전히 유스케는 전반에 전력질주하고 후반이 되면 속력이 떨
어진다. 단, 중학생 때는 유스케가 훨씬 앞섰더라도 아버지가 전력
질주하면 쉽게 앞지를 수 있었는데, 이 무렵에는 골인 지점이 가까워
져도 쉽사리 거리를 좁히지 못하고, 가까스로 이기는 경우가 있었다.

아버지는 "빨라졌구나." 하면서도 그래도 아직까지 아들에게는 지
지 않는다는 여유는 있었다. 드디어 여름방학이 끝나고 유스케는 오

키나와로 돌아갔다. 그로부터 2주가 지나자, 부자의 결투장인 구다카 섬의 운동회가 시작되었다.

이미 유스케는 전날부터 구다카 섬에 들어와 묵묵히 연습을 이어가고 있었다. 그의 머릿속에는 오직 달리기밖에 없었고, 아버지에게 결투라도 신청한 기분이었다.

한편 아버지는 섬사람들이 "올해도 우승을 노리고 왔어요?"라는 질문을 할 때마다 쓴웃음을 지었다. 아주 여유롭지는 않았지만, 아직 아들에게 질 리가 없다는 자신감이 있었기에 1등으로 골인할 생각이었다.

오후의 햇살은 점점 뜨거워져 섭씨 32도를 넘었다. 출발 신호와 함께 참가자들은 일제히 달리기 시작했다. 유스케의 스타트가 가장 빨랐다. 아버지는 조금 늦었다. 그것이 평소의 패턴이었다.

아버지는 20미터 정도 뒤쳐져서 유스케의 등을 바라보며 달렸다. 유스케는 거의 1킬로미터 지점을 지나면, 마치 엔진이 고장 나기 직전의 자동차처럼 페이스가 떨어지기 시작한다. 아들을 따라잡는 것이 바로 그때인데, 이날은 1킬로미터 지점을 지나 중간 지점을 돌아도 따라잡지 못했다. 고등학교에서도 꾸준히 달렸던 것일까?

'어, 속력이 안 떨어지네.'

아버지는 그렇게 생각하면서 아들 뒤를 쫓아가는데, 죽을힘을 다해 달려도 거리는 좁혀지지 않았다. 아들의 등을 바라보는 아버지는 초조해졌다.

'인간은 피로로 지치면 몸이 흔들린다. 상하, 좌우로 흔들린다. 그런데 저 녀석의 몸에 흔들림이 없다. 지치지 않았구나. 이대로 끝까지 달릴 것이 분명하다. 아, 이러다 내가 지치겠어."

2킬로미터 지점이 지나자, 아들을 추월할 기력마저 사라졌다.

'이거 큰일이군.'

호흡이 가빠졌다.

'이제 글렀나 보다.'

골인할 운동장에 도착했을 때는 200미터 트랙의 4분의 1 정도의 거리가 벌어져 있었다. 그리고 아버지의 예감대로 유스케는 첫 번째로 골인했다.

2위는 아버지였지만, 작년과 같은 여유는 없었다.

골인지점에서 아버지를 맞이하기 위해 기다리고 있던 유스케가 물었다.

"왜 따라잡지 못했어요?"

'아빠는 따라잡으려고 노력했어.'라고 말하려다가 말았다. 그리고,

"네가 너무 빨랐을 뿐이야."라고만 했다.

아버지를 이기고 기뻐하는 아들을 보며 "마지막 희망을 결국 빼앗기고 말았군요."라며 흐뭇한 표정을 지었다.

"우리 부자가 처음 경쟁하기 시작한 건 수영이었어요. 수영도 제가 훨씬 빨랐었는데, 3학년 때 항구 끝에서 끝까지 헤엄치는 시합에서 제가 졌어요. 그때는 아들을 봐준답시고 먼저 출발 시켰는데, 따라잡기는커녕 어찌나 빠른지 점점 거리가 벌어지기만 했어요. 매일 수영을 하면서 힘이 붙은 거죠. 카베르에서 잠수 시합도 했었는데 이것도 졌어요. 마지막 보루가 3천 미터 달리기였던 건데, 전부 우리 아들한테 빼앗겼네요. 이렇게 된 것도 아이가 등교 거부를 한 덕분에 이 섬

과 연을 맺었기 때문이지요."

완전히 변한 아들을 흘긋 바라보는 아버지의 얼굴은 지금까지 본 적이 없는 밝은 표정이었다.

지넨 반도 앞으로 눈이 부실 만큼 새빨간 석양이 저물어 간다. 그 아래로 지금까지 아이들을 단련시켜 준 바다가 평화롭게 펼쳐져 있었다.

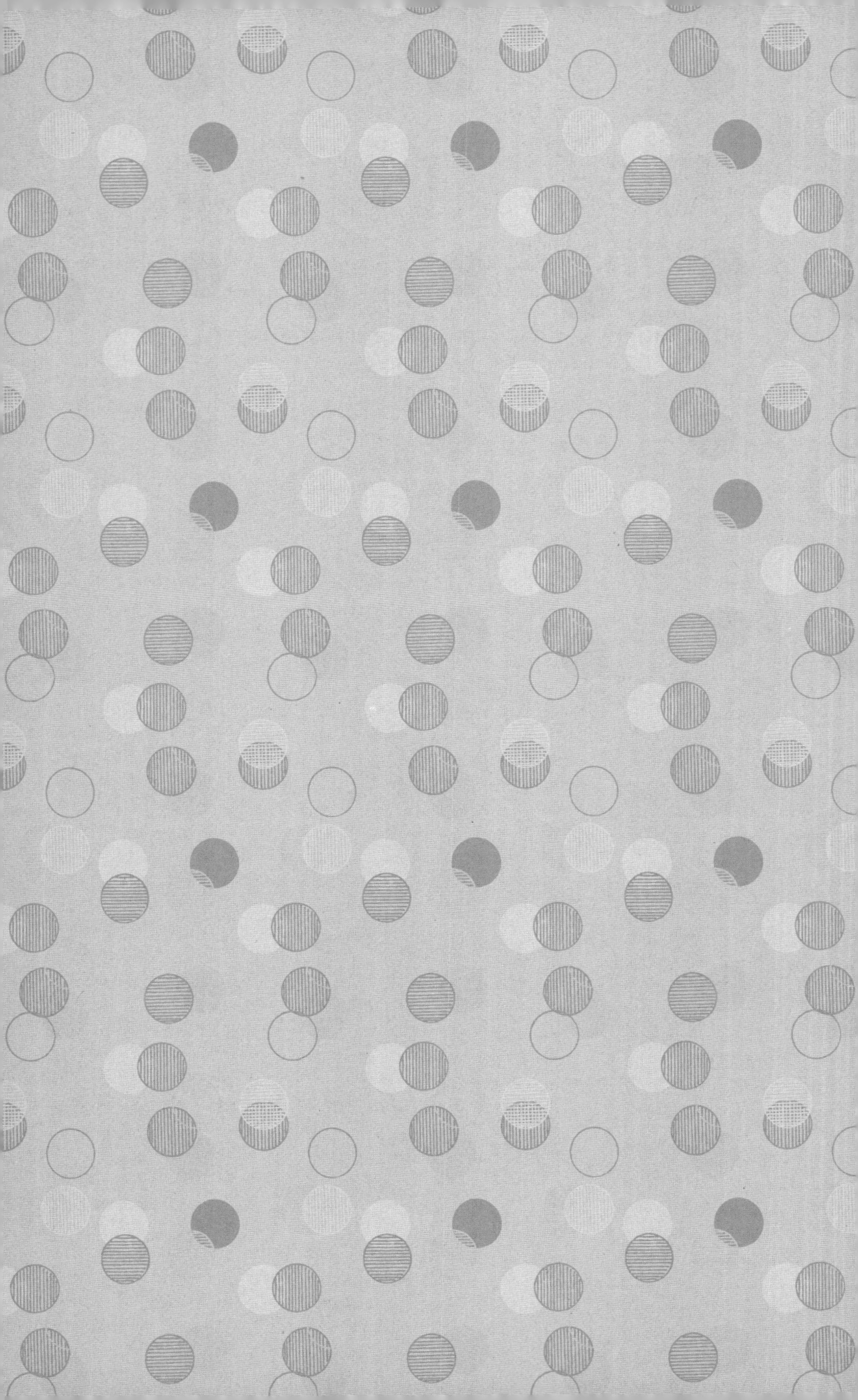

아이들의 그 후

"아이들이 등교 거부를 한 덕분에⋯⋯."

구다카 섬을 떠날 때 이렇게 말하며 눈물짓는 부모를 몇 번이나 보았다. 등교거부아였던 덕에 구다카 섬과 인연을 맺었고, 아이들이 건강해졌으며 부모가 기대한 이상으로 변했다는 것이다.

이 말은 내 경우라면 요컨대 졸작 《나쓰코》를 쓴 덕분이라 할 수 있겠다. 왜냐 하면 《나쓰코》를 완성한 후에 한 지인이 "휴양 차 구다카 섬에서 편하게 지내고 오는 게 어떻겠습니까?"라고 권해 준 덕분에 이렇게 멋진 우주인 아이들과 만날 수 있었기 때문이다.

그때 지인의 소개로 구다카 초중학교의 당시 교장인 미야기 선생님을 만나 뵈었고, 한나절 동안 그가 섬을 안내해 주었다. 이야기 도중, 이곳에서는 등교거부아였던 아이들 대부분이 정상적으로 다시 학교에 다니게 된다는 말을 들었다. 그러나 사실 이때만 해도 반신반의했었다.

일본의 초중학교 '장기결석자 수'는 통계상 십 수만 명이라고 하는데, 실제로는 20만 명을 넘는 심각한 상태다. 국가가 그 대책으로 골머리를 앓고 있는 마당에, 이 섬에 오면 학교에 다닐 수 있게 된다고하니, 그 말이 당장 믿기지 않았다. 만약 그것이 사실이라면 지금쯤전국의 교사들이 구다카 섬으로 몰려들어야 마땅하지 않은가?

머리로는 우선 부정했지만, 만약 사실이라면? 하는 의문이 내내 지워지지 않았다. 생각 끝에 구다카 섬 유학센터를 찾아가기로 마음을 먹고 사카모토 씨를 만났다. 이때 사카모토 씨는 지금까지의 활동을 글로 남기고 싶었으나 하지 못했다고 나직이 말했다. 그리고 센터가 문을 연 지 3년째 되던 해에 직원 한 명을 사고로 잃은 사연을 어렵게 털어놓았다.

"그때 그 일로 저는 죄인이 되었습니다. 제가 평생 지고 가야 할 일이지요. 그래서 저는 글을 쓸 자격도 없습니다."

굵은 눈물을 뚝뚝 흘리던 그의 모습이 아직도 내 기억에 선명하다. 나는 어딘가 모르게 그늘이 졌지만 성실해 보이는 인품에 적이 안심했다.

취재는 이날부터 바로 시작했다. 그리고 얼마 지나고부터 이 학교에는 등교거부아만 있는 것이 아니라 상당히 특이한 아이들이 많다는 점도 알게 되었다.

모르긴 몰라도 정신과 의사가 DSM4^{불안장애 진단 기준}로 진단한다면, 어떤 병명이든 반드시 나올 법한 아이들이었다. 그렇다고 그 아이들이 반사회적인 범죄 성향을 가진 것은 아니어서, 가끔씩 찾아가는 나로서는 평범한 아이들을 상대하기보다 훨씬 즐거웠다.

아이들은 내가 평생 상상도 못했던 괴상한 일들을 저지른다. 예를 들어, 오키나와에서 '가마'라고 부르는 동굴에 비밀스러운 기지를 만들거나, 지하의 석회동굴을 탐험하기도 하고, 뗏목을 만들어 섬 탈출을 시도하기도 한다. 이 같은 일들은 나에게는 재미있었는데, 저들의 부모 입장에서는 꼭 즐겁지만은 않았을 것이다.

반년이 지나고 일 년여가 지나자 아이들은 마치 저속 촬영 필름처럼 외모부터 달라져 갔다. 비만이었던 아이는 운동선수처럼 탄탄해졌고, 여드름투성이 얼굴은 말끔해졌으며, 아토피로 괴로워하던 아이는 언제 그랬냐는 듯 깨끗해졌다.

시간이 더 흐르자 특이한 아이들이 더는 특이하지 않았고, 이러한 변화들은 마치 애벌레가 탈피하는 모습처럼 감동적이기까지 했다.

등교거부아가 학교에 다니고, 문제아가 문제없는 아이가 되어 간다. 거짓말 같지만 거짓이 아니었다. 그것을 나는 똑똑히 지켜보았다. 기적을 본 기분이었다.

말 그대로 구다카 섬은 진정한 '파워 스폿'임에 틀림없다고, 지금까지 파워 스폿 따위를 믿어 본 적 없는 내가 한 치의 의심 없이 인정하게 되었다.

한편, 아이들의 변화에서 그들의 집념이 느껴졌다.

2008년 6월, 도쿄 아키하바라에서 '묻지마 살인사건'이 발생했다. 범인 가토 도모히로가 보행자 거리에 트럭을 몰고 돌진해 아무런 이

유도 없이 행인들에게 흉기를 휘두른 사건이다. 이 사건을 접한 한 아이가 이렇게 말했다.

"나도 그 범인과 같았을지 몰라."

그곳에 있던 다른 아이들도 하나같이 고개를 끄덕였다.

가토라는 괴물이 어떻게 생겨났는지는 모르나, 아이들은 가토와 자신에게 공통점이 있다는 점을 인식했다. 그들은 그것을 두려워했다. 그렇기 때문에 더더욱 어떻게 해서든 스스로를 변화시키고자 했을 것이다.

만약 아이들이 구다카 섬에 오지 않았더라면 어떻게 되었을까? 가토처럼 사건을 일으키지는 않더라도, 다쓰노리는 거리를 배회하는 불량배 노릇을 했을 것이고, 유스케는 아직도 집에 틀어박혀 은둔 생활을 했을 것이다. 곤은 상상조차 할 수 없으며, 소마는 지금도 쓰레기나 줍고 있을지 모른다.

나는 분명 이 섬이 아이들을 변하게 해 주었다고 믿는다. 그리고 여기에 한 가지 꼭 덧붙여야 할 것이 있다. 그것은 바로 직원들의 힘이다.

유학센터가 문을 연 이래 '가장 개성적인 멤버'로 꼽히는 이들 직원이 아이들의 변화에 큰 힘이 되었다.

아이들과 몸으로 부딪히며 일한 이가 사카타이며, 엄마 대신으로 다정하게 감싸 안은 이가 우치무라와 오조네다. 이들이 있어 사카모토는 어떤 일에도 흔들리지 않고 센터를 이끌 수 있었다.

아이들이 졸업한 이후에도 나는 2년 정도 취재를 계속했다. 어쩌면 더 흥미롭고 호기심을 자극할 만한 이야기가 나오지 않을까 하는 기대감에서였다. 그리고 또 다른 이유는 곤을 비롯한 아이들이 자신들의 언어로 표현하게 되기까지 시간이 걸렸기 때문이었다.

센터에 있을 당시 나는 아이들과 많은 인터뷰를 했었다. 그런데 대답들이 너무나 퉁명스러웠다. 가령, 유스케에게 "학교를 멀리했던 네가 어떻게 여기서는 학교에 다니지?"라고 물으면, "글쎄요, 가고 싶으니까요." 하는 대답뿐이다. 원하는 대답이 나오지 않았다. 아이들에게 표현력이 없었기 때문에 고작해야 한 줄 남짓한 글밖에 남지 않았다. 아이들 마음 속 이야기를 듣고 싶었다. 꼭 알아야 했다. 이 같은 생각으로 아이들의 기억이 희미해지지 않을 시간, 표현력이 느는 시간 등을 저울질하고 기다리며 취재를 이어간 결과가 2년이라는 시간이었다.

사실 취재에 든 시간은 총 4년이었는데 그 동안 몇 번이고 취재를 포기하고 싶었다. 좀처럼 사카모토와 거리를 좁힐 수 없었기 때문이었다.

본문에서도 언급한 것처럼, 이 섬에는 일 년 동안 큰 학교 행사가 몇 가지나 된다. 그것도 본토의 학교에는 없는 행사가 몇 개 있는데, 그 대표적인 것이 6월의 그물 고기잡이다.

입학식 이후 오랜만에 찾아온 부모들이 아이들의 달라진 모습에 어리둥절하면서도 감동을 받는다. 곤의 어머니는 아들을 몰라보고는 "내 아들이 아닌 것 같아." 하며 혼잣말을 했을 정도다. 그만큼 중요한 행사인데 나는 사카모토에게서 아무런 통보를 받지 못했고, 아쉽게도 첫 해 행사는 놓치고 말았다.

내가 왜 그런 정보를 안 주었느냐고 물었더니, "안 물어보셔서요." 라는 답이 돌아왔다. 그때는 정말 펄쩍 뛸 만큼 기가 막혔다. 학교 행사 일정표를 주면서 "관심 있으면 보세요." 그 한마디만 하면 되는데 말이다.

그물 고기잡이뿐만이 아니다. 운동회나 학습 발표회, 역전 마라톤 대회도 사전 통보를 받은 적이 없었다. 나는 그만 '취재를 허락했다가 지금은 마음이 바뀌었나?' 하는 의구심마저 들 지경이었다. 그런데 또 취재를 거부하는 느낌도 없었다. 내가 묻는 말에는 120퍼센트라고 해도 좋을 만큼 성의껏 설명해 주었다. 나는 아무리 생각해 봐도 도저히 이해할 수 없었다.

나는 직원인 우치무라에게 물었다.

"사카모토 씨 말인데요, 취재를 후회하시는 건 아닐까요?"

그런데 그 역시도 "그건 사카모토 씨의 인간성 같은 거예요."라며 웃어넘길 뿐 납득할 만한 설명이 없었다. 나는 답답한 마음에 한동안 취재를 중단하기도 했다.

울적한 상태로 시간만 보내고 있던 중 문득 머릿속에 답이 떠올랐다. 그것이 1년이나 지난 뒤였다.

이 센터에 오는 아이들 대부분은 문제를 안고 있다. 특히 대인관계를 잘 맺지 못하는 아이가 많다. 그 중에서도 소마는 남과 대화를 주고받지 못해 외톨이였다. 친구와 함께 놀고 법석을 떨며 때로는 분한 눈물을 흘리는 그런 평범한 일을 못했다. 그래서 언제나 혼자 해변의 쓰레기를 주우러 다녔다. 나는 소마에게 큰 관심을 가졌다. 그렇게 소마를 관찰하고 있자니, 어느 날 문득 사카모토가 소마와 아주 닮았음을 깨달았다. 물론 완전히 똑같지는 않지만 어딘지 모르게 닮았다고 느꼈다. 사카모토의 어린 시절도 어쩌면 소마와 같지 않았을까? 나는 막연하지만 그렇게 생각했다.

어느 날, 사카모토가 졸업하는 아이의 어머니에게 아이가 고등학교에 진학한 이후에 일어날 일과 그에 대한 대처법을 설명하고 있었다. 마치 미래를 보고 예언하는 것만 같았다. 주변에서 귀를 기울이던 다른 어머니가 "저희 애의 미래도 알려 주세요." 하고 다가왔다.

나는 그 모습을 지켜보고 나서야 모든 문제가 다 풀렸다.

사카모토는 센터에 있는 아이들을 '우주인'이라고 했지만, 사실은 사카모토야말로 '우주인'이 아니었을까? 아니면 '전 우주인'일지도 모른다. 같은 '우주인'이었기 때문에 '우주인'인 아이들의 미래가 보이는 것이다.

나는 사카모토에게 실례를 무릅쓰고 그에 대해 물었다. 그러자 이렇게 말하는 것이었다.

"올리버 색스의 저서 중에 ≪화성의 인류학자≫라는 책이 있습니다. 그 책 속에 '자폐증이 있는 사람은 타인의 마음을 읽을 수 없다. 그래서 대인관계를 할 때 상대방이 이런 행동을 할 경우, 나는 이렇게 한다는 목록을 머릿속에 만들어 둔다.'라는 내용이 있습니다.

저도 그런 면이 있습니다. 단지, 초등학교 5학년 때부터 대학 시절까지 축구를 한 덕분에, 인간관계에 대해서 많은 것을 배웠습니다. 만약 축구를 하지 않았다면 소마처럼 고립된 인간으로 살고 있을지 모릅니다."

'우주인'스러운 사카모토는 체험적 지식을 쌓았고, 마침내 '지구인'이 된 것이리라. 지금도 가끔씩 "나는 사람이 태어나기 전에 인생을 미리 프로그램해서 온다고 생각하는 사람입니다."라고 할 때가 있다. 이럴 때면 나는 '우주인' 사카모토를 실감한다.

곤을 비롯한 아이들이 졸업하고 2년 정도 지났을 무렵이었다.

각자 고향으로 돌아간 아이들을 취재하던 나는 사카모토에게 "곤, 란, 신고, 아이들 모두가 깜짝 놀랄 정도로 변했어요."라는 말을 꺼냈다. 그러자 눈썹 하나 까딱하지 않고 이렇게 말했다.

"모두들 변했다고 하지만, 저한테는 아무것도 변한 게 아닙니다. 언제나 아이들의 3년 후, 5년 후를 보고 있으니까요. 3년이 지나면 '아, 생각했던 대로 됐구나.' 하고 생각할 뿐, 곤도 신고도 저에게는 조금도 변한 게 아닙니다."

역시 '우주인'이다. 사카모토는 아이들을 통해서 자신의 과거를 투영하고, 그럼으로써 아이들의 미래를 훤히 내다보는 것 같다. 그렇기 때문에 아이들의 문제가 어디에 있는지를 알 수 있는 것이고, 어디를 어떻게 바꾸면 아이들이 변할 수 있는지를 아는 것이다.

볼수록 신기한 사람이지만, 다른 사람이 아닌 그이기 때문에 아이들을 변화로 이끌 수가 있을 것이다.

마지막으로, 후기를 쓰고 있는 이즈음 본문에 등장한 아이들이 각각 어떤 인생행로를 걷게 되었는지 간단히 밝혀두고자 한다.

곤은 구다카 섬을 떠난 후 동네에 있는 고등학교에 입학했다. 고등학교에서도 배드민턴이 인생의 전부인 듯이 연습에 몰두했는데, 뜻하지 않게 허리를 다쳐 더 이상 못하게 되었다. 자전거 개조를 할 때처럼 집중력으로는 누구에게도 뒤지지 않지만 어떤 이유로든 간에 일이 틀어지면 바람 빠진 풍선처럼 방향을 잃게 된다. 한동안 자포자기한 생활을 이어갔으며, 공부도 제대로 하지 않았다. 그러더니 고등학교 3학년이 되고부터는 마음을 잡고 공부에 매진했다. 다만, 대학 진학보다는 빨리 돈을 벌어서 외국 여행을 다니고 싶다며 공무원시험에 목표를 두었다. 그리고 한 번에 합격했다. 지금은 자치단체에서 일하는데 틀에 박힌 공무원 생활을 언제까지 지속할지는 모르지만, 일단 현재로서는 성실히 근무하고 있는 모양이었다.

놀라운 변화를 보여주었던 유스케는 졸업 후에도 역시 나를 깜짝 놀라게 했다. '중학생인데 이렇게 기운 없는 애는 처음 본다.'며 우치무라를 경악하게 만들었던 유스케는 오키나와의 고등학교에 입학하더니 보트 동아리에 들어갔다. 그것도 남자 회원이 유스케 혼자인 작은 동아리였다. 다들 재미 삼아 하겠거니 여겼는데, 하루도 거르지 않고 연습에 연습을 거듭하더니, 선발전과 전국체전에 출전하는 선수로 성장했다. 게다가 문무양도文武兩道를 잊지 않고 성적도 고등학교 2학년 때부터 상위권을 유지하더니 보트로 유명한 대학에 추천 입학하게 되었다.

신고는 오키나와의 고등학교에 입학했지만, 건강이 나빠지는 바람에 귀향했다. 신고에게 최대의 불안 요소는 어머니였는데, 다행히도 완전히 달라진 어머니가 아들의 의견을 끝까지 귀 기울여 주게 되었다. 덕분에 신고는 안정된 생활을 되찾았다. 공부하라는 잔소리는 여전했지만, 야단을 맞는 일은 없어졌다. 덕분에 검도도 마음 놓고 할 수 있었고, 지금은 대학 검도부에서 단련을 계속하고 있다.

란은 바이오테크놀로지 연구자가 되고 싶다며 이과 대학에 입학했다. 봄방학 때 태어나서 처음으로 아르바이트를 했는데, 첫 월급을 받았을 때 "돈을 버는 것이 이렇게 힘들구나. 엄마가 얼마나 고생하는지 이제야 알았어."라고 말해 어머니를 울렸다고 한다.

란과 같은 시기에 구다카 섬을 떠난 노노카는 외국에서 살고 싶다는 말을 자주 했었다. 어머니가 허락하지 않을 줄 알았는데, 뜻밖에 중국 상하이의 유명 대학에 진학했다는 것이다. 장래에는 세계를 무대로 일을 하고 싶다고 했다.

내가 큰 관심을 가졌던 소마는 고등학생이 되어서도 제 몸집만한 거대한 그림을 계속해서 그렸다. 한때는 그림을 그리며 세계를 떠돌아다닐까, 대학에 진학할까 고민했는데, 역시 그림을 공부하는 것이 먼저라며 대학 진학으로 진로를 정했다. 그런데 고등학교 입시 때처럼 대학도 추천으로 들어갈 수 있을 것이라고 쉽게 생각하다가 결국 실패했다. 지금은 다시 학원에 다니며 수험공부를 하고 있다. 걱정이 된 아버지가 "별일 없니?" 하고 전화를 걸었더니, "있다고 하면 있고,

없다고 하면 없어요."라는 여전히 소마다운 대답이 돌아 왔다.

다에카에게는 벌써 결혼하고 싶은 남자 친구가 생겼다. 말괄량이면서 어린 아이들을 아주 좋아했던 다에카는 고등학교를 졸업하고 보육교사가 되고 싶어 단기대학에 진학했다. 그 사이에 갑자기 아버지가 돌아가시고 지금은 이혼한 어머니와 함께 살며 학교를 다니는데, 자격증을 따면 당장이라도 결혼할 생각이다.

기린은 사정이 생겨 재수를 했으나, 그림 공부를 포기할 수 없다며 예술대학 수험준비에 여념이 없었다. 언젠가는 오키나와에서 살 생각이라고 했다.

아오바는 어렸을 때부터 꿈이었던 성우가 되기 위해 전문학교에 입학했다.

히로토는 소방관이 되기 위해 아르바이트를 하며 공무원시험 준비를 하고 있다.

나오야는 도쿄로 갔지만, 본토의 인간관계에 적응하지 못하고 오키나와의 호텔에 다시 취직했다.

다쓰노리는 도쿄의 유명 대학에 시험을 치다 실패를 거듭하고 삼수를 했다. 다시 한 번 도전할 예정이었지만, 동일본 대지진과 원전사고로 도쿄에서 살 자신이 없다며 오키나와의 대학으로 목표를 바꿨다.

요이치는 역도 선수가 되어 고등학교 재학 중에 2년 연속 전국 선발 대회, 고교 종합 체육 대회, 전국체전을 모두 석권했다. 이 빛나는 경력으로 도쿄의 대학에 진학해 지금은 일본의 미래를 짊어지는 선수로 활약하고 있다.

자식을 외딴섬에 보내는 부모들이 걱정하는 것은 성적이다. '그렇게 작은 섬에 있는 학교에 다녀서야 고등학교를 제대로 갈 수 있을까?' 하고 말이다. 그 해의 선생님에 따라 다르기도 하지만 다쓰노리 같은 극단적인 예는 없더라도 대부분의 아이들은 확실히 성적이 오른다. 인원이 소수이기 때문에 학업 이해도가 떨어지는 아이가 생기면, 방과 후에라도 교사가 일대일로 가르치기 때문이다. 사카모토는 "사교육비 하나 안 들이고 공공비용으로 가정교사를 두고 있는 것과 마찬가지죠."라며 웃었는데, 정말 그런 것 같다.

아무튼 아이들은 이제 막 인생의 첫발을 내딛었다. 각자 간직한 꿈이 있을 것이고, 앞으로도 틀림없이 이 아이들의 인생은 맑은 날이 있으면 흐린 날이 있듯이 변화를 계속할 것이다. 어떤 인생을 만들어나갈지 지켜보는 것은 나의 은밀한 즐거움이다.

직원들의 이야기를 빼 놓을 수 없겠다. 사카타와 오조네는 곤과 아이들이 3학년이 된 2007년 6월, 오키나와 본섬에서 32킬로미터 떨어진 도카시키 섬으로 이주해 산촌 유학 학교 '와라비야'를 열었다.

우치무라는 2009년에 구다카 섬 유학센터를 그만둔 후, 우여곡절 끝에 현재는 오키나와 현 북부의 나키진에서 민박집 '지유라타마'를 운영하고 있다.

해마다 문제를 안고 있는 많은 아이들과 그 부모가 유학센터를 견학하기 위해 찾아온다. 하지만 이곳에서 생활할 수 있는 인원은 최대 15~16명이다. 해를 넘겨 계속 머무는 아이도 있기 때문에, 새로 수용할 수 있는 인원은 절반 정도다. 사카모토는 가능한 한 많은 아이들을 받아들이기 위해 사카타와 같은 직원을 육성하고자 노력하지만, 뜻대로 되지 않는 모양이었다.

덧붙여, 곤과 아이들이 구다카 중학교를 졸업한 것이 2008년이고, 이 책에 쓴 내용은 2006년부터 2008년에 걸쳐 일어난 일들이다. 하지만 본문에는 날짜가 나오지 않는다. 아니, 일부러 쓰지 않았다. 왜냐 하면, 여기에 소개한 일들은 특수한 어떤 사건이 아니며, 등장인물이나 상황만 바뀔 뿐, 내년에도, 또 내후년에도 똑같은 이야기를 들려줄 것이기 때문이다. 환경이 인간의 영혼을 규정하는 것이 맞다면, 이 시대가 변하지 않는 한 이는 영원히 반복될 일이다.

마지막으로, 구다카 섬 유학센터를 취재할 계기를 만들어 준 '류큐신보'의 도미타 준이치 씨, 오키나와 본섬과는 또 다른 구다카 섬 특유의 풍습과 축제에 대해 친절하고 세심하게 가르쳐 주신 야스모토

세이쇼 씨, 구다카 섬의 교육에 대해 귀중한 이야기를 들려주신 후쿠지 도모모리 씨, 여름과 겨울의 운행시간을 착각해 마지막 배편을 놓친 나를 위해 일부러 배를 띄워 아마자 항까지 데려다 주신 구다카 섬 우편국장 우치마 후미요시 씨, 그리고 졸작인 ≪나쓰코, 오키나와 밀무역의 여왕≫에 나오는 가네시로 나쓰코의 친척이라는 이유로 친절히 대해 주신 우치마 도쿠지로 씨와 료코 부부, 표지 디자인의 소재를 제공해 준 곤의 후배 다쿠 군과 그 친구들, 그리고 언제나 불쑥 찾아간 나를 따뜻하게 맞아 주신 구다카 섬의 여러분께 다시 한 번 깊은 감사의 인사를 전한다.

오쿠노 슈지

옮김 이선미

편집자이자 저술가, 번역가. 일어일문과 졸업 후 출판편집자로 일하다 동경으로 건너가 5년간 일본 출판사에서 근무했다. 저서로는 《소중하고 아름다운 효 이야기》, 옮긴 책으로 《쓰나미의 아이들》 등이 있다.

학교를 찾습니다

초판 1쇄 발행 2013년 7월 22일
초판 2쇄 발행 2014년 7월 25일

지은이 오쿠노 슈지 | 옮긴이 이선미
책임편집 이선아 | 아트디렉션 정계수 | 디자인 박은진, 장혜림

펴낸곳 바다출판사 | 발행인 김인호
주소 서울시 마포구 서교동 401-1 5층 | 전화 322-3885(편집), 322-3575(마케팅부)
팩스 322-3858 | E-mail badabooks@hanmail.net | 홈페이지 www.badabooks.co.kr
출판등록일 1996년 5월 8일 | 등록번호 제 10-1288호

ISBN 978-89-5561-670-5 03370